人文体育研究文库

国家留学基金资助项目（CSC202208320227）

融合体育发展研究

◎ 李 波

南京大学出版社

图书在版编目(CIP)数据

融合体育发展研究 / 李波著. —— 南京：南京大学出版社，2023.4(2024.12 重印)
（人文体育研究文库）
ISBN 978-7-305-26407-8

Ⅰ.①融… Ⅱ.①李… Ⅲ.①体育教学－教学研究 Ⅳ.①G807.01

中国版本图书馆 CIP 数据核字(2022)第 244627 号

出版发行	南京大学出版社
社　　址	南京市汉口路 22 号　　邮　编　210093
丛 书 名	人文体育研究文库
书　　名	融合体育发展研究 RONG HE TI YU FA ZHAN YAN JIU
著　　者	李　波
责任编辑	苗庆松　　　　　　编辑热线　025-83592655
照　　排	南京开卷文化传媒有限公司
印　　刷	广东虎彩云印刷有限公司
开　　本	718 mm×1000 mm　1/16　印张 14.25　字数 250 千
版　　次	2023 年 4 月第 1 版　2024 年 12 月第 2 次印刷
ISBN	978-7-305-26407-8
定　　价	59.80 元

网　　址：http://www.njupco.com
官方微博：http://weibo.com/njupco
微信服务号：njuyuexue
销售咨询热线：(025)83594756

＊版权所有，侵权必究
＊凡购买南大版图书，如有印装质量问题，请与所购
　图书销售部门联系调换

序　言

　　2015—2016年在日本留学期间,我获得了国家体育总局及国家留学基金委的资助,完成了针对普通高校体育特殊教育的专著《体育特殊教育》;2019年又得到了中国大学生体育协会及江苏省高校品牌建设工程项目的资助,出版了专著《高校适应性体育》;这次再次得到国家社会科学基金、国家留学基金以及学校的大力支持和资助,开始撰写《融合体育发展研究》一书,在此一并表示感谢。

　　但当我再次开始执笔写《融合体育发展研究》时,依然有太多感慨。

　　党和国家对弱势群体一直是非常关心的,对弱势群体体育事业的发展也是极其关注的。到目前为止,在各方面都取得了巨大的进步,也取得了骄人的成绩,同时在许多方面达到甚至超过了国际水平。比如,2008年北京奥运会以及2022年的北京冬奥会的无障碍建设,为运动员提供了方便、快捷、精准、细致的服务,营造了公平公正的竞赛舞台、自如便捷的生活环境,彰显了中国实力和中国温度。成为我国无障碍环境理念推广和城市无障碍建设再上台阶的新里程碑,留下珍贵的奥运遗产。但由于我国幅员辽阔,发展不平衡,以及我们弱势群体人数庞大,目前,包括8 500多万残疾群体和4 000多万失能、半失能的老年人,我国直接的障碍人群有1.25亿人。因此,实际工作的开展面临许多的困境,同时必须看到,体育在整体发展上还有更大的提升空间。

　　目前最主要的问题还是理念及观念的提升和改变。在我们进行调研及研究的过程中,发现还是大量存在以生物学残疾来认识"残疾"的,认为残疾人就是少部分能力存在问题的群体。而对无障碍的认识也同样存在偏差,许多人认为无障碍就是为残疾人服务的。理念或观念上的偏差,直接就导致具体操作层面出现问题。比如,在教育上还存在大量"隔离"教育的存在;在体育参与的无障碍环境建设时,不考虑通用化设计,不考虑与整体无障碍环境的协同,甚至有的学者也如此理解,这也导致很多体育场所即便有无障碍器材,残疾群体也无法到达和使用的情况；同时，在对待残疾群体时往往用同情代替了尊重和公平……。因此，正确的理念直接影响我们的行为是否合理和科学。

另外，我们必须清醒地认识到，体育领域在特殊教育方面的理论及实践依然滞后于其他学科，重视程度也有待加强。全纳教育、差异教学、随班就读、融合教育依然不被人理解、认识和重视，甚至目前有的高校还采用体育保健课学生成绩只有60分这种不公平甚至带有歧视性的教育模式。可见，体育特殊教育的发展依然任重而道远。

此次着手撰写的《融合体育发展研究》是前两部专著的姊妹篇，三部专著的部分内容虽有重叠，但视角和侧重点不同。专著不对融合教育理论做过多论述，因为国内外相关研究已经比较成熟，这里主要从体育视角对融合体育进行分析和认识，并给出自己的理解和判断，为后续实践研究提供一定的依据。此次还是围绕体育特殊教育实践进行展开，但并不拘泥于实践本身，而是从融合体育开展的整体进行论述，分成理论篇、支持篇、实践篇和发展篇，希望能够尽可能全面地对融合体育开展所涉及的内外部问题进行探讨和分析，在理论篇给出判断，在支持篇探讨内外部支持因素，以实践篇为重点给出实例解决方案，在发展篇展望未来融合体育发展之路。

当然，在写作中因为本人能力和学识所限，问题和疏漏在所难免，我结合这么多年的教学实践和研究，尽量科学客观地呈现问题，解决问题，提出自己的见解。还是希望能通过自己的绵薄之力为残疾人体育（虽然我一直避免使用残疾这个概念，而使用弱势群体或障碍者，但为了大家便于理解和概念上的统一，在特定地方还是使用残疾这一称谓）及体育特殊教育贡献自己的一份力量。当所有弱势群体都能够自由出入、公平接受教育、享受体育、自信大方地为国家和社会贡献自己的智慧和才华时，这可能就是我们最大的幸福。

目　　录

理论篇

第一章　绪　　论 ·················· 003
　　第一节　对融合教育的理解 ·················· 003
　　第二节　认识和解读融合体育 ·················· 009
第二章　融合体育涉及的内容及面临的问题 ·················· 012
　　第一节　融合体育涉及的内容 ·················· 012
　　第二节　融合体育面临的主要问题 ·················· 015
　　第三节　融合体育实现的意义 ·················· 018

支持篇

第三章　融合体育发展的环境支持 ·················· 023
　　第一节　硬件环境支持 ·················· 023
　　第二节　软件环境支持 ·················· 046
第四章　融合体育教师及融合体育协作 ·················· 059
　　第一节　融合体育教师的基本素养 ·················· 059
　　第二节　融合体育协作模式 ·················· 090
第五章　融合体育资源教室建设 ·················· 092
　　第一节　融合体育资源教室的功能及要求 ·················· 092
　　第二节　融合体育资源教室的建设及运行 ·················· 094
　　第三节　融合体育资源教室的教学辅导安排 ·················· 096

第六章　家庭和社区对融合体育的支持 ·· 098
　　第一节　家庭的支持作用 ··· 098
　　第二节　社区的支持作用 ··· 101

实 践 篇

第七章　融合体育教学的开展 ·· 107
　　第一节　融合体育教学目标 ·· 107
　　第二节　融合体育教学的基本要求 ·· 111
　　第三节　融合体育管理 ··· 113

第八章　融合体育教学模式 ··· 135
　　第一节　现有教学模式及启示 ··· 135
　　第二节　融合体育教学模式的尝试及变革 ···································· 144

第九章　融合体育教学设计 ··· 152
　　第一节　融合体育教学设计的原则 ··· 152
　　第二节　融合体育教学互动设计分析 ·· 154

第十章　融合体育教学的组织与实施 ··· 173
　　第一节　融合体育教学组织与实施的框架分析 ······························ 173
　　第二节　学习者分析 ·· 175
　　第三节　融合体育的学习目标及学习内容 ··································· 181
　　第四节　融合体育教学的组织、实施与评价 ································ 188

发 展 篇

第十一章　融合体育与体教融合的协同 ·· 199
　　第一节　体教融合的演变及内涵 ·· 199
　　第二节　融合体育与体教融合的协同 ·· 210

第十二章　融合体育大中小幼的衔接 ··· 213
　　第一节　融合体育大中小幼衔接的意义 ······································ 213
　　第二节　融合体育大中小幼衔接的设想 ······································ 216

参考文献 ·· 219

理 论 篇

第一章 绪 论

第一节 对融合教育的理解

对于一个概念或一个理念的理解是非常重要的,这不仅仅是一个定义或想法的问题,而是对这一概念或理念的真正内涵是否理解的问题,并直接导致采取的措施或行动是否正确、准确或科学。

在我们的研究中,这个问题并不是个案,而是普遍存在的一个问题。例如,目前还有很多人,包括一些体育界学者还不能科学认识和看待"残疾",还是认为"残疾"只是特定人群的问题,甚至认为就是一种缺陷,一种能力的缺失。还有很多人并不清楚全纳教育、融合教育、差异教学和随班就读的意义、作用和价值。因此,在实际操作时,不可避免地将特殊群体学生进行特殊对待,于是就出现了用"同情"替代"尊重",用"照顾"替代"公平"的事情发生。这显然已经不是概念理解的问题,而是导致教育出现偏差甚至错误的问题,必须引起重视。

对于融合教育的理解,因为众多学者都有研究,在此不再对其历史脉络或背景等进行分析或阐释,只是针对几个重要方面进行介绍和阐述,以便为后面的研究和分析提供一个统一的依据和认识。

一、改变观念,重新审视融合教育

伴随着社会的发展,对"残疾"的理解已经发生了重大的变革,无论是从"社会尊重"的角度,还是从"科学客观"的角度,我们对残疾人都应该重新进行界定和认识。

从"社会尊重"的角度来看,"残疾"带有明显的歧视性,由此而带来社会公平、公正的问题,目前用"特殊"代替"残疾"已经得到越来越多人的认可和共识(为了文中用词一致,后面依然使用"残疾"一词)。从"科学客观"的角度看待"残疾"(见表1-1)①,ICF(《国际功能、残疾和健康分类》)认为,随着社会的发展,残疾已经不再是针对一部分特定人群了,每个个体都可能处于一种情境之中而发生这样或那样的问题,残障只是问题之一而已。ICF完全放弃了过去用身体功能或构造损伤及疾病名称标识"身心障碍者只是少数一群人"的模式,而采用健康状态与生活品质概念,变革为"每个人在身体与环境互动时都可能发生障碍"的普及模式。只要环境不改善,任何人都有可能因为身处不良环境中,从而处于障碍情境之中②。

表1-1 对"残疾"理解的变迁

时 期	称 谓	观念的内涵
过去	残疾	无能力或能力低下
现在	身心障碍/特殊群体	生理、心理有损伤
1980年ICIDH	残疾	我因残疾无法工作
ICF发展	处于特殊情境中的个体	障碍仅存在于个体与其所处的环境因素之间,由两者互动产生。如果环境条件具备,我能正常工作

从表1-1中ICF对"残疾"的重新界定可以看出,"残疾"已不是残疾人的特定标签,我们每个人都可能因为年龄、受伤、疾病、机能下降等原因在与周边环境互动时表现出某种障碍;同时,如果环境具备一定条件,这种障碍就可能降低或消除,反之则会表现出来。

从残疾概念的变迁可以看出,残疾已经不是一个特定群体的标签,更不是简单地从生理角度进行的界定,我们每个人都可能在特定的阶段面临各种各样的障碍,这也表现在许多方面,例如,心理、生理、生活、学习、社会适应等等,这也为融合教育提供了依据。因此,融合教育并不是仅仅针对特殊群体学生的,在某种意义上,它针对的是全体学生,或者说全体学生都需要融合教育。

这种观念的转变其实是非常重要的,因为观念上的片面认识,导致很多人

---

① 李波.体育特殊教育[M].南京:南京大学出版社,2016.
② 李波.全纳教育视野下高校体育特殊教学设计的新阐释[J].武汉体育学院学报,2016(4):74-83.

认为融合教育就是针对特殊群体学生的,甚至有人认为融合教育就是因为照顾特殊群体学生才进行的,它是资源和人力、物力的额外付出;也有人认为融合教育干扰了普通教育,妨碍了普通学生的学习。因此,不从观念和认识上进行转变,融合教育在实施中会遇到很多的阻碍,不利于融合教育的推进。

二、融合教育和全纳教育的区分

融合教育和全纳教育,这是目前特别容易混用的两个概念,体育界很多学者也认为这是同一概念的不同称谓,其实两者是存在差异的。

有学者认为[①],从概念的起源来看,融合教育的概念来源于特殊教育领域。融合教育概念及理念的提出是特殊教育发展的必然趋势,是特殊教育发展到今天,经济社会的发展对残疾人实施公平教育的应然选择。换句话说,特殊教育是融合教育产生与发展的背景与固有领域。从概念起源的时间来说,在国外,融合教育起源于20世纪50—60年代的"正常化"思潮,70—80年代的"一体化"运动以及"回归主流"。从研究的领域和范围来看,由于全纳教育与融合教育概念产生的背景存在着明显的不同,这必然使得全纳教育与融合教育所关注的领域与研究范围方面存在较大的差异。融合教育发端于特殊教育领域,是专指将特殊儿童融入普通教育与社会中的教育方式,因而从研究领域与范围来看,融合教育主要关注的是特殊教育领域,关注的是特殊儿童。换句话说,融合教育是特殊教育的一个重要研究内容,是特殊教育领域内的核心与专有词汇。而全纳教育虽然也以残疾人为重点关注对象,但全纳教育从概念归属与观照对象上来看已经远远超出了特殊教育的范畴,它指向的是整个教育领域,它反对任何歧视与排斥,要求教育要满足"所有有特殊教育需要的儿童"的教育需求。

同时,认为全纳教育与融合教育的联系表现在三个方面:一是从概念内隐的核心理念来看,二者都是以追求教育公平、实现平等人权为哲学基础和价值观,融合教育与全纳教育的产生和理念反映了全人类对平等、人权的共同诉求与期望。二是全纳教育是融合教育发展的目标与方向。正如前文中所指出的,特殊教育领域内的"回归主流"("一体化"运动)在发展中存在着一些自身无法解决的矛盾与问题,融合教育的发展需要一种新的思考或指引。三是全纳教育的实现需要特殊教育领域内融合教育的实践。全纳教育要求教育要关

---

① 李拉."全纳教育"与"融合教育"关系辨析[J].上海教育科研,2011(5):14-17.

注所有需要特殊教育的儿童。

可见,全纳教育与融合教育并不能互换,虽然它们之间有很多方面是相互联系并且有所重叠的,但不同之处也是显而易见的。对它们的区分,实际上是让我们能更充分认识到特殊教育与整个教育之间的关系问题,以及它们共同的发展趋势与方向,由此会让我们在实际工作和研究时,目标更加明确,措施更有针对性,避免界限模糊或低级错误的出现。

三、绝对融合的辨析

融合教育的初衷显然是积极的,通过融合教育可以增进残疾人的独立能力、融入社会的能力以及为社会做出贡献的能力。通过融合,让特殊群体学生进入普通班级,融入普通教育体系,从而让特殊教育体系与普通教育体系不再是完全平行的两个系统,让普通学生及特殊群体学生双方受益,资源共享,共同进步。

但目前出现了把融合绝对化的现象,有观点认为,融合指的是增加所有残障学生在普通教室学习机会的一种教育方式。也有的观点认为,完全融合比融合更进一步,不分残障类别及程度都可以进入普通班级。还有的观点认为,没有特殊班,只有所有学生共享的特殊教室或专门科目教室。这种理想化的想法固然是好,也是我们希望得到的结果,但在现实中显然是不太符合实际的。当我们将特殊群体隔离出去时,走的是一种极端,但当我们无条件将他们纳入现实中时,走的就是另一种极端了。当这种理想化的融合成为指导我们实践的标准时,可能就会出现一些问题和矛盾。例如,无法满足特殊群体学生的实际需求,或无法解决特殊群体学生与普通学生共同学习的需要,或以融合之名让普通学生利益受到损害。

所以,融合一定是有条件的融合,一定是基于对所有学生实际情况及学校、教师、环境等因素综合判断和分析后进行的融合。"满足"所有学生的学习需求,而不管他们的能力或障碍程度如何,和不管他们的能力或障碍程度如何,完全地"接受"是完全不同的。考虑到特殊群体学生的实际,除了和普通学生在一起学习,在特定时间将其安排到特殊教室也是融合教育的一部分,融合教育不应该排斥其他教育模式。因此,融合教育追求的不是形式上的"在一起",而是真正意义上的"各取所需""共同发展",融合教育本身并没有固定化的模式,在这种前提下,形式应该是因地制宜、多样化的,关键是要达到应有的目标和目的。

四、融合教育的目标及目的

融合教育的目标及目的到底是什么？虽然没有标准的答案，但在我们继续研究之前，必须根据自己领域的实际情况将这个问题进行明确，因为这是我们进行教学设计、教学实施、教学评价等的依据和方向。

1. 求同存异，促进学生共同进步

这是融合教育的前提。融合教育的一个重要使命是让特殊群体学生回归主流教育，但势必会带来两个方面的冲击，一是对特殊群体学生本身的冲击；二是对普通学生的冲击。其实这也是对两个教育体系的冲击。因此，融合教育首先要同时考虑特殊群体和普通学生两方面的情况，并不存在谁优先的问题，因为任何一方的教育出现失衡，都偏离了融合教育的初衷。

所以，融合教育首先要考虑的就是特殊群体学生和普通学生各自的情况与特点、问题与难点、矛盾与冲突、现实与理想等，找到双方在教育、教学方面的契合点、平衡点，求同存异，促进全体学生共同进步。这中间不应该存在妥协或照顾的问题，不能因为一方的原因，让另一方妥协或照顾这一方，这其实是在损害一方利益的情况下达成的平衡，这不是融合教育的本质。这也提示我们，融合教育在现实与理想之间是有许多鸿沟和障碍需要逾越和克服的。

2. 关注差异，满足不同学生需求

要想双方学生共同进步，其实更需要考虑各自的差异，只有在充分考虑各自差异的前提下，才能找出共同点、契合点，在教育教学中才能有针对性，在保证共同教育需求的情况下，促进学生个体的发展。而这种差异可能更需要关注特殊群体学生的特点，因为在差异性方面，他们可能会表现得更加突出和明显，即使在相同情况下，他们也可能表现出完全不同的特质，这和普通学生相比，情况更加复杂，这种个体性是特殊群体学生相较于普通学生更需要关注的一点。这也要求融合教育在教育教学设计和实施时，应根据学生情况及时调整，不能一个教学方案、教学计划或教学大纲一用到底，即使学生都是孤独症，其表现也可能完全不同。当然，也要充分考虑普通学生的需求和个性特征，特殊群体学生的融入一定会给普通教育体系带来冲击。在物质层面，例如，教室、环境设置、教学器具、无障碍等；在制度层面，例如，教学管理、教师培训、督导及评价等；在理念层面，如师生认知的改变、教学理念、相互理解与包容等等，这种冲击应该是全方位的，普通学生要有接受和适应的过程，所以也要充分考虑普通学生的实际,满足他们个性发展的需求。

3. 相互理解、包容,建立自信,促进社会化

融合教育在促进全体学生共同发展的前提下,重点要解决的是,特殊群体学生的发展问题最终将通过合理、科学的教育帮助他们融入社会、适应社会,并能为社会做出自己的贡献,实现他们自身的价值。这是一个社会化的过程。

通过融合教育,让特殊群体学生和普通学生通过学习掌握必要的知识,提升各自的能力,并在学习过程中逐渐相互认识、相互理解、相互包容,建立双方之间的信任和合作。这时候的融合教育是多方的参与,包括教师、特殊群体学生、普通学生、学校、家庭、社区等,学生既是受教育者也是教育者。这就要求融合教育本身要创造更多机会让双方进行互动和交流,而在这一点上,体育有着得天独厚的优势,这也是后面要认真分析和研究的。

融合教育就是要构建一整套理论与实践的教育体系,营造教育氛围和教育环境,并在教育的过程中,让身处教育环境中的所有人在理念和认知方面都得到提升,真正理解特殊群体,从内心尊重和接受,而不是同情和照顾;同时,特殊群体学生也能在教育中认可并融入普通教育体系,获得信任、摆脱自卑、建立自信。这是我们整个社会所需要的,也是教育的真谛所在,最终将促进和帮助所有学生完成社会化过程,并能够顺利走向社会、适应社会、服务社会。

4. 快乐,尊重,构建全面支援

这里所指的快乐,不是单纯形式上的快乐,而是教学成果所体现出来的快乐。其实在融合教育中,面临更多的反而是困惑、矛盾、焦虑等问题。也正是因为有了这些困难,通过合理设计的教育教学过程,让师生协同,一步步去克服困难,才能更深刻体会到来之不易的快乐。教育本身是很难存在单纯的快乐的,无论是在掌握知识、提升能力,还是在完善人格的过程中都是需要付出一定努力和汗水的,但正是因为有了这种付出,才能真正体会到什么是快乐,什么是真正的尊重。因此,融合教育追求的是快乐,但在教育过程中需要通过特别设计以及合作学习、同伴互助、师生互动、多方协作、环境支持等,构建一个全面支援的体系,让学生在不断克服困难、化解矛盾、解决问题的过程中,学会尊重、包容、理解和协作,最终品尝到真正的快乐和喜悦。

5. 变革创新,谋求新的教育模式

融合教育本身不是具体的教育方法或者教育模式。它是一种思想或理念,面对不同的场景,在遵循融合教育原则、保证其内涵特征的情况下,应该构建出不同的教育模式。

因为普通教育模式是不可能达成融合教育目标的，所以融合教育的尝试必然带来教育体系的变革，以前的教学策略、教学方式、教学方法、教学实施、教学评价、教学管理、课程、教材、教师培训等可能都要相应地进行调整和改变。谋求新的教育模式是必然的，也是必须的。由此可见，如果要进行融合教育，应该从整体上进行考虑，可以一步步地分阶段进行变革，但绝不能是走一步看一步的短期行为，每一步的完成都应该成为整体网络的一个结点，当所有结点连成一个整体时，融合教育体系就逐渐完成了。因此，前面的整体构想是非常重要的，它是为创新变革提供框架、目标和方向，只有这样新的教育模式才可能真正落地并与实际及未来发展相适应。

第二节　认识和解读融合体育

一、融合体育的概念界定

融合体育是在融合教育的范畴内引出的概念，可以说是融合教育在体育领域的尝试，所以在基本理念、内涵及总体目标与目的等方面是和融合教育一致的，应该说它是融合教育的一个组成部分。它主要研究在体育范畴内，如何根据体育的特性、功能、作用来开展融合教育，通过体育这一平台，实现特定的教育目标，并与其他融合教育相协同，共同促进融合教育的全面实现。

二、融合体育的作用及意义

融合体育在实现融合教育方面有其特定的价值和功能。

1. 体育的互动性

体育的互动性应该是体育鲜明的特点，无论是单人项目（活动）还是集体项目（活动），其实都蕴含着互动的属性。因此，体育教学可以通过教学策略、教学形式、教学方法、教学手段、教学内容等的调整，变换出多种多样的教学方式，达到不同的互动效果。

融合教育的"融合"在很大程度上需要借助互动这一特性来达到特殊群体学生与普通学生的相互沟通、相互交流、相互支持、相互理解、相互信任，只有这样才能彼此包容，并在心理、生活、学习等各方面相互协调和平衡，在潜移默化中完成"融合"。

体育的互动性为双方提供了这种可能,例如,排球中的双人垫球练习,就完全可以根据学生的情况灵活调整成各种形式的练习,以满足不同学生的需求,同时也能实现双方共同的进步。比如,双人对垫、一抛一垫、一人持球一人垫球,还可以改变球的种类,如普通排球、软式排球、气排球、特制排球等。因此,利用体育的互动性,我们可以进行多样化的教学设计,有目的、有意识地让特殊群体学生和普通学生从单一的互动到多样化的互动,从单方面的互动到多方面的互动,从被动的互动到主动寻求互动。良好的互动能力、互动意识是特殊群体学生社会化的重要体现,也是社会多方支援所形成的良好条件和基础。

2. 体育教学组织的灵活性

根据同一教学目标或不同教学目标,在教学组织方面,体育教学都可以进行灵活设置,从而达到不同的教学要求,满足不同学生的需求。因此,在教学设置上,体育教学可以更加便捷。

在教学组织形式上,可以采用传统的班级授课,也可以采用个别教学、分组教学、协作教学、复式教学等多种形式。在一堂课上可以根据学情及教学目标安排多种教学组织形式,相比其他学科,体育会更加灵活。

在教学场地安排上,可以在同一场地进行不同的教学组织,也可以根据教学需要进行不同场地的教学安排,既可以做到教学间的相互独立,也可以做到教学间的相互协同。这就类似于分解教学,可以根据学生的能力和接受程度,在同一场地安排完成不同的教学内容,或在不同场地安排同一教学内容或不同教学内容,然后进行交换和变更,以满足不同学生的需求。

由于体育的特殊性,在学习过程中更容易寓教于乐,释放学生的天性。因此,组织教学时,在保证安全的前提下,可以采用教师教授、学生自主学习、生生互助等多种形式,释放出学生的天性,在享受体育快乐的同时,学习知识、提升能力、学会包容……,这种灵活的教学组织形式可以更容易激发学生学习的主动性、积极性,并充分发挥不同群体学生自身所具备的潜能。特殊群体学生更容易找到属于自己的位置,能够让他们获得认可,看到自己的价值,获得强烈的成就感;而普通学生在这种氛围中,同样也能品尝到付出后的喜悦以及互动的乐趣。

3. 体育教学内容设置的多样性

融合教育的一个难点就是要体现差异性、满足差异性需求。特殊群体学生和普通学生在很多方面都是存在差异的。身体上的差异、学习能力、接受能力、运动能力方面的差异，心理上的差异，需求上的差异等等，这就要求在教学内容上不可能是统一的，也要体现差异性。融合体育可以在教学内容上进行多样化的设置，以满足不同教学场景的需求，从而达到不同的教学目标和教学目的。

根据教学计划及教学大纲设定好一节课的教学目标后，在体育教学内容上就可以有多种选择。首先，融合体育教学根据特殊群体学生及普通学生的情况会设定不同教学目标，这也要求在教学内容方面应有所不同，但体育教学内容的设置可以更加灵活和多样。例如，在教学内容选择上可以是同一项目，但用不同手段、不同方法、不同方式、不同器材来完成；而同一目标，又可以选择同质项目、异质项目，同时也可以在手段、方法、方式、器材上进行变化和组合，再结合个人完成、多人完成、集体完成、师生互助等不同教学形式，就呈现出多样化的教学内容，从而满足所有学生的需求。

4. 体育教学评价的丰富性

体育教学评价本身是多元而丰富的，包括教学过程评价、教学效果评价、诊断性评价、形成性评价等等。除了评价方式多样外，其评价内容也是丰富的。因为针对特殊群体学生和普通学生在教学目标、目的上的不同，评价方式不同，评价内容也会有所差异，包括技能评价、技术评价、素质评价、机能评价、康复评价、成绩评价等。通过评价方式与评价内容的不同组合就能构成更加多样化的教学评价，让特殊群体学生和普通学生都能找到适合自己的标准、要求和目标，从而客观地评价学生，让学生正确地看待自己的进步和努力，继而通过客观、科学的评价，为教学提供导向、鉴别、反馈作用。

第二章　融合体育涉及的内容及面临的问题

第一节　融合体育涉及的内容

对融合体育进行研究时，笔者认为应该把它置于一个更综合的空间进行讨论，不能只对融合体育教学本身进行研究，因为融合体育也是一个综合化的过程。这里以无障碍为例来说明这个问题。

图2-1至图2-8是我们实际调查时拍摄的图片，我们看到，如果是有障碍的学生，那么他首先面临的问题不是体育场地或体育器材能否满足他的需求，也不是能否和普通学生共同完成体育教学，而是无障碍通行的问题。从图2-1至图2-4中可以看出，因为无障碍设施的缺失或不完善，有障碍的学生无论是在宿舍、教学楼、办公楼还是食堂都面临最基本的出入问题。而从图2-5至图2-8中可以看出，有障碍的学生在进行体育参与或体育教学活动时，依然面临着出入问题。也就是说，他们并不能独立地、无障碍地在校园通行，并使用体育资源。而这里展示的仅仅是出入口的问题，其他无障碍环境问题还包含很多，后面我们会涉及。

这一问题并不只是体育所面临的。从2014年河南盲人考生李金生的"破冰"高考，到2017年安徽盲人考生王宠考入东北师范大学的"校外租房"，再到甘肃残障考生魏祥"致信"清华大学，以及来自全国不同省份的5名残障学生联名"上书"教育部，希望无障碍上学。特殊群体学生求学的艰辛与无奈引起了越来越多人的关注，这种艰辛和无奈的直观表现就是生活和学习中所面临的各种"障碍"。由此可见，融合教育作为一个体系，涉及很多方面，其本身就面临着各种各样的挑战，融合体育只是其中一个部分而已。

图 2-1　某高校宿舍入口

图 2-2　某高校食堂入口

图 2-3　某高校办公楼入口

图 2-4　某高校教学楼入口

图 2-5　某高校游泳馆入口

图 2-6　某高校体育场地入口（一）

图 2-7　某高校体育场地入口（二）

图 2-8　某高校田径场入口

融合体育要想顺利实施，也是一个不断消除"障碍"的过程，这些障碍往往成为融合体育推进的巨大阻力，所以必须解决。但在实际调查中，这种把融合体育扼杀在源头的现象非常普遍。甚至有人认为，无障碍建设不是融合教育或融合体育该管的事，并认为这仅仅是特殊群体学生的事，无须学校大动干戈，这也是为什么很多学校融合体育还没开始就已经夭折的原因。特殊群体学生出不来、进不去，最基本的交流、沟通、生活和学习的条件都不具备，而我们还在大谈特谈教学设计、教学实施、教学互动，这无异于空中楼阁、纸上谈兵。这些支撑不是附属品，更不是可有可无的，不仅是融合体育所必需的，也是融合体育的重要组成部分，类似这样的问题不解决好，融合体育就无法顺利开展和实施。

因此，在对融合体育涉及的内容进行分析和研究时，并不拘泥于融合体育教学本身，而是要从教学内容衍生，找出影响融合体育开展和实施的一些关键因素，并以融合体育教学为核心展开分析和研究。

根据本研究所涉及的范围及研究重点，给出了如图2-9所示的融合体育的结构框架。在对融合体育进行研究和具体实施前，首先考虑的是融合对象

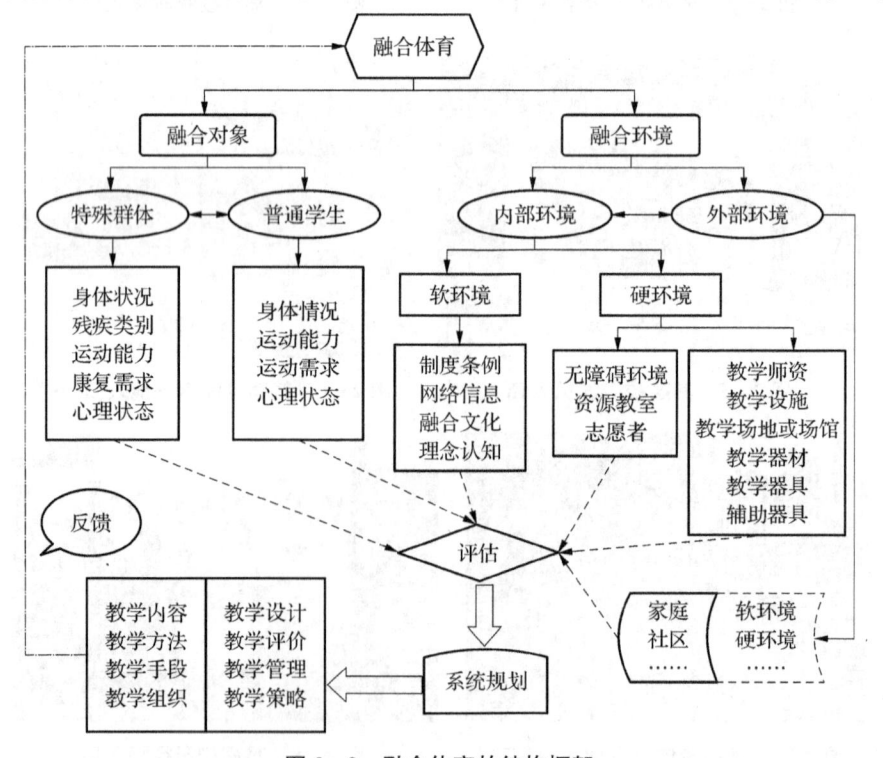

图 2-9　融合体育的结构框架

的基本情况,了解双方学生在身体状况、运动能力、残疾类别、康复需求及心理状态等方面的详细情况,为后续教学的设计、开展和实施提供依据,并提前对一些问题做出预判和准备,这是最基本的也是最关键的。另外,就是对融合体育所需要的环境因素进行研判,这是融合体育的重要支撑,没有较为完善的环境支撑,融合体育很难做到真正的"融合"。

如图2-9所示,对于融合体育来说,内部环境是最重要的,它包括软环境和硬环境两个方面。

软环境包括学校针对融合体育的开展所制定的一系列制度条例、构建的完整的无障碍网络信息体系、营造的融合体育(教育)校园文化、大家达成的融合体育(教育)的理念和共识等。这应该是目前比较薄弱并且没有引起足够重视的地方。

硬环境包括与教学直接相关的教学师资、教学设施、教学场地或场馆、教学器材、教学器具、辅助器具等建设情况。另外,它还包括无障碍环境建设、资源教室配置及志愿者服务等。

外部环境是指校外的支撑环境,包括的因素很多,因为篇幅等限制,这里主要针对比较重要但也容易被忽视的家庭和社区与融合体育的关系进行讨论。

从以上简单的分析中可知,融合体育发展是要综合考虑多方面因素而进行的体系化建设工作。因此,本书把上述内容分解成支持、实践和发展三个部分来分别进行讨论和分析。

这里主要探讨高校融合体育发展问题,高校融合体育发展和整体融合教育的开展相比更加滞后,这其实是不太正常的现象。当然,最后也会对融合体育大中小幼的衔接进行一定的分析。

第二节 融合体育面临的主要问题

融合体育面临的问题很多,这里主要列举实际工作中所面临的主要问题。

一、认识问题

我们前面说过,观念的改变比物质条件的改变更难。而观念不改变,融合体育就不会得到重视,很多实际工作也就无法得到落实。这主要涉及学校层面、教师层面和学生层面。

首先,学校层面对融合教育的理解和认识。随着国家和社会对特殊群体学生越来越重视,出台了一系列政策,极大推进了学校在这方面的关注程度,但我们必须看到,对特殊群体学生的关注还有很大的提升空间,而体育特别是特殊群体学生的体育教学也面临同样的困境。在这种双重背景下,很多学校对于融合体育是缺乏认识和重视的。这也是导致我们很多高校对于特殊群体学生的教学还停留在"体育保健课"的阶段,隔离问题、区别对待问题、教学缺乏针对性问题,甚至还存在保健课学生成绩只有60分的不公平对待问题。这都阻碍了融合体育的开展。

其次,教师层面也缺乏相关知识和意识。目前专职融合体育教师是非常稀缺的,但融合体育的开展不能仅仅靠专职教师来完成,也不仅仅是承担融合体育课程教学的教师需要具备相关知识和意识,所有教师都应该具备相应知识,因为融合体育的开展本身就是和普通学生在一起,其他教师的参与和协作也是非常正常和必要的。因此,在整个融合体育教学过程中,没有正确的认识和意识,有些教师甚至会有抵触情绪,或在教学中不能采用合理的方式处置教学中发生的问题,伤害特殊群体学生的自尊或妨碍融合体育教学顺利进行。

最后,学生层面的认知。在疫情期间,我们陆陆续续对几十所高校进行了调研,大部分学生都认为无障碍只是针对残疾人的,无障碍设施也只是知道盲道、坡道、盲文等。对于融合体育,大部分学生表示没有听说过;对于融合教育,一部分学生表示听说过,但并不了解其具体含义;而对于如何和特殊群体学生共同学习,大部分学生表示不知道。

可见,对融合教育及融合体育的认识问题是需要全面提升的,这涉及全方位支持问题、开展实施问题、协同协作问题、贯彻落实问题,需要国家、社会、学校、教师、学生等共同参与、共同推进。

二、师资问题

由于体育特殊教育专业的发展并不是很完善,并且高校在这方面的需求也比较有限,这在一定程度上导致了恶性循环,造成融合体育师资一直都存在问题。但目前仅仅依靠专业输送来解决这一问题显然是不现实的。因此,目前面临如下问题需要解决。

第一,体育特殊教育专业师资扩大培养、联合培养及供需平衡;

第二，在岗体育师资转型培训；
第三，不同机构、不同部门联合培养、培训；
第四，引进特殊领域师资。
以上问题会根据本研究所涉及的主要内容在后面进行一定的讨论。

三、教学改革问题

融合体育要推进，对于目前高校的体育教学是一个比较大的冲击，一是目前高校特殊群体学生数量有限，开设的体育保健课主要针对的是病、残、弱的学生，但以病、残、弱的学生为主，很多高校没有改革的动力。二是融合体育的涉及面比较广，正如我们前面分析的，涉及师资、场地、教材，还涉及学校不同部门，可谓牵一发而动全身，现有的教学模式可能要发生巨大的改变。这需要体育部门有良好的协调和动员能力，保证全体教师的共同参与，并得到学校财力、物力、人力、宣传等方面全方位的支持。

这里需要消除一个误区，不能因为目前特殊群体学生少或没有，就成为不改革的理由或借口。我国有 8 500 多万残疾人，进入普通高校的比例还不高，国家在这方面一直不断加大支持力度。根据教育部发布的数据，2014 年全国共招收残障大学生 9 542 人，其中 7 864 名残障学生被普通高等院校录取[1]。2015—2017 年的 3 年来，共有 2.89 万名特殊群体学生通过普通高考被普通高校录取。其中 2015 年 8 508 人，2016 年 9 592 人，2017 年 10 818 人。从以上数据可以看出，不仅更多的特殊群体学生能够接受高等教育，而且越来越多的特殊群体学生开始进入普通高校[2]。

残疾人在未来真正融入普通社会是社会发展的必然方向，高校有责任并有义务做好准备，也为整个社会做好榜样。所以，可以根据不同学校的情况，进行不同程度的推进以及不同形式的融合。但当特殊群体学生进入高校后，他在体育学习、体育参与、体育锻炼、运动康复方面就应该得到基本的保证，而不应该再发生类似校外租房、临时改造等不公平、不公正的问题。

---

[1] 北京晚报.北京部分高校无障碍设施不尽如人意[EB/OL].[2017-07-26]. https://www.takefoto.cn/viewnews-1218593.html.

[2] 中国残疾人网.梦想照进现实——中国残联召开特殊群体学生"我来北京上大学"新闻发布会[EB/OL].[2018-09-10]. http://www.chinadp.net.cn/news_/picnews/2018-09/10-19198.html.

四、实际操作及整体协调问题

目前,融合体育教学的开展基本是起步阶段,如果想一蹴而就地解决所有问题是不现实的,因此,实际操作时应根据现在学校的实际情况,可以分为完善、改造、再造三个不同阶段。

完善是指已经开展融合体育工作,基本条件已经具备,有了一定基础和经验,在此基础上继续完善。改造是指融合体育工作已经起步,但有些条件尚不符合要求,如无障碍的坡道改造、教材的修订、教师的再培训等,经过改造可以基本达到融合体育实施的条件。再造是指尚不具备融合体育开展的基本条件,在硬件和软件方面都要重新起步。

目前大部分高校应该都属于改造和再造阶段。这两个阶段主要是解决各种问题和化解各种矛盾的过程,因为它们不是仅靠体育部门就能解决的,可能需要学校的后勤、基建、财务、团委、教务处、图书馆等部门的协作。这时体育部门的职责也会在原有范畴内进行扩展,对各种关系进行整体协调,部门工作和教师工作无形中都会有所增加,这就需要有爱心和奉献精神。体育部门不仅要做好外部的协调工作,也要做好内部的动员和协调工作。

第三节　融合体育实现的意义

融合体育的开展是一个以点带面的工作,通过融合体育的实施可以带动和推进一系列工作的展开。

一、带动体育特殊教育整体进步,也是融合教育的有益补充

融合体育的开展不仅是一项工作的展开,也是表明了一个观念的转变、一个理念的实践、一个认知的提升,以及对特殊群体体育需求的关注,更是体现了教育公平、社会尊重。高校在这方面对整个社会都发挥着示范作用,而这种连带效应更是能成为社会进步的巨大推动力。体育以其独有的特性成为融合教育实践的重要平台,也成为融合教育重要的补充,这方面的缺失或发展不充分对于融合教育的全面发展是不利的。目前和其他领域相比,在残疾人竞技体育方面取得的成绩可圈可点,残疾运动员不屈不挠的体育精神赢得了世人

的尊重。2020年东京残奥会,中国残奥代表团共获得96金60银51铜总计207枚奖牌,中国代表团连续五届残奥会金牌、奖牌双第一。2022年北京冬残奥会,中国代表团取得18金20银23铜共61枚奖牌,历史上首次位列冬残奥会金牌榜和奖牌榜的双榜首。这些成绩的取得体现了胸怀大局、自信开放、迎难而上、追求卓越、共创未来的体育精神。同时,体育也让这些残疾运动员更有自信,能够更好地融入社会、服务社会。但我们也要让体育惠及更多的残疾人,让他们在体育中感受到体育的魅力,享受体育的快乐,找寻属于自己的自信,因此体育特殊教育自然要发挥重要作用。但现状是体育教学缺乏针对性,很多只是将普通学生的体育教学内容降低难度和要求就运用于特殊群体学生的教学,很难满足特殊群体学生的体育需求,学生健身及康复的需求得不到满足,对体育的认可度也大大降低。

另外,通过融合体育发挥其媒介作用、催化剂的作用、平台作用,从而带动体育特殊教育在教学改革、人才培养、硬件建设、软件开发、理念提升等方面的整体进步,发挥体育在育人及为社会服务方面的功能和作用。

二、推动学校相关工作的全面提升

前面我们分析了融合体育的开展涉及硬环境和软环境的建设,它的不断推进和完善是学校相关工作不断完善的过程,从而也带动了学校对于特殊群体学生全面支撑的提升。

例如,融合体育涉及无障碍环境的建设问题,但这不仅仅是体育相关无障碍环境建设需要改造和完善,而是要求学校整体无障碍环境的提升,以保证特殊群体学生在整个校园内通行无障碍,最后才是体育教学、体育参与及运动康复的无障碍。无障碍环境建设不仅涉及坡道、无障碍电梯、标识标志等硬件设施,也涉及网格、信息无障碍。这就要求学校要进行整体提升和完善。无障碍环境建设只是融合体育发展的一个部分,作为一个教学体系,它同样要求学校整体在制度、教学、后勤、网络等各方面进行支持,这无形中也就推动了学校整体特殊教育事业的发展。

三、促进残疾人体育事业的发展

根据前面的分析,融合体育的开展对特殊群体个人而言,体现了教育的公平、公正和尊重,既有利于特殊群体学生身心全面发展及能力提升,也有利于他们的康复和治疗，最终有利于他们走向社会、融入社会。对于社会而言，特殊群体依然是社会进步和发展的重要资源，体育促进了他们的社会化，也是在为社会输送人力资源，我们必须看到特殊群体潜在的力量，并在体育教育中提升他们的能力，充分挖掘他们的潜力。对于残疾人体育事业而言，融合体育成为残疾人体育事业发展的重要平台，为残疾人体育事业发现人才、培养人才、输送人才提供动力支持，在一定程度上可以改变残疾人体育人才培养的困境，也能让资源共享，实现体教融合在特殊教育领域的飞跃。

四、健康中国的重要组成

为推进健康中国建设，提高人民健康水平，根据党的十八届五中全会战略部署制定，由中共中央、国务院于 2016 年 10 月 25 日印发并实施了《"健康中国 2030"规划纲要》。

其中，在第四章加强健康教育的第二节加大学校健康教育力度中指出，将健康教育纳入国民教育体系，把健康教育作为所有教育阶段素质教育的重要内容。以中小学为重点，建立学校健康教育推进机制。构建相关学科教学与教育活动相结合、课堂教育与课外实践相结合、经常性宣传教育与集中式宣传教育相结合的健康教育模式。培养健康教育师资，将健康教育纳入体育教师职前教育和职后培训的内容。

第六章提高全民身体素质中专设一节指出，促进重点人群体育活动，制订实施青少年、妇女、老年人、职业群体及残疾人等特殊群体的体质健康干预计划。推动残疾人康复体育和健身体育的广泛开展。

可以看出，"健康""教育"和"残疾人"等特殊群体是健康中国不可或缺的重要组成。而融合体育正是包含了这三个方面的内容，它发挥着体育特殊功能，教育包含特殊群体学生在内的全体学生珍惜健康、懂得健康、学会健康、参与健康，教育他们有终身体育锻炼的健康意识、健康行为、健康能力，最终培养他们成为"健康"的公民。可见，健康中国的全面实现，融合体育是我们体育人重要的、迫在眉睫的工作。

支 持 篇

第三章 融合体育发展的环境支持

根据前面对融合体育框架结构的分析,结合目前融合体育发展面临的主要问题,将内容分解为支持篇和实践篇进行重点讨论。

第一节 硬件环境支持

体育是实际性很强的学科,其本身和场地、器材、设施的关系非常紧密,根据教学实践并结合实际调研,目前在体育无障碍环境建设方面我们的认识还非常薄弱,发展也相对滞后,直接影响了融合体育的顺利开展。在实际教学中就碰到过患有弱视、小儿麻痹症的学生以及坐轮椅的学生因为体育无障碍设施不健全,给他们的体育学习造成极大不便,甚至无法参与正常教学的窘境,而随着更多的特殊群体学生进入高校,融合体育在未来会面对情况更加复杂的学生,相对完善的无障碍环境是融合体育教学开展的前提和基础。

一、高校无障碍环境建设的背景及现状

2016年,国务院印发的《"健康中国2030"规划纲要》强调,提高全民身体素质,促进重点人群体育活动,推动残疾人康复体育和健身体育广泛开展。

2019年6月,国家卫生健康委制定了《健康中国行动(2019—2030年)》,它对残疾人健身有了更细致的目标,同时也明确指出,各单位特别是各学校要充分挖掘和利用自身资源,积极开展健康工程建设,创造健康支持性环境。强化对高校学生体质健康水平的监测和评估干预,把高校学生体质健康水平纳

入对高校的考核评价①。

2017年,教育部等七部门颁布实施了《第二期特殊教育提升计划(2017—2020年)》,并指出,普通高等学校积极招收符合录取标准的残疾考生,进行必要的无障碍环境改造,给予特殊群体学生学业、生活上的支持和帮助②。

2019年2月,中共中央、国务院印发的《中国教育现代化2035》指出,全方位协同推进教育现代化,形成全社会关心、支持和主动参与教育现代化建设的良好氛围。

从一系列政策的出台可以看出,围绕着"残疾人"的"健康"和"教育"一直是国家关注的主题,也是国家全面小康、总体发展的重要组成。由此可见,体育参与作为高校保障残疾大学生"健康"和"教育"的重要环节,其能否真正落实就成为关键的因素。

根据教育部发布的数据,2014年全国共招收残障大学生9 542人,其中7 864名残障学生被普通高等院校录取。2015—2017年的3年来,共有2.89万名特殊群体学生通过普通高考被普通高校录取。其中2015年8 508人,2016年9 592人,2017年10 818人。从以上数据可以看出,不仅更多的特殊群体学生能够接受高等教育,而且越来越多的特殊群体学生开始进入普通高校。显然无障碍环境建设将成为他们是否能够快速融入正常的学习和生活,建立自信、实现自我的关键,已经不是可有可无或个别处理的问题,而是需要高校树立正确的无障碍理念和意识,建立合理制度体系,不仅要考虑这个群体,也要从整体师生需求和利益出发来思考无障碍环境建设,是需要整体布局、统筹安排、快速建设和完善的系统工程。

无障碍概念在我国的首次出现是在1985年"残疾人与社会环境"研讨会上。1989年4月,我国正式实施了第一部《方便残疾人使用的城市道路和建筑物设计规范(试行)》。这是我国第一次以法律形式提及残疾人无障碍环境建设的相关内容,标志着无障碍环境建设工作正式纳入政府工作职责③。

1990年,我国颁布了《中华人民共和国残疾人保障法》,规定"国家和社会逐步实行方便残疾人的城市道路和建筑物设计规范,采取无障碍措施"。1998

---

① 中国政府网. 健康中国行动(2019—2030年)[EB/OL]. [2019 - 07 - 15]. http://www.gov.cn/xinwen/2019 - 07/15/content_5409694.htm.

② 教育部政务网. 教育部等七部门关于印发《第二期特殊教育提升计划(2017—2020年)》的通知[EB/OL]. [2017 - 07 - 18]. http://www.moe.gov.cn/srcsite/A06/s3331/201707/t20170720_309687.html.

③ 张倩昕,苏志豪. 我国无障碍环境建设的发展历程[J]. 老区建设,2015(22):45 - 47.

年4月,建设部发布了《关于做好城市无障碍设施建设的通知》,要求有关部门加强城市道路、大型公共建筑、居住区等建设的无障碍规划、设计审查和批后管理、监督。6月,建设部、民政部、中国残联联合发布了《关于贯彻实施方便残疾人使用的城市道路和建筑设计规范的若干补充规定的通知》。2001年8月1日,民政部和中国残联联合发布并实施了新修订的《城市道路和建筑无障碍设计规范》。直到2011年与2012年,我国才相继颁布了三个国家标准,即《无障碍设施施工验收及维护规范》《无障碍设计规范》与《无障碍环境建设条例》。

可以看出,我国无障碍建设整体起步较晚,发展也不均衡,在这一背景下,高校无障碍建设相对更加滞后。2012年发布的《无障碍设计规范》(GB50763—2012)中指出,教育建筑均进行无障碍设计,设置相应的无障碍设施。为了满足行动不便的学生、老师及外来访客使用,凡学生、教师和婴幼儿使用的建筑物主要出入口应为无障碍出入口;主要教学用房应至少设置1部无障碍楼梯;公共厕所至少有1处进行无障碍设计。而对于接收残疾生源的教育建筑,无障碍设计规范更加严格:主要教学用房每层至少有1处公共厕所应进行无障碍设计;合班教室、报告厅以及剧场等应设置不少于2个轮椅座席;有固定座位的教学用房,应在靠近出入口处预留轮椅回转空间。

但高校无障碍建设情况并不尽如人意,我国高校的基础设施配备都预设了健康学生这一前提,教学设施、生活场所没有或很少将残疾人的需求考虑在内,无形中给残障学生的学习、生活制造了障碍。随着普通高校残疾大学生数量的不断增加,问题和矛盾逐渐凸显,高校无障碍环境建设被更多的高校所关注。

一些高校率先做出了改进。如果说之前因为相继有特殊群体学生入学,一些高校已经启动了校园无障碍设施建设,那么魏祥入学及其引发的高度关注,则把无障碍设施建设上升到了校园总体规划的层面。一些高校在成立了学生无障碍协会的同时,还成立了无障碍发展研究院,并和校基建处合作,对校园无障碍设施进行整体评估和改进。

2017年,为贯彻《"十三五"加快残疾人小康进程规划纲要》,实现逐步建立和完善残疾人高等融合教育政策措施的目标,在教育部大力支持下,中国残联在北京、吉林、江苏、河南、湖北、四川六省市分别选择北京联合大学、长春大学、南京特殊教育师范学院、郑州工程技术学院、武汉理工大学、四川大学6所普通高等学校开展高等融合教育试点工作,校园无障碍建设被纳入学校总体规划之中。

但从目前我国高校无障碍建设情况来看,还十分不完善。一些高校已经积极做出应对,开始进行改造和规划,但也有许多高校还未引起足够的重视,校园还难以做到无障碍通行,这也成为教育公平全面实现的障碍。

二、残疾大学生体育参与无障碍环境建设的必要性及特点

我国体育无障碍建设的起步更滞后一些。以2007年上海特奥会以及2008年北京奥运会、残奥会等大型体育赛事为契机,体育场馆(场地)无障碍建设首先得到了发展。

另外,对体育无障碍建设的关注点主要侧重于残疾人竞技体育方面,一些专业场所,如残疾人体训中心的无障碍建设发展较为迅速和完备。

对残疾人体育参与无障碍的关注得益于"残疾人群众体育活动示范点"的建设。在《全民健身计划》及《残疾人体育工作"十二五"实施方案》的推动下,2012年中国残联在全国开始推进残疾人群众体育活动示范点工作,并颁布了《自强健身示范点命名资助暂行办法》,初步建立1 200个示范点。2016年,为贯彻《国务院关于加快推进残疾人小康进程的意见》(国发〔2015〕7号),中国残联重新下发了《残疾人自强健身示范点建设办法(暂行)》,并明确规定,"示范点"应在出入口、通行通道、卫生间等处设置(建设)无障碍设施,同时采用语音、屏幕字幕等信息交流无障碍措施,具备无障碍服务功能。2017年,国务院印发的《"十三五"加快残疾人小康进程纲要》和《残疾人文化体育工作"十三五"实施方案》明确要求,"十三五"期间建成1万个残疾人体育健身示范点,并对指标和任务进行了分配①。应该说,"示范点"的建设极大地促进并改善了无障碍设施建设,让更多的残疾人能够真正利用体育设施进行体育参与,促进了他们健康、康复及社会的参与度。

但与高校无障碍环境发展相比,残疾大学生体育参与的无障碍建设则受关注得更少。残疾大学生体育参与的无障碍环境建设是高校校园无障碍环境建设的组成部分,既相互联系,又具有自己的特点。体育参与的无障碍环境建设不仅体现了教育的公平,也是残疾大学生,包括病弱大学生进行体育教学、体育参与、体育锻炼及运动康复的基础,与残疾大学生的身心健康紧密相连。

校园无障碍环境的建设是残疾大学生体育参与的前提,是残疾大学生学

---

① 中国残疾人联合会. 残疾人文化体育工作"十三五"实施方案[EB/OL]. [2016-10-27]. http://www.cdpf.org.cn/zcwj/zxwj/201610/t20161027_571833.shtml.

习和生活得以正常运行的基本保障,但体育参与的无障碍环境建设还有其特殊性。它是主要以残疾大学生群体为主,在充分考虑残疾大学生身体状况的前提下,保证他们能顺利到达体育场地、场馆及体育设施,并能无障碍进行体育教学、锻炼和运动康复,同时能够获得认同与理解及必要支援的一个协同体系。它是特殊群体学生身心健康发展的必要条件,其发展最终也会惠及高校整体,并对高校无障碍,甚至全国无障碍的整体发展起到积极示范和推动作用。

三、高校残疾大学生体育参与无障碍环境建设分析

首先我们要明确,残疾大学生体育参与无障碍环境建设是高校无障碍环境建设的一个组成部分,因此残疾大学生体育参与无障碍环境建设既要与高校整体无障碍环境建设紧密联系,不能孤立发展,同时又要体现体育参与无障碍环境的针对性及自身特点。

图 3-1 是高校残疾大学生体育参与无障碍环境建设的结构示意图,下面进行具体分析。

1. 残疾大学生体育参与无障碍环境建设理念的再审视

体育参与无障碍环境建设起步虽然比较晚,但在理念上必须与国际先进理念接轨,才能做到在建设过程中少走弯路,尽量与国内无障碍环境建设保持同步,并保证整体建设的先进性和前瞻性,同时减少不必要的人力、物力及时间资源的浪费。

(1) 从单一走向全方位的无障碍环境建设理念

从图 3-2 中可以看出,残疾观念从残疾医疗模式(认为残疾人是"个人悲剧"的"医学"模式)转变为残疾社会模式(认为残疾人自身的残疾并不是其参与社会首要的障碍),一直到现在的残疾权利模式(认为残疾人与生俱来应当享有真正的人权)[①];服务对象从残疾这一特定群体转变为社会部分群体(如残疾、老年人等);无障碍设计从常规设计演变为通用设计;无障碍环境建设也成为全方位环境的建设;无障碍理念最终演变成为全体社会成员服务。因此,本研究中无障碍环境的服务主体虽然是残疾大学生,但其实面向的是全体师生体育参与的无障碍环境建设。

---

① 李志民,宋岭. 无障碍建筑环境设计[M]. 武汉:华中科技大学出版社,2011.

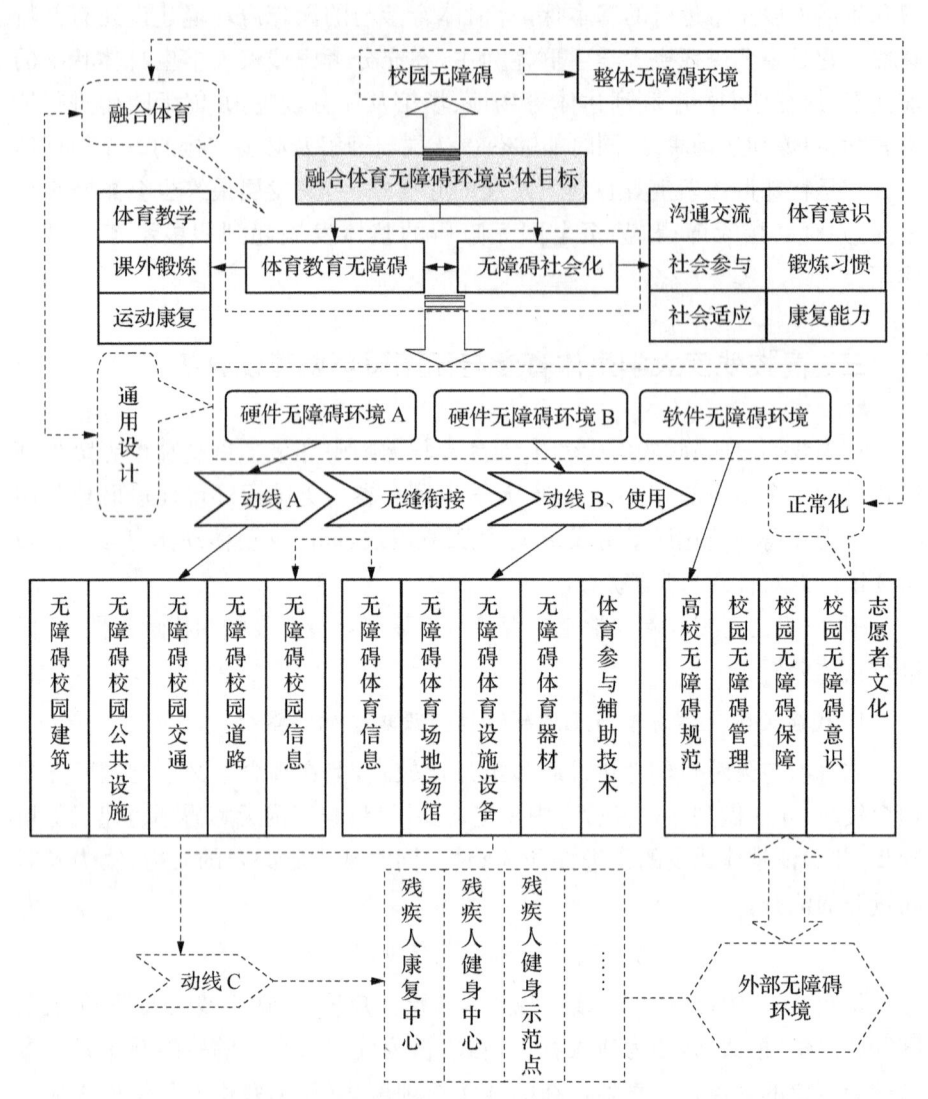

图 3-1　高校残疾大学生体育参与无障碍环境建设的结构示意图

(2) 通用设计理念与全纳教育、融合教育的契合

通用设计已经不是新鲜概念，又名全民设计、全方位设计。通用设计的核心思想是把所有人都看成是程度不同的能力"障碍者"，即人的能力是有限的，人们具有的能力不同，在不同环境中所具有的能力也不同。

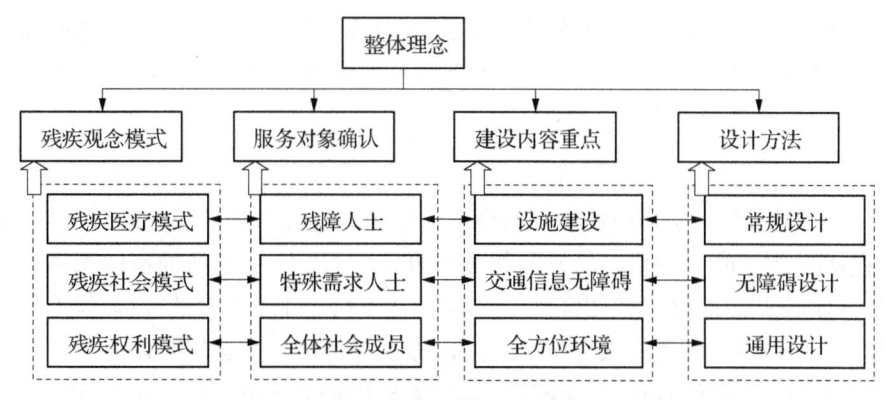

```
                           整体理念
        ┌──────────┬──────────┬──────────┐
    残疾观念模式  服务对象确认  建设内容重点   设计方法
    ┌────────┐ ┌────────┐ ┌────────┐ ┌────────┐
    │残疾医疗模式│↔│ 残障人士 │↔│ 设施建设 │↔│ 常规设计 │
    │残疾社会模式│↔│特殊需求人士│↔│交通信息无障碍│↔│无障碍设计│
    │残疾权利模式│↔│全体社会成员│↔│ 全方位环境 │↔│ 通用设计 │
    └────────┘ └────────┘ └────────┘ └────────┘
```

图 3-2　无障碍环境建设整体理念演变示意图①

全纳教育与全民教育的宗旨是一致的，就是要保障所有学习者受教育的权利不会因为个人的特点与"障碍"而被剥夺，其最终目的是建立一个更加公正的社会②。全纳教育同样主张根据社会模式的教育理念，将对"个人悲剧"的关注转向全社会，正确理解残疾人接受教育的困难，重新赋予残疾人真正的教育权利，全纳教育就是要减少各种学习障碍，让学校能满足所有学习者的需要，目的是建立一个更加公正的社会。融合教育虽然与全纳教育有区别，但在"去障碍""回归""面向全体"等方面的追求是一致的。

可以看出，通用设计与全纳教育、融合教育的主旨都是去除"隔离"和"障碍"，是一个"去障碍化"的演进结果。这与无障碍理念的演进是一致的，"去障碍""公平公正""全体""全方位""权利"是它们共同的主题。因此，对它们进行正确的理解，对于残疾大学生体育参与无障碍环境建设将提供有力的理论与技术支持，有益于与国际先进无障碍理念的对接，与国内无障碍发展的同步，从而保证体育参与无障碍环境建设的实用性、科学性、前瞻性，并减少人力、物力及时间等方面不必要的浪费。

2.残疾大学生体育参与无障碍环境建设的具体指标体系

对应总体目标，残疾大学生体育参与无障碍环境建设的具体指标体系包括三个部分，即硬件无障碍环境 A（外部）、硬件无障碍环境 B（内部）、软件无障碍环境。三部分的协调发展共同构成了残疾大学生体育参与的无障碍环境。这里先对硬件无障碍环境进行分析，软件无障碍环境放到第二节软环境支持中一起讨论。

---

① 引自：李志民.无障碍建筑环境设计[M].武汉：华中科技大学出版社，2011.
② 联合国教科文组织.全纳教育共享手册[M].北京：华夏出版社，2004.

残疾大学生体育参与硬件无障碍环境由内、外环境构成。外环境也称为间接无障碍环境，它是残疾大学生体育参与的前提。内环境也称为直接无障碍环境，它是残疾大学生体育参与的保障(见图3-1)。

(1) 体育参与硬件无障碍环境A(外部)分析

这里的硬件无障碍环境主要指残疾大学生体育参与的外部无障碍环境，主要包括两个方面，一是满足特殊群体学生日常学习、生活、起居的室内无障碍环境。这既是特殊群体学生体育参与的前提，也是接受正常教育的前提，但不是本研究的内容，所以在此不做分析。二是保障特殊群体学生从校园任何地方都能顺利到达体育场馆(场地)的无障碍环境，这里主要对"无障碍动线"进行分析。

无障碍动线也叫作无障碍流线，目前并没有统一的界定。因此，本研究给出的操作性定义是指以体育参与无障碍环境为目标，通过无障碍动线将体育无障碍场馆或场地(校园内建筑)、体育无障碍设施(校园无障碍设施)等，依据通用设计及全纳教育理念，让特殊群体学生(特殊群体学生等)能够自由进出、通行及使用体育无障碍设施设备，无障碍沟通或进行体育教学、锻炼及康复连贯的无障碍通路。由此，无障碍动线也就被分为外部和内部无障碍动线，即图3-1中的动线A、动线B。下面首先对外部无障碍动线A进行分析。

外部无障碍动线主要涉及无障碍校园建筑、无障碍校园公共设施、无障碍校园交通、无障碍校园道路和无障碍校园信息。它们所涉及的无障碍设置共同构成了特殊群体学生体育参与的外部无障碍动线。

第一，无障碍校园建筑主要包括宿舍、教室、餐厅、图书馆、医院和办公楼。涉及无障碍动线的无障碍设施包括无障碍出入口、门、轮椅坡道、电梯、台阶、扶手等。

无障碍出入口是指在坡度、宽度、高度以及地面材质、扶手形式等方面方便特殊群体学生通行的出入口。出入口门的形式、大小、规格及把手等都要符合无障碍相关标准，便于特殊群体学生出入，有条件的高校在主要出入口最好设置自动感应门。

轮椅坡道是指在坡度、宽度、高度以及地面材质、扶手形式等方面方便特殊群体学生通行的坡道。目前高校的主要问题是出入口轮椅坡道并不普及，另外就是坡道不符合无障碍设计要求，如坡度过大等，使用轮椅学生无法独自通行。

电梯、台阶和扶手目前存在的主要问题表现为必要性及无障碍性的不足。必要性是指需要无障碍电梯、符合无障碍标准的台阶或扶手的地方没有相应设置，或有设置但不符合无障碍标准和规范。比如，电梯没有低位按钮，缺少盲文或安全镜等；台阶宽度、高度不标准以及没有符合标准规范的扶手等。此外，在一些老建筑或保护建筑不宜进行无障碍改造的地方可以设置临时升降台等。

第二，无障碍公共设施主要指无障碍卫生间和无障碍浴室。这是特殊群体学生学习、生活的重要部分，也是体现尊重及人文关怀的重要方面。但遗憾的是，很多高校在这方面还有很大提升空间。

第三，无障碍校园交通。现在很多高校都有分校区或校区面积很大，造成特殊群体学生出行不便，有些高校有校内巴士或通勤巴士，但基本上都没有配套无障碍设备，如低位导板、语音提示、盲文标注、轮椅专区、无障碍停车位等。

第四，无障碍校园道路。这是外部无障碍动线最重要的部分。目前校园道路无障碍规范还不完善，对标《无障碍设计规范（GB 50763—2012）》，同时参照《城市道路和建筑物无障碍设计规范（JGJ 50—2001）》和《城市居住区规划设计规范（GB 50180—1993）》中有关道路规范为依据进行相应的设计和建设，主要涉及校园人行步道中的坡道、盲道、缘石坡道、扶手、语音提示、触觉提示及无障碍标志等。

第五，无障碍校园信息及无障碍体育信息。信息无障碍是指任何人（如健康人、残疾人、年轻人、老年人等）在任何情况下都能平等、方便、无障碍地获取信息、利用信息。从1993年的《残疾人机会均等标准规则》到2002年的《琵琶湖千年行动纲要》都对信息通信无障碍提出了要求。

我国信息无障碍开始于2003年的"建设数字大连——残疾人信息无障碍论坛"。2008年颁布的《中华人民共和国残疾人保障法》《政府信息公开条例》以及2012年颁布的《无障碍环境建设条例》等都对信息无障碍提出了一定要求。2006年，工业和信息化部将信息无障碍纳入"阳光绿色工程"计划，启动了信息无障碍标准研究工作。2008年发布的《信息无障碍身体机能差异人群网站设计无障碍技术要求（YD/T1761—2008）》，2012年发布的修订版标准《网站设计无障碍设计要求（YD/T1761—2012）》，2016年国务院印发的《"十三五"加快残疾人小康进程规划纲要》，以及中国残联、国家发改委、工信部等联合印发的《残疾人事业信息化建设"十三五"实施方案》，都明确推动了信息无障碍技术标准与评价体系的建立。这些政策和标准为高校校园信息无障碍建设提供了建设依据。

无障碍校园信息与无障碍体育信息是不可分割的（见图3-1）。无障碍体育信息应该借助校园整体无障碍信息建设平台，在硬件设施及软件开发方面做到共同开发及资源共享。两者主要涉及特殊群体学生的信息获取、信息提示及信息交流。

信息获取是特殊群体学生学习、扩大知识面及接收前沿知识的途径，如网站无障碍，图书、声像资源数字化建设无障碍等，这些对于特殊群体学生体育技术、体育知识的学习，以及体育相关信息的获取等方面都是非常重要的。而在校园体育场馆或场地（包括校园公共场所等）、道路等设置相关的语音提示、盲文讲解、信息屏幕系统、紧急呼叫、聋人手机短信提示等对于特殊群体学生学习、出行、安全都是至关重要的。同时，体育教学视频配字幕、手语、电子产品的无障碍设计要便于特殊群体学生操作，要将体育信息无障碍纳入校园整体无障碍信息建设之中，方便特殊群体学生获取体育信息，并能够通过相关电子产品、网络等途径利用文字、语音、视频等进行体育有关的交流、沟通和咨询，促进体育教学、锻炼及康复的顺利进行。

针对某C9高校校园无障碍程度的调研显示（见图3-3中一到四级，颜色越深代表无障碍完善程度越高），除了新建建筑无障碍程度较好，基本满足可达性及以上的建筑只有40栋，占校园全部建筑的比例仅为22%。

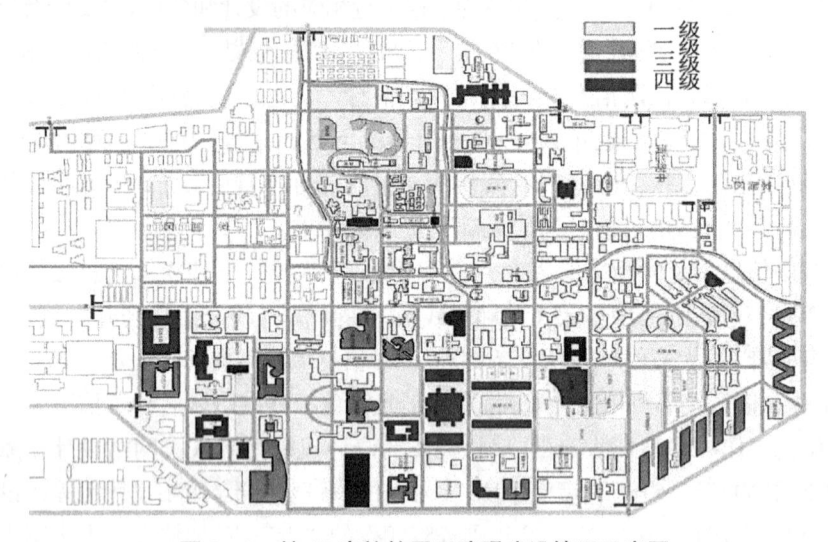

图3-3 某C9高校校园无障碍建设情况示意图

图3-4至图3-8中所示的是某C9高校从宿舍楼、图书馆、办公楼等到体育场馆、场地及办公设施的无障碍建设情况。

图3-4 某C9高校宿舍楼出入口无障碍

图 3-5　某 C9 高校图书馆、办公楼出入口无障碍

图 3-6　某 C9 高校道路无障碍

图 3-7　某 C9 高校公共设施无障碍

图 3-8　某 C9 高校体育馆、体育场、室外体育场地出入口无障碍

从图 3-4、图 3-5 中可以看出，宿舍楼、图书馆、办公楼的出入口缺少轮椅坡道，即使有坡道，也不符合无障碍建设规范，坡度过大，缺少扶手，位置不合理，在显著地方没有设置无障碍标志等。特殊群体学生从一开始出门就遭遇了麻烦。

从图 3-6 中可以看出，特殊群体学生从宿舍、图书馆等地方出来后，通往体育场馆（场地）的路依然不平坦，校园内部道路缘石坡道不完善、不规范，没有盲道，也缺少必要的标志及音响提示系统，无障碍通行缺乏连续性。

从图 3-7 中可以看出，公共设施无障碍也存在诸多问题。整个校园内的停车场很少有无障碍停车位，个别无障碍停车位只有地面有无障碍标志，在主要出入口没有明显的无障碍指示牌，无障碍停车位设置的位置比较随意，且不符合无障碍规范，并且被大量占用。没有无障碍卫生间，体育场馆（场地）的室外卫生间没有轮椅坡道，门的宽度不够，轮椅根本无法出入。

特殊群体学生经过重重波折终于到达体育场馆（场地）后，依然面临各种困难。从图 3-8 中可以看出，由于缺少坡道、升降装置、必要的提示等，残疾人甚至无法接近或进入体育场馆（场地），更不要说使用了。体育馆外有轮椅坡道，但无障碍标识不够醒目，同时距离太长，遇到冰雪、下雨天气会更加困难，另外，唯一的通道还有被占用的情况。

图 3-9 至图 3-12 是加拿大阿尔伯塔大学从宿舍、办公楼等设施到达体育馆的动线图。

图 3-9　加拿大阿尔伯塔大学宿舍、办公楼出入口无障碍

图 3-10　加拿大阿尔伯塔大学道路无障碍

图 3-11 加拿大阿尔伯塔大学公共设施无障碍

图 3-12　加拿大阿尔伯塔大学体育馆出入无障碍

从图 3-9 中可以看出,新修建筑的出入口基本无台阶,对于一些老建筑,考虑到文物保护、美观等因素,会进行坡道改造,或在其他地方设置无障碍出入口。所有无障碍出入口都有无障碍标志,都有低位电动按钮,门把手也是横向宽幅设计,按压后会自动开启,净宽都在 1 米以上,特殊群体学生出入非常便利。

从图 3-10 中可以看出,校园内道路宽敞,有高差的地方都设置有轮椅坡道,并有扶手贯穿整个坡道,路口设置有缘石坡道,在主要地点或无障碍设施不易看见的地点都有无障碍提示牌。

而无障碍停车位在停车场基本都有设置,并且有明显标识,没有占用现象。无障碍卫生间更是很普遍,卫生间内设施也比较齐全和规范,并且有大量低位饮水、电话装置等(见图 3-11)。但加拿大基本没有盲道,在无障碍规范方面和国内有所不同。

特殊群体学生从宿舍或校园其他地方能够非常方便地到达体育场馆,而体育场馆的主要出入口都设置有轮椅坡道或自动门,都有无障碍标识,轮椅坡道坡度比较平缓,都配有扶手(见图 3-12),确保特殊群体学生进出自由。

从我国某 C9 高校与加拿大阿尔伯塔大学的对比中可以看出,国内高校校园整体无障碍建设还不够完善,不能满足特殊群体学生(师生员工)的需求。例如,缺少无障碍停车位,缘石坡道、盲道设置不规范,缺少必要的无障碍标志,电梯无低位及盲文按钮、无语音提示、无可抓握扶手,缺少无障碍卫生间设备等。由此造成特殊群体学生外部"无障碍动线"的不完整、不连贯,缺少合理的外部无障碍支持,也就是说,特殊群体学生不能从学校的某一设施顺利到达体育场馆(场地),体育参与从一开始就遇到了各种"障碍"。

(2) 体育参与硬件无障碍环境 B(内部)分析

体育参与硬件无障碍环境(内部)建设与体育教学、课外锻炼、运动康复紧密相关,是它们顺利实施的重要保障。它主要包括无障碍体育信息、无障碍体育场馆(场地)、无障碍体育设施设备、无障碍体育器材、体育参与辅助器具。

图3-13是体育参与硬件无障碍环境(内部)关系示意图。从图3-13中可以看出,体育参与硬件无障碍环境(内部)建设主要包含两个层面。

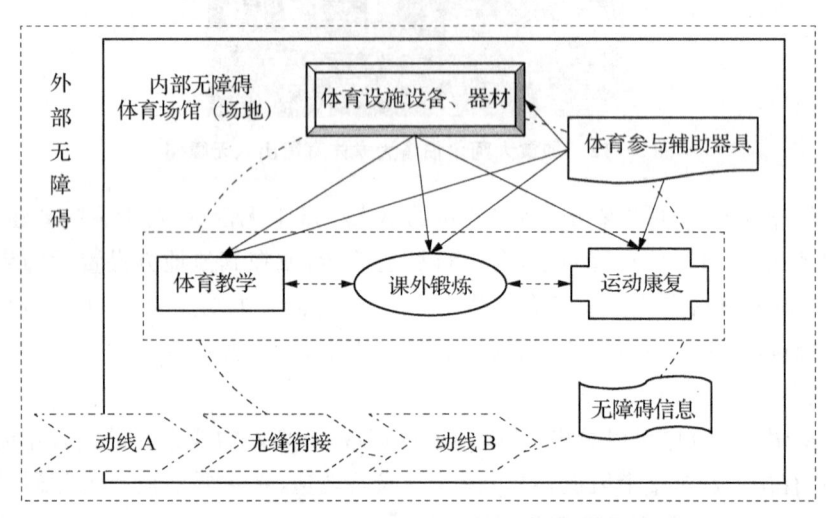

图3-13 体育参与硬件无障碍环境(内部)关系示意图

一是完整的体育参与无障碍动线B(内部)。即特殊群体学生可以借助完善的外部无障碍动线顺利地从校园任何一个地方无障碍地到达体育场馆(场地),做到与内部无障碍动线的无缝衔接。而内部无障碍动线可以保障特殊群体学生在体育教学、课外锻炼及运动康复时,在体育参与的空间里做到无障碍地通行并到达相应的设施、设备及器材。

体育场馆(场地)是特殊群体学生教学、课外锻炼及运动康复的主要场所,内部无障碍动线的实现,就是要保证体育参与场馆(场地)在动线上无障碍设施的完善。涉及的主要无障碍设施包括:出入口、门、台阶、扶手、电梯、厕所、标识、地面、盲道、通道宽度、休息区、轮椅座席、安全疏散通道等。

主要出入口要设置轮椅坡道,门的形式、开启宽度及把手等要符合无障碍设计要求,最好采用电子感应门。

室外台阶数为两级或超过两级时,在两侧应设置扶手。在步行通道、台阶、楼梯、坡道等地方,扶手应牢固并易抓握。此外,一些地方应设置双层扶手,并且扶手的设置应该贯通整个动线。

设置必要的无障碍电梯及无障碍卫生间,在低位按钮、盲文、语音提示、扶手、安全镜、无门槛,以及保证轮椅的使用空间等方面,很多电梯及卫生间不符合无障碍规范。

应该提供文字、盲文、语音、图片等无障碍有关的标识,并尽量使用国际标准符号和象形图。特殊群体学生能够按照标识顺利到达教学、锻炼或康复地点。

地面应平坦防滑,在整个动线上设置行进盲道,在出入口、楼梯、无障碍卫生间、电梯口等无障碍设施位置设置提示盲道。动线所涉及的通道应满足特殊群体学生在集中上课或使用时快速通行,因此,通道宽度最少应允许2辆轮椅同时通行。

另外,应设置必要的休息区及轮椅座席,方便特殊群体学生休息及观看比赛。安全疏散通道应能让特殊群体学生快速识别,并快速疏散。因此,在教学、锻炼场所应有清晰标识和示图。

对某高校体育场馆(场地)内部无障碍动线进行调查,调查结果主要存在如下问题。

第一,体育场所水平通行无障碍。轮椅坡道过陡,有的坡度大于1∶12,轮椅坡道和通道普遍缺少扶手,光线太暗;有的通道被杂物阻挡,同时也缺少必要的盲道设置(见图3-14)。

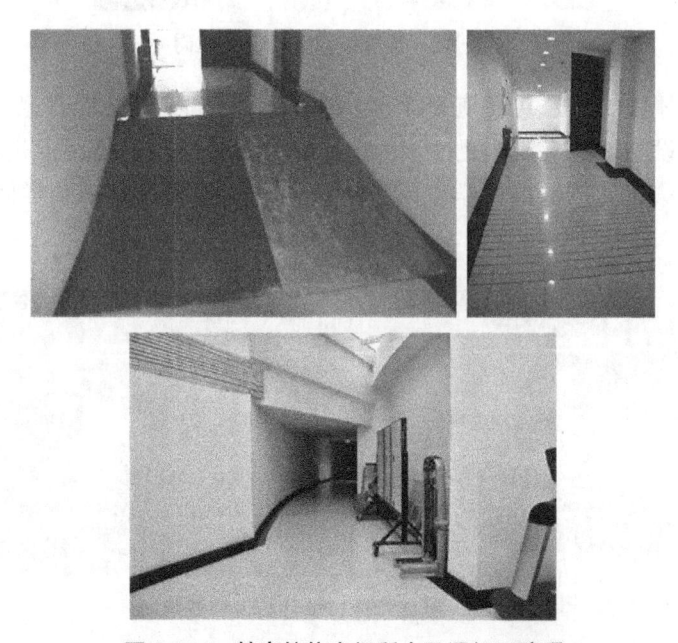

图3-14 某高校体育场所水平通行无障碍

第二,体育场所垂直通行无障碍。电梯无低位按钮,无盲文按钮,缺少语音提示,缺少观察镜和扶手,部分电梯宽度或深度不符合无障碍规范要求。楼梯缺少扶手,光线较暗(见图 3-15)。

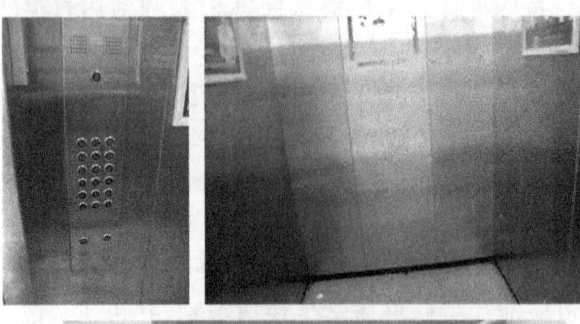

图 3-15 某高校垂直通行无障碍

第三,体育场所公共设施无障碍。缺少无障碍卫生间,现有卫生间在门、坡道、低位设施、扶手、笼头把手、镜子等方面都不符合无障碍卫生间规范要求,基本无法满足特殊群体学生的正常使用。沐浴间也存在同样问题(见图 3-16)。

图 3-16 某高校体育馆公共设施无障碍

第四,体育馆及场地缺少轮椅座席,一些主要出入口缺少坡道或升降平台,一些场地就算特殊群体学生进去了,地面铺设的材料不适合轮椅通行或拄拐者通行。缺少必要的特殊群体学生活动时的轮椅换乘、更衣或放置物品的低位设施(见图3-17)。

图 3-17　某高校体育场所无障碍

第五，无障碍标志。在主要出入口、电梯、轮椅坡道、无障碍卫生间、服务台以及需要导向的无障碍设施位置及走向等方面都缺少必要的国际通用的无障碍标志。

反观加拿大阿尔伯塔大学，为了方便残疾群体通行，轮椅坡道随处可见，并配有安全扶手，通道宽敞明亮(见图3-18)。

图 3-18　加拿大阿尔伯塔大学体育场所水平通行无障碍

无障碍电梯有明显标志，配有盲文、扶手等无障碍设施(见图3-19)。

图 3-19　加拿大阿尔伯塔大学体育场所无障碍电梯

卫生间基本都是无障碍卫生间，标志清晰，内部设施比较齐全（见图 3-20）。

图 3-20　加拿大阿尔伯塔大学体育场所无障碍卫生间

体育馆内的低位设施及残疾人休息的专用桌椅也随处可见（见图 3-21）。

图 3-21　加拿大阿尔伯塔大学体育场所无障碍低位设施

活动场所有残疾人专门通道，有清晰标志。室内场所也配有轮椅专用席位（见图3-22）。

图3-22 加拿大阿尔伯塔大学体育场所无障碍标识及轮椅座席

加拿大阿尔伯塔大学体育馆内部动线完整、连贯、清晰，能保证残疾群体无障碍到达体育馆内的所有活动场所，满足大部分残疾群体的需求。

二是体育设施设备、器材无障碍。体育设施设备和器材是特殊群体学生参与教学、锻炼及运动康复时直接使用的，因此要做到"可接近、安全、可用、易用"。

可接近是指体育设施设备和器材符合无障碍要求。特殊群体学生可以顺利到达体育设施设备和器材跟前，并可触及、接近和使用。因此，对体育设施设备和器材的地面和摆放位置都有特定要求。如果地面铺了地毯或地垫等软质材料，则使用轮椅的学生就不易通行。而如果地板过于光滑，则拄拐学生通行困难，并易损坏地板。器材摆放位置过高或过低，有台阶或门槛等，都会对可接近性造成阻碍。

安全是指体育设施设备、器材适合不同特殊群体学生的身体特点，避免出现因设计不科学或不合理而导致的原发性设计安全或使用安全。比如，对于盲人学生，一些设备或器材有尖锐的棱角，在其运动中就易因使用或碰撞造成伤害。未充分考虑残疾群体特点而设计的器材，如过硬、过重或过小的器材都会造成使用时的障碍从而引发伤害。另外，在设施设备方面要提供防护带、助力器、锁止装置、声音或色彩提示等等，以保障特殊群体学生在运动中能够安全使用并及时获取信息，避免不必要伤害的发生。

安全的前提首先就是体育参与设施设备及器材是可用的，能够被残疾者使用；然后是易用的、能够方便快捷地使用。在这个前提下，充分考虑通用化设计，让器材能够被更多人群使用，以避免教学资源的浪费。比如，肌肉训练器的座椅设计成可轻松拆卸的，可以既方便地让使用轮椅的特殊群体学生练习上肢力量，也不影响普通学生的正常使用。目前国际上发展得比较好且有一定娱乐性、协作性，易于普通学生与特殊群体学生共同参与的轮椅篮球、盲人乒乓球、盲人门球、坐式排球等，在国内的普及率非常低，器材配置更是稀缺。

从某高校体育设施设备和器材的调查情况来看（见图3-23），除了前面调查发现的可接近性有问题外，在可使用性、安全性及易用性方面也存在很大问题。体育设施、器材主要是以普通学生为使用对象，基本没有将无障碍因素考虑在内。因此，对于大部分体育设施和器材，特殊群体学生都无法安全地去使用。加拿大阿尔伯塔大学在可接近性方面没有问题，从前面的调查及图3-24中可以看出，残疾群体可以很方便地出入体育场所，内部空间也便于残疾群体移动，但因为涉及隐私，不容许拍照。从实际调查情况来看，加拿大阿尔伯塔大学有专门的残疾人体育活动中心，基本可以满足残疾群体的锻炼需求。

图3-23　某高校体育设施设备和器材无障碍

图 3-24　加拿大阿尔伯塔大学体育
设施器材无障碍建设情况

三是体育参与辅助技术。图 3-25 是体育参与辅助技术在无障碍环境背景下,与学生互动最终完成合理活动输出的示意图。

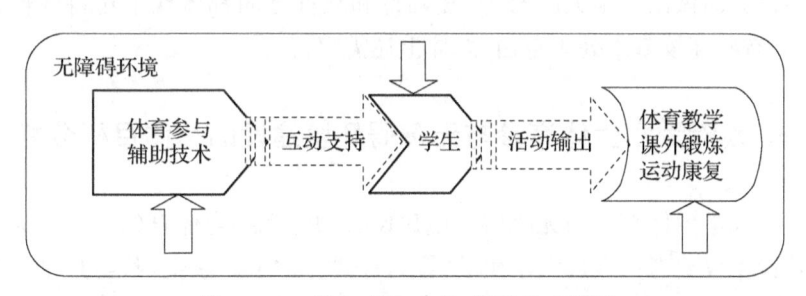

图 3-25　学生-体育参与-辅助技术模型

ICF(国际功能、残疾和健康分类)认为环境因素构成了人们生活和指导人们生活的物质、社会和态度环境。而"产品和技术"是物质环境的重要组成部分,可见体育参与辅助技术是构建体育参与无障碍环境的重要手段,是特殊群体学生体育参与的保障,也是提高他们生存质量、重塑自信的无障碍媒介。

辅助技术就是用来帮助残疾人提高、维持或改善能力的器具以及使用这些器具时涉及的各种服务[①]。我国制定了《残疾人辅助器具分类和术语 GB/T16432—2016》国家标准,共涉及 11 个大类。体育参与辅助技术就是要利用现有的标准及辅助技术,通过选择、补充、设计、扩展找到能够满足特殊群体学生体育教学、锻炼及运动康复时所需的辅助器具及技术。比如,摆位辅助是利用外界支撑力来帮助残疾人保持日常生活所需的姿势变化或维持正常姿势的辅助器具。经过适当改进,它就可以在教学、锻炼或康复时帮助特殊群体学生

---

① 耿琳.重庆市残疾人家长学校康复知识手册丛书辅助器具分册[M].重庆:重庆大学出版社,2017.

维持正常姿态,减轻负担或强度,使其能够正常或较长时间进行练习。而轮椅、助行装置、视障辅具、计算机辅具、矫形器都需要根据体育参与的特点和需求进行重新选择或改进。

第二节 软件环境支持

软件环境涉及的内容也非常多,在此重点讨论两部分内容,一是体育参与软件无障碍环境建设;二是融合体育网络体系建设。这需要从学校层面进行整体布局和建设,体育只是其中涉及的一个方面而已。在此也希望通过融合体育的研究,带动和促进学校整体工作的推进。在调研中可以看到,有些高校已经在这方面做出了很大的努力,在硬件和软件方面都体现了对特殊群体的关注;而有些高校基本处于空白,总体上还需完善。

一、残疾大学生体育参与无障碍环境建设的总体目标分析

残疾大学生体育参与无障碍环境建设必须考虑融合体育的需求。无障碍环境建设不仅要考虑残疾大学生的需求,也要考虑全体学生,甚至是全校师生的需求,这是以往高校无障碍环境建设常常忽视的。只有将全体学生的需求融入无障碍建设之中,才可能营造出一个全体学生共同参与的融合教学环境,消除"隔离"和"障碍"才能得以实现。

因此,残疾大学生体育参与无障碍环境建设的目标表现为显性和隐性两个层面。显性层面是无障碍环境建设所表现出的具体结果,具有外显的特征。但隐性层面是特殊群体学生社会化的重要内容,也是常常被我们所忽视的,表现为意识、习惯、社会适应等,通过无障碍环境建设来消除物质层面的障碍,最终有效帮助他们完成内化的过程。

显性层面即体育教育无障碍,它主要包含体育教学、课外锻炼和运动康复三个层面。这三个层面涉及残疾大学生学习、生活中主要的体育参与,是残疾大学生体育参与的主要形式和途径,而这三个层面的顺利实施都需要良好的无障碍环境作为支撑。

隐性层面即无障碍社会化。通过体育参与无障碍环境建设,一方面保证了残疾大学生可以正常参与体育教学、进行自我锻炼和康复,从而培养他们的体育意识、锻炼习惯和康复能力;另一方面,最大化地保证了特殊群体学生能

与普通学生一起学习，共享教育资源，加深他们之间的沟通和交流，促进特殊群体学生社会参与及社会适应能力。这是全纳教育得以实现的基础和保障，也是全纳体育的目标和追求。

最终，通过体育教育无障碍和无障碍社会化的实现，推动校园无障碍环境建设，并促进社会整体无障碍环境的发展。

二、体育参与软件无障碍环境建设

体育参与软件无障碍环境包括高校无障碍规范、管理监督、保障及校园无障碍意识、志愿者文化等几个方面。图3-26是体育参与软件无障碍环境的结构示意图。从图3-26中可以看出，主要包括两个层面的建设工作，即高校无障碍环境建设规范、高校无障碍意识及文化建设。

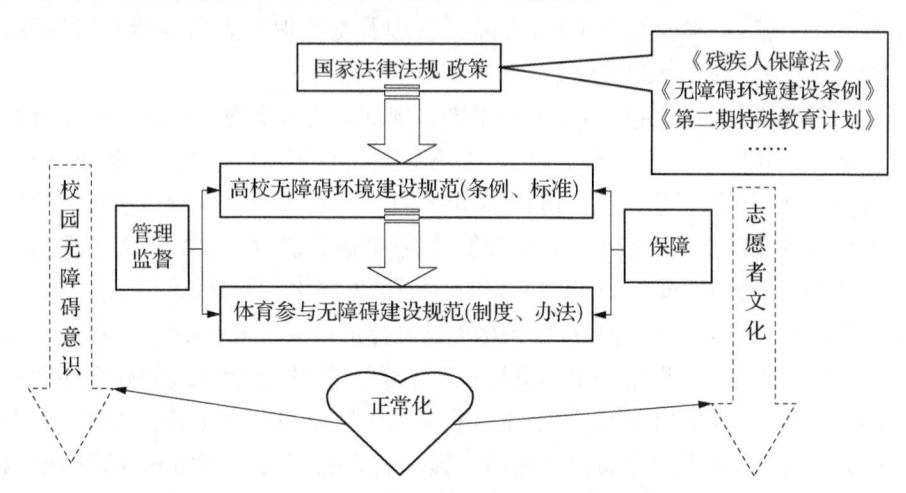

图3-26 体育参与软件无障碍环境的结构示意图

教育部等七部门联合印发了《第二期特殊教育提升计划（2017—2020年）》，其中提出，中国的大学应进行必要的无障碍环境改造，给予特殊群体学生学业、生活上的支持和帮助。但通过本研究结合其他学者对北京、江苏、新疆、陕西、四川、湖北等城市部分高校的初步调查，可以看出，高校存在无障碍环境建设不完善、不规范、不普及，维护管理不到位等诸多问题。

体育参与无障碍的发展要以高校整体无障碍规范和标准作为依托，因此，高校无障碍建设规范是其发展前提和保障。现行的《残疾人保障法》和《无障碍环境建设条例》虽然涉及了"文化、体育、医疗卫生等单位的公共服务场所"的无障碍设施改造，但缺乏针对高校无障碍环境建设单独的规范和标准。

《第二期特殊教育提升计划(2017—2020年)》提出:"增强特殊教育保障能力。统筹财政教育支出,倾斜支持特殊教育。加强无障碍设施建设。"2017年修订的《残疾人教育条例》也指出,县级以上地方人民政府及其教育行政部门应当逐步推进各级各类学校无障碍校园环境建设[①]。但这些只是一个框架,缺乏明确的建设标准和指标。因此,应该以现有法律法规为指导,结合《无障碍设计规范(GB50763—2012)》《特殊教育学校建筑设计规范(JGJ76—2003)》及地方无障碍建设等具体实施条例,建立高校无障碍环境建设的规范和标准。体育参与无障碍环境建设则以此为平台,结合《体育建筑设计规范(JGJ31—2016)》《国际残疾人奥林匹克运动会场馆技术手册》等标准,或参考相关指南,如《无障碍指南:奥运会和残奥会的包容方略》等进行补充和完善,形成自己的规范模式。这样也能通过法律形式明确住建、财政、教育等相关部门及地方政府、残联、体育局与高校职能上的划分,并起到相应的监管、保障作用。高校内部也有法可依,在学校经费预算、无障碍管理及基建保障方面也能明确权责,让管理、维护和约束落到实处。

为贯彻《"十三五"加快残疾人小康进程规划纲要》,实现逐步建立和完善残疾人高等融合教育政策措施的目标,"十三五"期间,在教育部大力支持下,中国残联在北京、吉林、江苏、河南、湖北、四川六省市分别选择了6所普通高等学校开展高等融合教育试点工作。而融合就是贯彻"融合教育"理念,最终实现残疾人教育"正常化(normalization)"的过程。所谓"正常化",是指我们应采用"尽可能符合正常文化的方式,建立或维持尽可能符合正常文化的个人行为和特征"[②],即帮助特殊群体学生营造一个尽量接近普通学生学习、生活方式的教育环境和氛围,使他们的学习生活模式及条件尽量与普通学生一样,而不是有意将他们进行区分。这其实就是一个意识转变的过程。应该说,除了上述分析所说的原因外,高校无障碍意识及师生无障碍意识薄弱则是阻碍无障碍发展的重要因素。

另外,目前高校有很多志愿者组织,但针对特殊群体学生的志愿服务还是相对滞后的,缺乏有组织、有专业素质的志愿者服务团队。体育参与中对于志愿者的需要更加频繁和迫切,无论是从教学、锻炼和康复角度,还是从安全角度,都需要经过专门培训的志愿者服务。这与"助残"意识、"正常化"意识的提升都密切相关,只有当高校及师生都认为体育参与是特殊群体学生的权利,无障碍建设是自己的责任和义务,是整体教育的重要组成部分时,校园无障碍及

---

① 中国政府网.残疾人教育条例[EB/OL].[2017-02-23].http://www.gov.cn/zhengce/content/2017-02/23/content_5170264.htm.
② 丹尼尔·P.哈拉汉.特殊教育导论[M].肖非,译.北京:中国人民大学出版社,2018.

体育参与无障碍才能真正得到发展。

东京大学在这方面的建设比较完善，值得国内高校借鉴。东京大学有独立的无障碍支援办公室，也是第一个建立无障碍支援办公室的高校。其前身是2002年为了实现无障碍东京大学而成立的无障碍工作组。2003年3月制定了"东京大学宪章"，同年8月制定了"东京大学障碍学生学习支援实施要领"，2004年4月正式成立了东京大学无障碍办公室，同年9月制定了"东京大学障碍教职工支援实施要领"，2013年统一修订为"东京大学无障碍支援办公室学生及教师支援实施要领"。从名称的变化过程中可以看出，无障碍办公室的面向对象从有障碍的师生开始转向面向全体师生，从"有碍"到"无碍"的"正常化"正是东京大学无障碍办公室创建的初衷。

图3-27是东京大学无障碍支援办公室的组织结构[①]，支援办公室不仅有教育及学生支援部、人事部、财务部、设施部等直接部门，还有咨询支援研究开发中心和无障碍教育开发研究中心。同时，它们与支援学生团体、外部专家及外部机构都有密切联系。室员（教员）包括农学、教育学、理学、法学、医学、工学、人文社会、先端科学技术研究中心等十几个部门的专家和教师。构成了由学校出资，各部门提供人力、物力支援，无障碍办公室提供技术支持，并且汇聚了全校资源和力量的无障碍支援协作体制（见图3-28）。

对应日本《障碍者歧视消除法》，东京大学制定了《东京大学障碍消除对策要领》《东京大学障碍消除对策要领注意事项》及《东京大学障碍者歧视事件解决委员会规则》等学校内部条例，确保了无障碍环境建设有法可依。同时，东京大学编写了详细的《无障碍支援手册》，涉及无障碍理念、职责、支援流程，无障碍器材介绍及使用，视障、听障、肢体障碍、内部障碍、慢性疾病、精神障碍等支援，还包括设施改善、志愿者服务、障碍学生紧急灾害应付、职业指导及就业等诸多方面，方便教师、残疾群体、志愿者等不同层面快速了解和认识无障碍支援相关知识。

通过无障碍支援办公室，东京大学构建了完善的无障碍软、硬件环境，为全校师生员工在无障碍校园网站、无障碍地图、特殊群体学生服务申请、器材提供及租用、志愿者服务、教员应聘、设施改造及完善、就业等方面提供全方位的无障碍支援，体育参与的无障碍只是其整个无障碍服务的内容之一而已。

---

① 東京大学．バリアフリー支援室、組織[EB/OL]．[2020-08-23]．http://ds.adm.u-tokyo.ac.jp/overview/org.html.

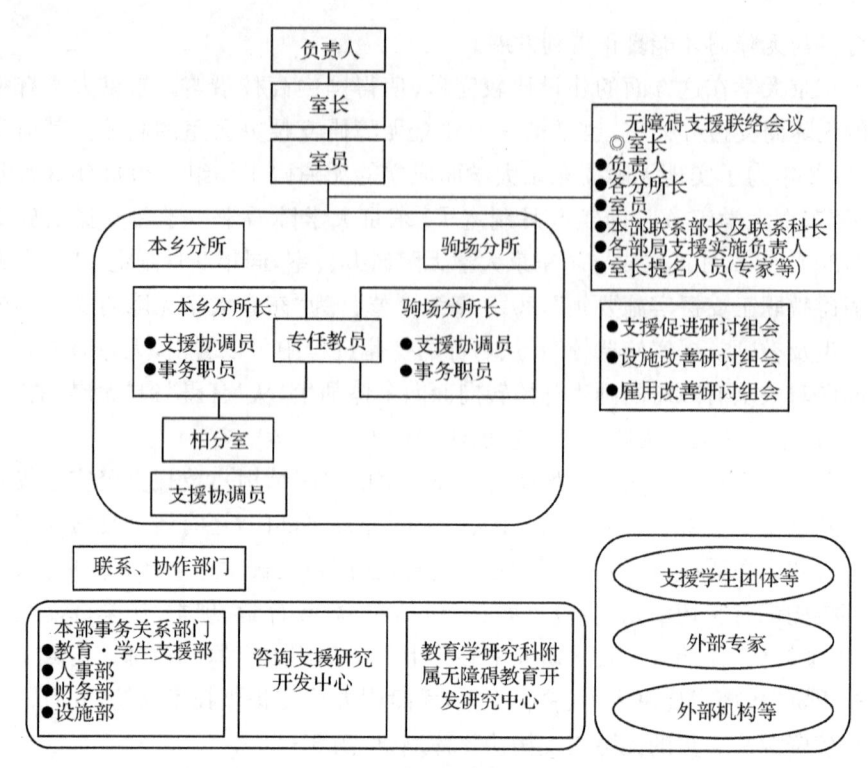

图 3-27 东京大学无障碍支援办公室的组织结构

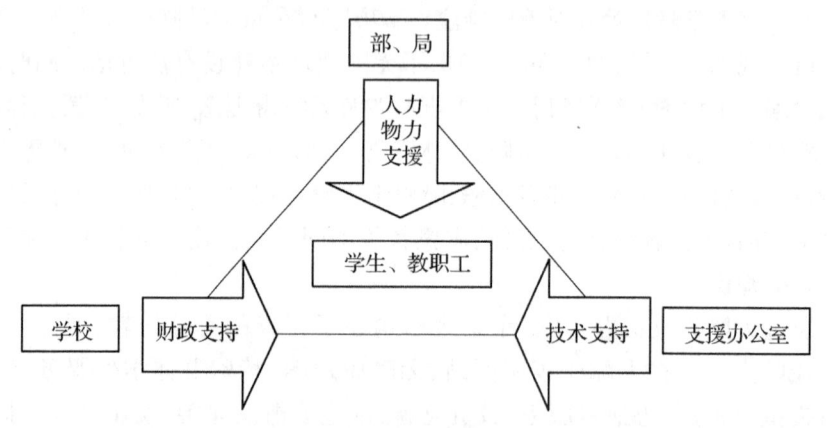

图 3-28 东京大学无障碍支援办公室支援协作体制

从东京大学无障碍建设中我们应认识到,体育参与无障碍环境建设只是校园无障碍整体建设的组成之一,软件无障碍环境与硬件无障碍环境是相辅相成的,只有校园整体无障碍得到了全面发展,体育参与无障碍才能顺利实施。鉴于我国目前高校无障碍发展的现状,在进行体育参与无障碍建设时,一定要全局考虑,促进和推动校园无障碍环境的整体提升。

三、校园无障碍网络体系建设

在当今网络和信息化高度发达的时代,对于融合体育教学实际而言,完善的无障碍网络体系是融合体育全面实施的基本保障,它不仅有利于融合体育高效、顺利地开展,而且对于学生掌握和提升信息化手段和能力,融入信息化社会都是不可或缺的。结合融合体育发展实际,目前急待解决的问题主要包括两个方面,一是网站无障碍建设;二是融合体育教学网络资源建设。

1. 网站无障碍建设

除了无障碍标志、信号、平面图等硬件无障碍信息外,还需要通过网页、App、公众号等网络平台为特殊群体学生提供无障碍信息,给予他们出行上的帮助,这对于他们快速融入学校生活是非常重要的。最主要的就是无障碍网站建设,这是特殊群体学生获取信息的重要平台。目前大部分高校网站没有提供无障碍服务,也没有提供相关的无障碍信息,在很大程度上限制了特殊群体学生对信息的及时有效获取,容易造成与学校整体学习、生活的脱节。

无障碍网站的制作应当依照以下四大原则来进行:

原则1:可感知。信息及使用者界面元件应以使用者能察觉的方式呈现,使用者一定要能察觉呈现出来的信息(也就是信息不能对使用者所有的感官均无形)。

原则2:可操作。使用者界面元件及导览功能应具有可操作性,使用者一定要能够操作界面(界面不能要求使用者无法执行的互动方式)。

原则3:可理解。信息及使用者界面的操作应具有可理解性,使用者一定要能够明白信息及使用者界面的操作(即内容及操作皆不能超出使用者的理解能力)。

原则4:稳健性。网页内容应可供身心障碍者以辅助工具读取,并具有相容性随着科技进步,使用者一定要能取用内容(也就是说,当科技及使用者代理演进后,内容仍应保有可用性)。

为了建立无障碍网站以方便残障人士使用,万维网联盟(World Wide Web Consortium,简称 W3C)成立了 W3C Web Accessibility Initiative (WAI),让世界各地的资讯科技界、残障人士机构、政府及研究机构的人员同心协力,共同制定《无障碍网页内容指引》(*Web Content Accessibility Guidelines*,简称 WCAG)和开发资源,以推动网站采用无障碍设计,便于残疾人士使用。

2013年2月，住建部、工信部、民政部、全国老龄办联合发布了《关于开展创建无障碍环境市县工作的通知》；2016年，中央网信办、中国残联联合印发了《关于加强网站无障碍服务能力建设的指导意见》；2018年，工信部、国资委联合下发了《关于深入推进网络提速降费加快培育经济发展新动能2018专项行动的实施意见》；2018年10月，中国颁布实施了《中华人民共和国残疾人保障法》。同时，《信息技术互联网内容无障碍可访问性技术要求与测试方法》（GB/T37668—2019）、《Web信息无障碍通用设计规范》《移动通信终端无障碍测试方法》和《应用软件无障碍技术要求》等行业（团体）标准的立项、制定和不断完善，使中国在信息无障碍标准规范方面与国际差距缩小，同时，为信息无障碍技术应用发展提供了可靠支撑。自2019年1月起，中国互联网协会在国家有关主管部委的指导下，对国家各部门，各省、市、县（区）人民政府及所属党政机关、公共事业单位约13万个网站，以及各民主党派、社会团体、各级各类公共企事业单位、新闻媒体、金融服务、电子商务等10万个重要公共服务网站无障碍建设情况及其服务效能进行检测。这些法律法规的出台以及相关工作的推进，为信息无障碍建设发展提供了政策经验支持。

无障碍网站建设不仅是对融合体育的支持，对于特殊群体学生在学校的学习和生活也都是有帮助的。如果不完善、不健全，也无法提供融合体育所需要的各种体育信息，而单独为融合体育建设专门网站也会造成资源的浪费，最好的办法就是嵌套在学校整体无障碍网络建设中进行整体完善。

浙江大学国际联合学院在校园主页提供了"校园无障碍服务"，包括无障碍停车、无障碍设施及无障碍服务三个部分。每一部分都有详细的介绍，并有平面图进行无障碍标注和说明，校园无障碍信息建设比较完善，值得国内高校学习和借鉴[①]。浙江大学国际联合学院校园内的主要设施都配有无障碍平面图，对安全出口、轮椅坡道、台阶、电梯、卫生间、救援点等都进行了标注，并有馆内动线指示，不仅方便了残疾群体，校内、外不同群体使用都非常便利。图3-29就是浙江大学国际联合学院综合体育馆的无障碍平面图，总共3层，每一层都提供了无障碍平面图，并进行了清晰标注，特殊群体学生能够提前了解体育馆布局以及方便自己通行的无障碍电梯或楼梯位置。

---

① 浙大国际联合学院．校园无障碍服务［EB/OL］．［2020-03-20］．https://coc.intl.zju.edu.cn/zh-hans/node/870793．

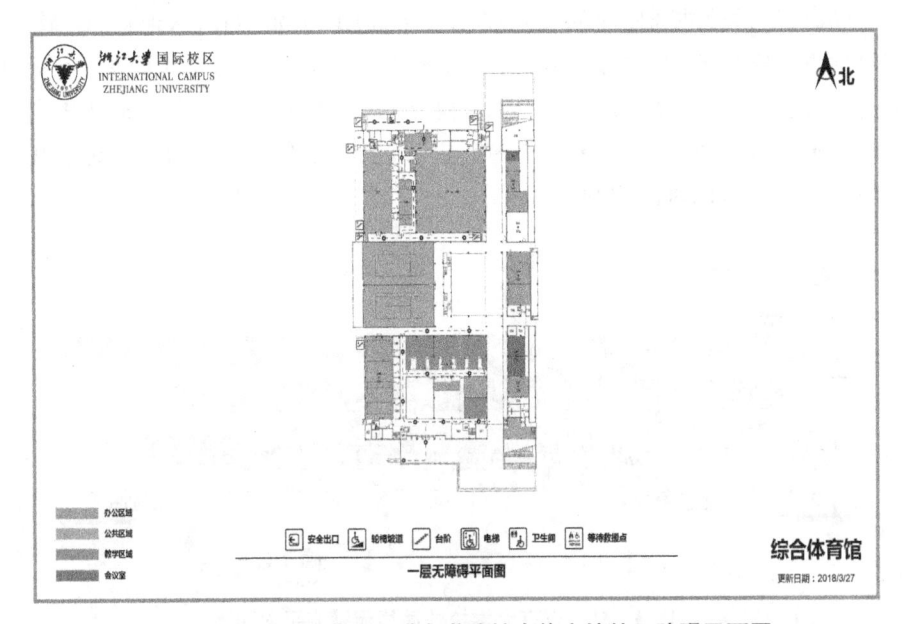

图 3-29　浙江大学国际联合学院综合体育馆的无障碍平面图

东京大学在校园网站设置了"无障碍支援室"网页，不仅配有每个校区的无障碍平面图，还对无障碍设施及动线进行明确、清晰的标注（见图 3-30）。

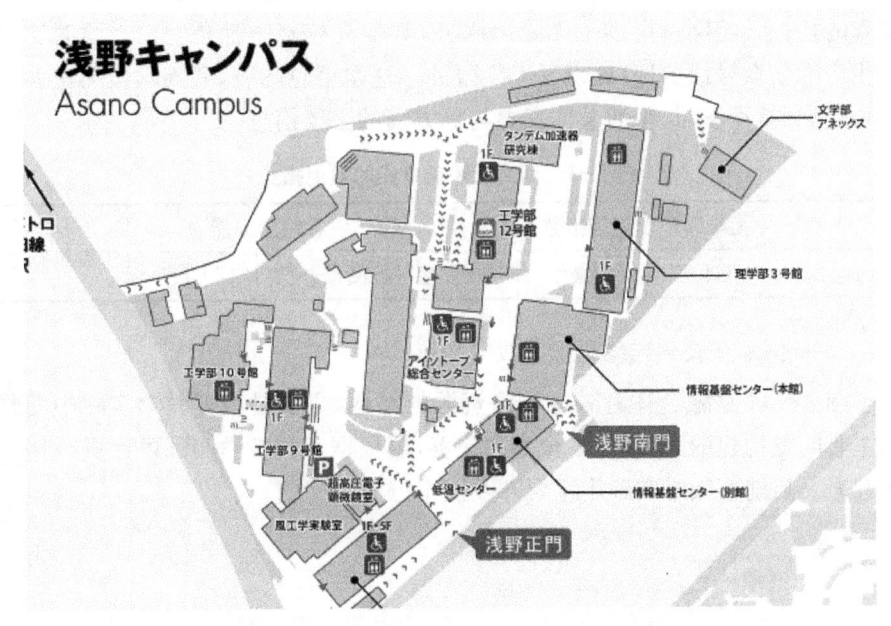

图 3-30　东京大学浅野校区无障碍平面图

同时,提供校外到校内的无障碍动线平面图,例如,如何从地铁、电车、公交等地方无障碍地到达校园都给出了清晰指示(见图3-31),为了便于不同群体使用,同时设置有文字放大功能并配有纯文字说明。但因为网站并未实现整体无障碍,同时也没有必要的无障碍提示,所以也存在从网站首页想要找到无障碍网页比较困难的问题。

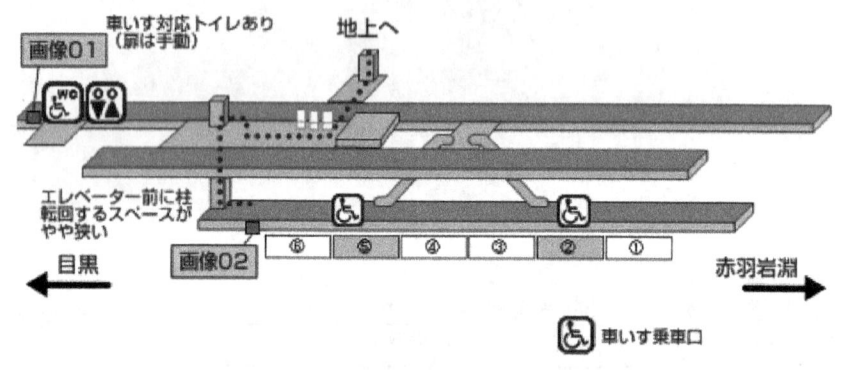

图3-31 东京大学校外动线无障碍平面图

对标全国公共服务网站无障碍建设及服务的效能指数(见表3-1),依据《网页内容可访问性指南》(2012)和中国互联网协会《Web信息无障碍通用设计规范》(2018)的相关要求,对17所高校网站无障碍建设进行了调查,只有所调查的特教学院网页提供了无障碍服务,其他高校基本都是空白。同时也没有相应的公众号或APP提供无障碍服务。这也就意味着,残疾学生无法及时有效获取通行、学习、生活及体育参与等方面的必要信息。

表3-1 网站无障碍建设的效能指数

无障碍建设规范指数				在线服务能力		便捷性
可感知	可理解	可操作	兼容性	阅读补偿	盲人读屏	

2. 融合体育教学网络资源建设

图3-32是融合体育教学网络资源的结构,主要是根据教学实际中面临的主要问题构建的,可能并不全面和完善,但根据不同教学实际可以进行拓展和补充。目前在教学实践中主要涉及四个方面的问题。

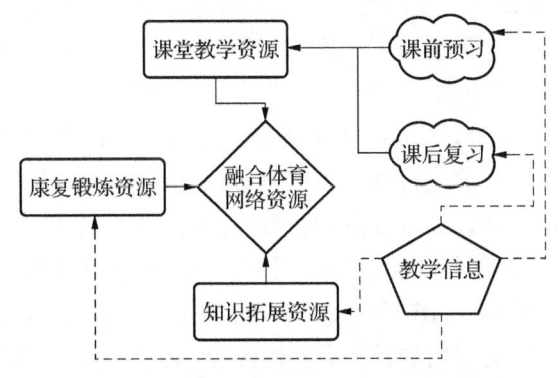

图 3-32　融合体育教学网络资源的结构

一是教学信息快速有效地传递。教学信息服务于融合体育的全过程，现在教学信息的传递基本实现了无纸化操作，与教学相关的信息基本都是通过网络实现的，实现的手段和途径也有很多选择，如电脑、手机、网页、公众号、微信号、App、超星、腾讯等等。这对于普通学生来说可以方便、快捷地获取与教学相关的各种信息，但特殊群体学生就会举步维艰，特别是对于视力、听力有障碍的学生，教学信息的获取必须有相应的支撑和配套。

在网页内容无障碍方面，2008年3月，工业和信息化部发布了《信息无障碍身体机能差异人群网站设计无障碍技术要求》（YD/T1761—2008）和《信息无障碍身体机能差异人群网站设计无障碍评级测试方法》（YD/T1822—2008），并于2008年7月1日正式实施。2013年，全国信息技术标准化技术委员会发布了中华人民共和国国家标准《网页内容可访问性指南》（GB/T29799—2013）。2017年，由浙江大学、中国残联信息中心等单位联合起草了国家标准《信息技术互联网内容无障碍可访问性技术要求与测试方法》（计划号20161360-T-469），该标准实现了我国在互联网内容领域的无障碍技术标准与国际接轨。

在移动端内容无障碍方面，智能手机的普及让信息进入移动时代，根据中国互联网信息无障碍行业标准的相关规定，移动网站的信息无障碍需要支持手机自带的读屏软件和其他第三方读屏软件，相关的无障碍标准需参照WCAG2.0网站内容可访问指南的四个原则中的三项要求，即可感知、可理解和兼容性。此外，互联网内容无障碍方面前面已经涉及，这里不再赘述。

因此，高校在这些方面应该充分利用自身的科研创新优势，为融合体育信息的无障碍提供技术支持，同时也推动整体校园无障碍信息的完善。

二是课堂网络教学资源的完备。体育教学有互动性、参与性的特点，这也对特殊群体学生提出了一定的要求。如果只是上课时才接触、了解教学内容，一方面，特殊群体学生很难一下子接受和理解；另一方面占用了大量教学时间和精力。因此，完备的网络教学资源就非常重要，网络教育的教学资源不仅仅只有电子媒介教学资源，还包括纸介教材。通过事先提供的视、听、盲文等资源，让特殊群体学生提前进行预习和学习，并能在课后进行复习。

根据《教育资源建设技术规范》的规定，目前常见的信息化资源主要包括9类，分别是媒体素材(包括文本、图形/图像、音频、视频和动画)、试题库、试卷、课件与网络课件、案例、文献资料、常见问题解答、资源目录索引和网络课程。另外，还可根据实际需求增加其他类型的资源，如电子图书、工具软件、认知工具和影片等。

(1)媒体素材。媒体素材是指传播教学信息的基本材料单元，可分为五大类，即文本类素材、图形/图像类素材、音频类素材、视频类素材、动画类素材。

(2)试题库。试题库是指按照一定的教育测量理论，在计算机系统中实现的某个学科题目的集合，是在数学模型基础上建立起来的教育测量工具。

(3)试卷。试卷是指用于进行多种类型测试的典型成套试题。这里的试卷是数字化的试卷。

(4)课件与网络课件。课件与网络课件是对一个或几个知识点实施相对完整教学的用于教育、教学的软件。根据运行平台来划分，它可分为网络版的课件和单机运行的课件。网络版的课件需要能在标准浏览器中运行，并且能通过网络教学环境被大家共享。单机运行的课件可通过网络下载后在本地计算机上运行。

(5)案例。案例是指由各种媒体元素组合表现的有现实指导意义和教学意义的代表性事件或现象。这里的案例也是数字化的案例。

(6)文献资料。文献资料是指有关教育方面的政策、法规、条例、规章制度，对重大事件的记录、重要文章、书籍等。这些都是数字化的资料。

(7)常见问题解答。常见问题解答是针对某一具体领域最常出现的问题给出全面的解答。

(8)资源目录索引。列出某一领域中相关的网络资源地址链接和非网络资源的索引。

(9)网络课程。网络课程是通过网络表现的某门学科的教学内容及实施的教学活动的总和。它包括两个组成部分，即按一定的教学目标、教学策略组织起来的教学内容和网络教学支撑环境。

融合体育可以根据体育教学的特性和需要进行调整，特别是如何通过网络教学资源让学生事先了解身体运动的要求并获得一定的运动感知，这是非常重要的，能够有效促进融合体育教学的开展的实施，让学生更快地融入教学之中。

三是实用的康复锻炼资源。融合体育教学的一个重要功能是帮助特殊群体学生进行机能和功能方面的恢复，但课堂时间毕竟是有限的，更多的是一种方法、习惯或理念的学习和掌握。因此，除了科学的医学康复训练外，课外康复锻炼就是一种有效的途径。此时，实用的康复锻炼资源就成为课堂外的重要延续和补充，能够为特殊群体学生提供科学的方法和指导。特殊群体学生的机能和功能康复或提升的情况也直接影响其融合体育教学的效果。

在目前的志愿者服务、专业指导人员等还不是特别健全和充分的情况下，如果没有较为完善的网络支持，就算特殊群体学生身处普通教育环境之中，由于他们无法得到应有的支持，那么在身心上也会被孤立于普通教育体系之外，这对于他们身心健康发展是非常不利的。融合体育的特殊性之一就是不能拘泥于教学本身，教学之外的各种因素都可能会对融合体育产生巨大的影响，不能忽视。

四是丰富的体育知识拓展资源。在教学实践中我们可以发现，大部分特殊群体学生由于先天因素及社会客观因素的影响，在体育方面无论是技能、技术还是意识、理念都是缺乏的。所以当我进行融合体育教育时，面临的最大困难不是他们身体上的问题，而是意识和认识上的问题，并且有时是来自他的家庭。

笔者曾经在教学中遇到一个孤独症的学生，他自身在与老师、同学交流、沟通时会存在一些问题，虽然他本身并不排斥体育课，但也没有主动参与的意愿。因此，根据他的情况有针对性地安排他自主练习、指导性练习或与同学相互练习，增加他交流和沟通的意愿和能力。同时，他母亲也没有这方面的意识，多次找笔者希望让孩子不要上课，一是担心孩子无法完成上课的内容，二是觉得占用了孩子的时间和精力。笔者和这位母亲进行了多次沟通，讲了体育学习对于孤独症孩子的益处后，终于让这位学生坚持了下来。在进行体育参与的过程中，这个孩子在家中易怒易发火的问题得到了比较好的缓解，沟通意愿也比以前强了许多，虽然他最终因为整体学习问题休学了，但体育教育对他的影响以及对他母亲的影响还是让笔者感到欣慰的。

因此，对于特殊群体学生来说，在社会整体无障碍还不完善的情况下，他们获取额外信息会更加困难，学校作为重要的教育平台，如果不能提供给他们更多的信息，这无疑是教育公平的失衡。提供给他们体育教学之外的东西，帮助他们认识体育、了解体育，才能够使他们积极主动参与体育、观看体育、享受体育。

另外，融合体育教学资源还包括电子屏显、多媒体、挂图、盲文教材、视听图书、辅助器具等，最终让不能听的学生能看到，不能看的学生能听到、摸到、感知到，不方便活动的学生能够运动起来，在硬件环境和软件环境方面提供全方位支持，帮助特殊群体学生有效融入正常教学。

第四章 融合体育教师及融合体育协作

关于体育特殊教育教师的培养与能力结构和体育特殊志愿者团队的组织及运作,在笔者的其他两本专著中都有涉及,对于重复内容不再赘述。这里主要从融合体育的角度进一步探讨在实际教学中融合体育教师及志愿者的主要问题。

第一节 融合体育教师的基本素养

这里主要结合教学实践,针对教学实践中所面临的问题和矛盾,从三个主要方面谈一下作为融合体育教师应该具备的基本素养(见图4-1)。这里我们先介绍一个案例,然后结合案例来说明实践中我们面临的问题及如何处理这些问题。

认知层面 → 对"残疾"的认识 / 融合教育理念的意识

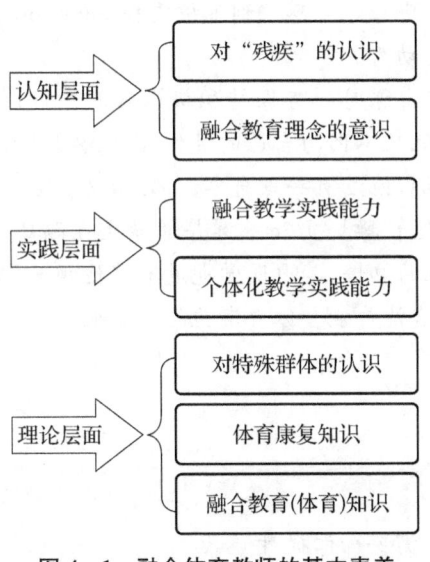

实践层面 → 融合教学实践能力 / 个体化教学实践能力

理论层面 → 对特殊群体的认识 / 体育康复知识 / 融合教育(体育)知识

图 4-1 融合体育教师的基本素养

案例：

姚同学是我带的体育保健班的学生，因为患有小儿麻痹双腿行动有障碍。由于学校在特殊教育方面发展比较滞后，融合体育当然也未实施，因此，姚同学在上体育课时面临许多问题。

首先，是无障碍环境支持问题。乒乓球馆在二楼，但体育馆的几个入口都没有设置无障碍坡道和扶手，在下雨天手里拿着雨伞的情况下，他就变得尤其不便。体育馆内也没有无障碍电梯，他需要爬上三段比较长的台阶。对于普通学生来说不算问题的事情，于他而言就是一个挑战。另外，乒乓球台是普通标准球台，姚同学因为双腿都有变形，所以球台对于他来说就比较高，接球他就比较吃力。

其次，教学内容沿用的是普通学生的教学内容，只是在难度和要求上进行了降低，这不仅不能适应和满足姚同学的学习需求，对于其他有着不同障碍的学生而言，也存在无法有效学习的问题。而乒乓球在个人练习的同时，又是需要配合的，这也造成了个体无法很好练习，配合又无法完成的窘境，学生的兴趣和积极性很难被调动起来。

最后，学校出于一些方面的考虑，体育保健课一直是单独编班，因为学生情况复杂，学校也没有体系化的教学进行支撑，在教学内容方面很难制定针对性的标准和要求，在评价方面就比较困难，所以成绩评价主要以考勤为主，在教学内容及考核方面并没有特别要求，最后成绩也以60分计算。而单独编班让学生感觉到不被重视，并且60分的成绩评价也让学生失去了学习的动力。

但姚同学在上课时一直保持积极乐观的态度，给我留下了深刻的印象。每次练习，他从不因为自己的身体原因而提出特殊照顾，哪怕跑得再慢，动作再不协调，他没有一点自卑，都在努力完成。而最让我感动的是，在课后，我看到他在操场上和一群普通学生在踢球，虽然动作比较笨拙，但丝毫不影响他的热情，其他同学也没有将他视为"残疾"人，都在认真拼抢。此刻，我想这就是融合体育实施的意义吧。

一、认知层面

1. 对残疾的认识需要全面提升

前面一直强调，残疾观念从残疾医疗模式（认为残疾人是"个人悲剧"的

"医学"模式)转变为残疾社会模式(认为残疾人自身的残疾并不是其参与社会首要的障碍),一直到现在的残疾权利模式(认为残疾人与生俱来应当享有真正的人权)。但现实生活中,从学校层面、教师层面到学生层面,对残疾群体依然缺乏正确的认识,这也是导致姚同学作为代表的这一群体学生在体育学习过程中面临众多困境的原因。

这里要强调以下两点。

第一,在环境发生改变或自身出现伤病,抑或是生理状态自然发生改变的情况下,我们每个人都会存在各种不同的"障碍",这和"残疾"表现出来的障碍是一致的。这种浅显的道理似乎很容易理解,但在现实中我们往往又会被根深蒂固的传统残疾观念影响,在对待残障学生时,常常用怜悯、同情甚至是偏见的眼光看待他们,认为他们是需要照顾的对象,而不是将他们视为有独立人格、享有真正人权的普通公民。在这种观念影响下,在学校体育参与、体育比赛中,我们几乎看不到残障学生的身影,因为没有他们可以参与的平台和机会。在教学中,也常常将他们人为隔离到另一个空间,与普通学生的正常联系被割裂,而这些却被很多人认为是正常的,这才出现了用60分来评价残障学生成绩的一刀切做法,这种做法不仅有失公平,还带有明显的歧视色彩,对残障学生心理造成极大的伤害,让教育公平的天平失去平衡。作为融合体育教师,必须在这方面做出努力,避免这种问题的出现,当然这也需要学校和部门层面做出改变,并提供支持。

第二,残疾表现出来的"障碍"是可以通过环境的适当改变减弱或消除的。体育的本质功能就是健身功能、教育功能和娱乐功能。体育教学本身就是通过教学设计、教学实施、教学策略等营造一个适合全体学生的学习环境和氛围,对于残障学生更是如此。通过体育教学帮助他们进行健身和康复,提升他们在学习和生活中需要具备的一些能力,在体育学习过程中培养他们自信、自强的心理品质,帮助和促进他们适应学校的学习和生活,并利用体育这一平台不断去除"障碍",推动他们"社会化",让他们享受体育、热爱生活。这也提示我们,要想消除这些"障碍",融合体育就是有益的尝试。融合体育教师不仅要想办法去除特殊群体学生"身心"方面的障碍,也要想办法消除不同群体之间的"障碍"。

2. 提升融合教育及融合体育的意识及主动性

从姚同学的案例中我们可以看到,特殊群体学生有强烈的融入集体的欲望,他们并不愿意被孤立出去。当我们看到他们在操场上努力的身影时,更应反思作为教育工作者,我们应该提供给他们什么?显然,当他们进入高校后,不是让他们产生无助感，自己去寻找可以接纳他们的空间，而是有更多的空间和平台能够主动去迎接他们，帮助他们更好地认识自己，挖掘出自己的潜力，并迅速融入学校以及未来的社会，这才是教育的真谛。因此，从学校层面固然需要在硬件、软件等方面提供必要的支持和条件，但体育部门包括体育教师也应主动寻求创新和改变，从而提升这方面的认识和意识。

首先，在认识融合教育之前，我们应该充分发挥体育自身的优势。前面我们分析了体育的特性，体育具有集体性、协作性、包容性、互助性等特点，在健身的同时，与特殊群体学生康复也紧密相关，它更容易从特殊群体学生的实际出发，提供一个包容的平台和空间。然而在实际教学中，无论是从教学管理、教学组织还是具体教学实施方面，都没有充分利用体育这一优势，仅仅把体育作为一个项目，而忽视了体育本身所具有的教育属性、社会属性。融合体育教师在具体教学中，应充分利用体育的特性，将融合教育融入教学之中。这不禁让我想到在日本访学时的一个经历，至今让我难以忘怀。

案例：

2015年，我被国家公派到日本福祉大学访学，有两件事印象比较深刻。

第一件事是在普通体育课中专门安排了轮椅篮球等课程，让学生亲身感受特殊群体的学习，并且在学习过程中，学生不仅没有抵触，反而还非常喜欢轮椅篮球，积极性甚至超过了普通篮球。所以融合教育和融合体育本身的确是一个复杂的系统，但融合也并没有我们想象中那么困难，关键是要大胆实践，有时反而会给我们很多惊喜。

第二件事就是在排球教学中，从组织、裁判到轮换等都由学生完成，充分发挥学生的主动性，学生经过长期锻炼，已经配合得相当默契，教师似乎成了"旁观者"。而在比赛中，当我一味追求获胜时，发现技术好的学生反而不会主动得分，而是把机会让给技术差的学生，而当技术差的学生无论是否能将球高质量接、打过去，同学们都会报以掌声。因此，全体学生都能在这样的氛围里找到自己的价值，并快乐地参与其中。这让我非常惭愧，作为教师可以说学生给我上了一课。而技术差的学生不就是存在"障碍"的学生吗，这种氛围其实就是融合体育的一部分。

从案例中可以看出，融合体育本身不仅给特殊群体学生提供了交流沟通的机会,同时也为有特殊需求的学生提供了更多参与的机会,应该说融合体育符合全体学生的需求。

其次,要充分认识到目前融合体育开展所面临的矛盾和问题。"不识庐山真面目,只缘身在此山中",融合体育是对现有教学模式的一种挑战,如果不跳出来对现有教学进行全面审视和反思,还是沉浸在原有教学体系中,只是头痛医头脚痛医脚是无法从整体上推进融合体育开展的。因此,在硬件方面(例如,无障碍建设、体育设施设备和器材、辅助器具、教材修订等)和软件方面(例如,教学方法的调整、评价体系的改变、教学模式的创新、教学策略的改进等)能够根据融合体育发展实际,结合本校实际情况,对其中存在的问题提前进行预判,并提前进行准备和规划。教师必须走在变革之前,在知识结构及能力方面进行储备,为融合体育的推进奠定了基础。

最后,理解融合教育思想,在融合体育方面做出尝试。融合体育的开展和实施应该是双向的过程,虽然相应的政策、制度和环境建设非常重要,但按照目前的实际情况,体育教师不能等所有条件完善了再开始行动。正如前面所分析的,教师应该走在变革之前,在问题出来之前或出来之后,教师应及时做出响应,在综合研判后大胆进行尝试和创新,教师应该既是融合体育改革的发起者,也是融合体育的践行者。

二、实践层面

融合体育教师的实践能力主要涉及两个方面(见图 4-2),一是融合实践能力;二是个体化实践能力。下面分别进行说明。

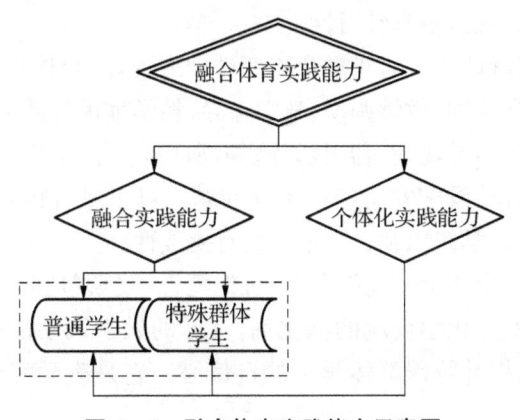

图 4-2 融合体育实践能力示意图

1. 融合实践能力

对于融合体育教师而言，最难的当然就是如何"融合"的问题，我们既不愿意看到"隔离"，也不愿意看到简单的"结合"，如果只是两张皮的"结合"，它所起到的负作用也可能比单纯的"隔离"更强烈，因为仅仅结合所产生的教育不公平、差异及区别对待来得更直接，造成的伤害也更大。

融合一方面是从学生的实际出发，满足全体学生的需求；另一方面也是保证教学资源利用的最大化。只有真正融合才能发挥融合体育、融合教育的作用，因此融合体育教师要具备较全面的融合实践能力。

第一，教学分析及评估能力。融合体育教师应能够对全体学生基本的运动能力、身体状况、心理状态、康复要求、健身需求等有比较准确的把握，能对获得的数据及信息进行科学分析和评估，并结合教学目的、教学目标、教学内容等进行综合判断，为教学设计提供依据。

第二，教学设计能力。目前融合体育的开展还处于摸索阶段，并没有成熟系统的教材可以参考，我们只能借鉴或参考相关领域的经验，但拿来主义肯定是不行的，一定要综合考虑体育课程的特点、学生实际以及场地、师资、体育项目特点、器材、设施等进行设计。

第三，教学调整能力。教学设计并不是一成不变的，因为当特殊群体学生与普通学生在一起学习时，相互间的融合学习不可能一蹴而就，必然会出现各种问题和矛盾，及时调整就显得非常重要。另外，在融合学习过程中，相对于普通学生，特殊群体学生个体有时难以完全按照教学计划完成教学任务，也需要根据特殊群体学生自身情况及时调整教学或康复计划。这种调整需要一定的时间积累才能逐渐形成自己的模式、规范和标准，同时也是为教学调整提供依据，让调整更为便捷，更具针对性。

第四，教学实施能力。对于融合体育教学来说，融合体育教学实施能力主要包括教学组织和管理、教学调动、教学指导、教学辅助等能力。

由于体育教学涉及场地、器材、设施等，所以，教学组织和管理就包括场地规划利用、器材安排、设施安全等一系列问题。对于融合体育而言，面对的教学对象更加复杂，教学组织和管理也更具有挑战性。

教学调动包括全体学生动机激发、协作配合、鼓励包容等方面。教学调动是融合能否真正发生化学反应的催化剂，良好的教学调动能够激发全体学生的积极性，特别是提升特殊群体学生的自信心。它是教学实施能否顺利进行的重要环节。

教学指导就是对教学内容的教授和引导。因为同时面对特殊群体学生和普通学生,在教学指导过程中讲解、示范、教学方法、教学手段等的使用就需要多样化,并且还要兼顾个别学生的需求,这对教师的综合能力也提出了更高要求。

第五,教学评价能力。融合体育教学的评价一定是多种评价方法的综合应用,单一的过程性评价或结果性评价都是无法满足全体学生客观评价的要求的。这无疑给评价指标的获取、评价成绩的评定带来了更大的工作量和更高的难度。不同障碍的特殊群体学生可能需要个体化评价,可能涉及教学评价、健康评价、康复评价等,而融合体育整体发展状况、普通学生体育学习情况等也需要同步进行评价,以保证评价的整体性、客观性。因此,教学评价如何高效、客观地实施,这无疑也是新的挑战。

2. 个体化实践能力

融合体育虽然面向的是全体学生,需要考虑整体化教学,但并不意味着忽视或排斥个体化教学,应该说没有个体化教学作为支持,融合体育也是无法正常实施的。在进行融合体育教学前、教学中、教学后,都需要通过个体化教学对个别学生或部分学生进行教学前的引导、教学中的适应、教学后的巩固等教学干预。这和以往的教学存在很大的不同,需要教师及时准确地把握学生个体的学习状态,特别是特殊群体学生在心理、身体及康复等方面的变化情况,在教学前、教学中、教学后及时调整和帮助,让这部分学生能够迅速跟上整体教学进度。这不仅关系到学生学习本身,对于学生心理健康发展更是发挥着重要作用,能让学生建立自信,也能促进融合体育的整体推进。

三、理论层面

2021年2月20日,教育部发布了《教育部关于公布2020年度普通高等学校本科专业备案和审批结果的通知》及《列入普通高等学校本科专业目录的新专业名单(2021年)》,华中师范大学、长春人文学院和青岛滨海学院都开设了"融合教育"新专业。目前部分体育院校也开设了体育特殊教育专业,但因为主、客观原因,在培养要求和培养数量以及招生就业等方面都面临很多问题,这也导致我们体育特殊教师严重不足,但远水解不了近渴,坐等问题解决是不行的,因此承担融合体育教学的教师要对自己的知识体系进行一定的补充和学习。

1. 对特殊群体学生的认识

融合体育教师首先要了解特殊群体学生,才能实施有效的融合体育教育及教学。前面我们分析了"残疾"并不是残疾群体特有的标签,但当进行具体的融合体育教学时,还是有必要对图4-3中所涉及的四个部分进行学习和认识,才能保证教学的个体化及针对性,也才能根据学生总体特征安排科学、合理的融合体育教学。

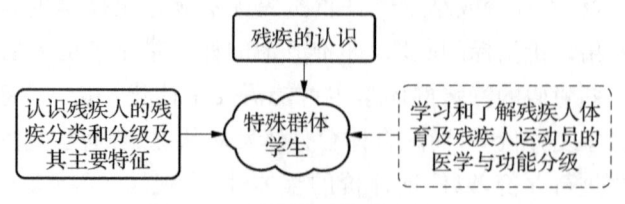

图 4-3　对特殊群体学生的认识

(1) 对残疾的认识

虽然在笔者的研究中尽量避免使用"残疾"一词,根据场景更多地使用障碍者或特殊群体,特殊群体学生也不是仅限于残疾学生,而是包括病、残、弱在内的所有障碍学生,但残疾毕竟是研究的重点,并且目前大部分研究还是使用"残疾"一词,从这一视角出发,具体研究和教学时,对于残疾的准确认识还是有必要的。

残疾(disability)是指由于疾病、意外伤害等各种原因所致的人体解剖、生理功能的异常或缺失,从而导致部分或全部丧失正常人的生活、工作和学习的能力,无法担负其日常生活和社会职能。

和我们日常对残疾的认识不同,1980年世界卫生组织出版的《国际残损、残疾和残障分类》(*International Classification of Impairment, Disability and Handicap*,简称ICIDH)将残疾分为残损、残疾和残障三种。

① 病损或残损(impairment)是指由于各种原因所致的人的生理、心理和解剖结构的部位受到了损害。它包括智力病损、心理病损、语言病损、听力病损、视力病损、内脏病损及畸形等。这是残疾发生、发展过程中的第一步。它可以进一步发展为失能,也可以直接导致残障。它可以是永久的,也可以是暂时的。

② 失能或残疾(disability)是指由于病损或某些疾病所造成的人体某些功能的降低以致不能以正常的方式从事正常范围的个人日常生活活动。它包括行为失能、语言失能、运动失能及各种活动失能。这是残疾发生、发展的第二步。它可以进一步发展为残障。但同样,如能得到积极的治疗与康复,这个阶段的残疾也具有双向性,既可进一步发展,也可以康复。

③ 残障(handicap)是指由于病损或失能而导致个人参与正常社会生活活

动的障碍,甚至影响社会功能的正常发挥。它包括识别残障(无法辨别人、地、时)、躯体残障(无法活动、不能自理)、运动残障、职业残障、社交活动残障、经济自给残障,等等,是残疾发展的不良结局。此时社会、家庭和环境对残障的影响很大,良好的社会—家庭支持、系统合理的康复治疗可以减轻残障的程度。

ICIDH 是一种对疾病所造成的健康结果进行分类的分类体系,经过 20 多年在医疗、康复和其他领域的研究与应用,ICIDH 发挥了重要的作用。有关残损、残疾与残障的分类,使医疗、康复工作者能更好地分析患者由于身体疾病以及由此而造成的可能的日常和社会生活上的障碍,因此,它为残疾的预防和康复提供了一个指导性框架。

然而,随着卫生与保健事业的发展,以及国际残疾人活动的开展,人们对残损以及由此而产生的社会生活的变化有了新的认识。随着人口的老龄化,卫生保健系统不断改善服务。卫生保健的重点从急性、传染性疾病转移到慢性、难以准确说明的疾病。医疗服务的重点从治疗转移到保健,并以提高处于疾病状态的人们的生活质量为目的。原有的有关残损、残疾与残障等模式也越来越不能满足卫生与康复事业发展的需要,迫切需要建立新的理论模式与分类系统,需要对原分类系统进行修订,以适应由于保健观念和对残疾认识所发生的社会变化的需要。

1996 年,WHO 制定了新的残疾分类系统,称为《国际残损、活动和参与分类》(International Classification of Impairment, Activity and Participation,为了保持与《国际残损、残疾和残障分类》的连续性,将其简称为 ICIDH－2)。国际上从 1996 年开始制定新的残疾分类体系,2001 年 5 月 22 日,在第 54 届世界卫生大会上,《国际功能,残疾和健康分类》(ICF)由世界卫生组织正式命名并在国际上使用。ICF 分类系统的最终目的是要建立一种统一的、标准化的术语系统,以对健康和康复状况的结果进行分类提供参考性的理论框架。该分类系统所依据的是在身体、个体和社会三个水平上的健康状态所发生的功能变化及出现的异常。ICF 不是对疾病、障碍或损伤进行分类,而是采用不同的方法试图把握与卫生状态有关的事物。卫生状态是个体的一种健康状态,它会影响日常生活,并且与卫生服务密切相关。非健康状态可能是患急性或慢性疾病、身体失调、损伤或创伤,也可能是与健康有关的其他一些状态,诸如怀孕、老龄化、应激、先天性畸形或遗传变异。上述列举的这些健康状态可以用 ICD 进行分类,而健康状态的结果可以用 ICF 进行分类。

ICF 系统主要有以下几个特点:① 广泛性:可以应用于所有的处于不同健

康状态的人,而不同于以往将残疾人作为一个特殊群体加以分离的分类法;② 平等性:强调残疾人充分参与社会生活,不同健康状态(身体和心理)的个体均无活动或者参与的限制;③ 准确定义:在四个分类维度中,各个具体的类别均有操作性定义,并且给出了各类的基本属性、分界、测量方法以及具体的实例;④ 类目使用中性词语:许多类别以及项目使用中性词,避免使用过去的对残疾人带有贬义的消极词汇;⑤ 结构与功能分离:将身体结构与功能缺损分开处理,以反映身体所有缺损状态;⑥ 用活动替代残疾:活动是个中性词,用活动替代残疾反映了目前残疾人对自己状态的新认识,用严重程度指标对限制活动的情况进行描述;⑦ 用参与替代残障:用参与(participation)替代残障(handicaps),并列举了环境因素以确定参与社会生活的程度。

ICF 系统为综合分析身体、心理、社会和环境因素提供了有效的系统性工具,应用领域极其广泛,可应用于健康、康复、社会保障、教育、就业、人权、科研、经济和人类发展、社会政策等各个领域。具体来说,它可以概括为以下五个方面:① 统计工具:用于数据采集和编码,如人口研究和残疾人管理系统等;② 研究工具:测量健康状况的结果、生活质量或环境因素等;③ 临床工具:用于评定,如职业能力评定、康复效果评定等;④ 社会政策工具:用于制定社会保障计划、社会保险赔付系统等社会政策;⑤ 教育工具:用于课程设计,确定认知和社会行动需要。

ICF 是世界卫生组织应用于健康和康复领域的分类系统之一,其最终目的是要建立一种统一的、标准化的术语系统,以对健康和康复状况的结果进行分类提供参考性的理论框架,其所依据的是在身体、个体和社会三个水平上的健康状态所发生的功能变化和出现的异常。ICF 针对功能、残疾与健康分类,提供了一种新的理论和应用模式,即整合生物→心理→社会→环境因素,形成现代综合模式。

ICD 是《国际疾病分类》(*International Classification of Disease*)的英文简称,是世界卫生组织于 1853 年制定并发布的国际统一的疾病分类方法。它是根据疾病的病因、病理、临床表现和解剖位置等特征,将疾病分门别类,使其成为一个有序的组合,并用编码的方法来标识的系统。ICD 分类系统使用残损(作为征兆或症状)作为分类体系的一部分,这些分类采用的是生物医学模式。而 ICF 将残损作为结果,将其看成残疾的一部分,使用的是整合生物→心理→社会→环境因素形成的现代综合模式,从 ICD 到 ICIDH 再到 ICF,其实是一种理念及方法上的飞跃(见图 4-4),而这也为融合体育发展提供了科学依据、方法和理论的支撑。

图 4-4 从 ICD 到 ICF 的演变

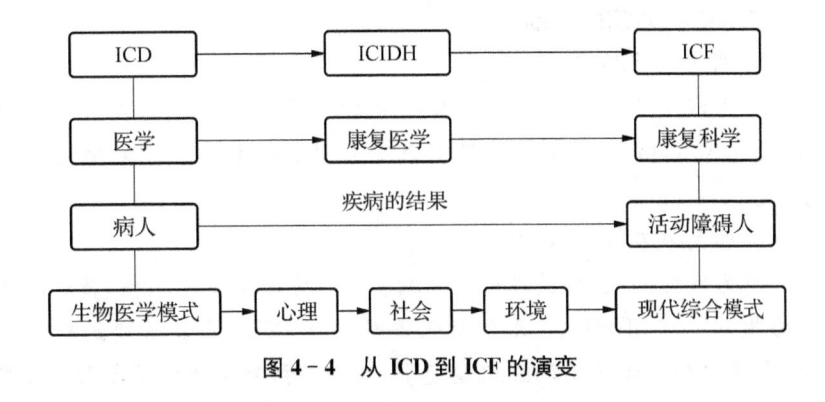

（2）认识残疾人的残疾分类和分级及其主要特征

对残疾人的残疾分类和分级的认识有助于在融合体育教学中了解学生的行动特点和表现，能够清楚不同类别的学生在体育教学中可能面临的困难，可以更科学地进行融合体育教学设计和教学实施，并进行针对性或个体化教学。因此，在此提供 2011 年 5 月 1 日实施的中国残疾人残疾分类和分级政策（中华人民共和国国家标准 2011 年第 2 号公告，GB/T26341—2010），以方便查阅，具体内容如下。

一、视力残疾的标准

1. 视力残疾的定义

视力残疾是指由于各种原因导致双眼视力低下并且不能矫正或视野缩小，以致影响其日常生活和社会参与。视力残疾包括盲及低视力。

2. 视力残疾的分级

类别、级别、最佳矫正视力

盲：一级，无光感～<0.02 或视野半径<5 度；二级，≥0.02～<0.05 或视野半径<10 度。

低视力：三级，≥0.05～<0.1；四级，≥0.1～<0.3。

注：① 盲或低视力均指双眼而言，若双眼视力不同，则以视力较好的一眼为准。如仅有单眼为盲或低视力，而另一眼的视力达到或优于 0.3，则不属于视力残疾范畴。② 最佳矫正视力是指以适当镜片矫正所能达到的最好视力，或以针孔镜所测得的视力。③ 视野半径<10 度者，不论其视力如何均属于盲。

二、听力残疾的标准

1. 听力残疾的定义

听力残疾是指人由于各种原因导致双耳不同程度的永久性听力障碍,听不到或听不清周围环境声及言语声,以致影响日常生活和社会参与。

2. 听力残疾的分级

听力残疾一级:听觉系统的结构和功能方面极重度损伤,较好耳平均听力损失≥91 dBHL,在无助听设备帮助下,不能依靠听觉进行言语交流,在理解和交流等活动上极度受限,在参与社会生活活动方面存在极严重障碍。

听力残疾二级:听觉系统的结构和功能重度损伤,较好耳平均听力损失在81~90 dBHL之间,在无助听设备帮助下,在理解和交流等活动上重度受限,在参与社会生活活动方面存在严重障碍。

听力残疾三级:听觉系统的结构和功能中重度损伤,较好耳平均听力损失在61—80 dBHL之间,在无助听设备帮助下,在理解和交流等活动上中度受限,在参与社会生活活动方面存在中度障碍。

听力残疾四级:听觉系统的结构和功能中度损伤,较好耳平均听力损失在41~60 dBHL之间,在无助听设备帮助下,在理解和交流等活动上轻度受限,在参与社会生活方面存在轻度障碍。

三、言语残疾的标准

1. 言语残疾的定义

言语残疾是指由于各种原因导致的不同程度的言语障碍(经治疗1年以上不愈或病程超过2年者),不能或难以进行正常的言语交往活动(3岁以下不定残)。

言语残疾包括:① 失语是指由于大脑言语区域以及相关部位损伤所导致的获得性言语功能丧失或受损。② 运动性构音障碍是指由于神经肌肉病变导致构音器官的运动障碍,主要表现为不会说话、说话费力、发声和发音不清等。③ 器官结构异常所致的构音障碍是指构音器官形态结构异常所致的构音障碍。其代表为腭裂以及舌或颌面部术后造成的构音障碍,主要表现为不能说话、鼻音过重、发音不清等。④ 发声障碍(嗓音障碍)是指由于呼吸及喉存在器质性病变导致的失声、发声困难、声音嘶哑等。⑤ 儿童言语发育迟滞是指儿童在生长发育过程中其言语发育落后于实际年龄的状态,主要表现为不会说话、说话晚、发音不清等。

⑥ 听力障碍所致的语言障碍是指由于听觉障碍所致的言语障碍,主要表现为不会说话或者发音不清。⑦ 口吃是指言语的流畅性障碍,常表现为在说话的过程中拖长音、重复、语塞并伴有面部及其他行为变化等。

2. 言语残疾的分级

言语残疾一级:无任何言语功能或语音清晰度≤10%,言语表达能力等级测试未达到一级测试水平,不能进行任何言语交流。

言语残疾二级:具有一定的发声及言语能力。语音清晰度在11%~25%之间,言语表达能力未达到二级测试水平。

言语残疾三级:可以进行部分言语交流。语音清晰度在26%~45%之间,言语表达能力等级测试未达到三级测试水平。

言语残疾四级:能进行简单会话,但用较长句或长篇表达困难。语音清晰度在46%~65%之间,言语表达能力等级测试未达到四级测试水平。

四、肢体残疾的标准

1. 肢体残疾的定义

肢体残疾是指人体运动系统的结构、功能损伤造成四肢残缺,或四肢、躯干麻痹(瘫痪)、畸形等而致人体运动功能不同程度地丧失以及活动受限或参与的局限。肢体残疾包括:① 上肢或下肢因伤、病或发育异常所致的缺失、畸形或功能障碍;② 脊柱因伤、病或发育异常所致的畸形或功能障碍;③ 中枢、周围神经因伤、病或发育异常所造成的躯干或四肢的功能障碍。

2. 肢体残疾的分级

肢体残疾一级:不能独立实现日常生活活动。① 四肢瘫:四肢运动功能重度丧失;② 截瘫:双下肢运动功能完全丧失;③ 偏瘫:一侧肢体运动功能完全丧失;④ 单全上肢和双小腿缺失;⑤ 单全下肢和双前臂缺失;⑥ 双上臂和单大腿(或单小腿)缺失;⑦ 双全上肢或双全下肢缺失;⑧ 四肢在不同部位缺失;⑨ 双上肢功能极重度障碍或三肢功能重度障碍。

肢体残疾二级:基本上不能独立实现日常生活活动。① 偏瘫或截瘫,残肢保留少许功能(不能独立行走);② 双上臂或双前臂缺失;③ 双大腿缺失;④ 单全上肢和单大腿缺失;⑤ 单全下肢和单上臂缺失;⑥ 三肢在不同部位缺失(除外一级中的情况);⑦ 二肢功能重度障碍或三肢功能中度障碍。

肢体残疾三级:能部分独立实现日常生活活动。① 双小腿缺失;② 单前臂及其以上缺失;③ 单大腿及其以上缺失;④ 双手拇指或双手拇指以外其他手指全缺失;⑤二肢在不同部位缺失(除外二级中的情况);⑥一肢功能重度障碍或二肢功能中度障碍。

肢体残疾四级:基本上能独立实现日常生活活动。①单小腿缺失;②双下肢不等长,差距在5厘米以上(含5厘米);③脊柱强(僵)直;④脊柱畸形,驼背畸形大于70度或侧凸大于45度;⑤单手拇指以外其他四指全缺失;⑥单侧拇指全缺失;⑦单足跗跖关节以上缺失;⑧双足趾完全缺失或失去功能;⑨侏儒症(身高不超过130厘米的成年人);⑩一肢功能中度障碍,两肢功能轻度障碍;⑪类似上述的其他肢体功能障碍。

五、智力残疾的标准

1. 智力残疾的定义

智力残疾是指智力显著低于一般人水平,并伴有适应行为的障碍。此类残疾是由于神经系统结构、功能障碍,使个体活动和参与受到限制,需要环境提供全面、广泛、有限和间歇的支持。智力残疾包括:在智力发育期间(18岁之前),由于各种有害因素导致的精神发育不全或智力迟滞;或者智力发育成熟以后,由于各种有害因素导致有智力损害或智力明显衰退。

2. 智力残疾的分级

级别、发展商、智商适应性行为 WHO-DAS Ⅱ 分值

	0~6岁	7岁以上(AB)	18岁以上
一级	≤25	<20	极重度≥116分
二级	26~39	20~34	重度106~115分
三级	40~54	35~49	中度96~105分
四级	55~75	50~69	轻度52~95分

六、精神残疾的标准

1. 精神残疾的定义

精神残疾是指各类精神障碍持续1年以上未痊愈,由于病人的认知、情感和行为障碍,影响其日常生活和社会参与。

2. 精神残疾的分级

18岁以上的精神障碍患者根据WHO-DAS分数和下述的适应行为表现,18岁以下者依据下述的适应行为的表现,把精神残疾划分为四级。

精神残疾一级:WHO-DAS值在≥116分,适应行为严重障碍;生活完全不能自理,忽视自己的生理、心理的基本要求。不与人交往,无法从事工作,不能学习新事物。需要环境提供全面、广泛的支持,生活长期、全

部需他人监护。

精神残疾二级：WHO-DAS值在106～115分之间，适应行为重度障碍；生活大部分不能自理，基本不与人交往，只与照顾者简单交往，能理解简单照顾者的指令，有一定的学习能力。监护下能从事简单劳动，能表达自己的基本需求，偶尔被动参与社交活动。需要环境提供广泛的支持，大部分生活仍需他人照料。

精神残疾三级：WHO-DAS值在96～105分之间，适应行为中度障碍；生活上不能完全自理，可以与人进行简单交流，能表达自己的情感，能独立从事简单劳动，能学习新事物，但学习能力明显比一般人差。被动参与社交活动，偶尔能主动参与社交活动。需要环境提供部分的支持，即所需要的支持服务是经常性的、短时间的需求，部分生活需由他人照料。

精神残疾四级：WHO-DAS值在52～95分之间，适应行为轻度障碍；生活上基本自理，但自理能力比一般人差，有时忽略个人卫生。能与人交往，能表达自己的情感，体会他人情感的能力较差，能从事一般的工作，学习新事物的能力比一般人稍差。偶尔需要环境提供支持，一般情况下生活不需要由他人照料。

七、多重残疾的标准

存在两种或两种以上残疾为多重残疾。多重残疾应指出其残疾的类别。多重残疾分级按所属残疾中最重类别残疾分级标准进行分级。

当然，除了关注残疾学生行动上的不便，还要关注他们心理上的特点，在融合体育教学中才能避免无意中伤害到他们，同时，也要采取必要的、合适的教学方法帮助他们克服这些心理问题。在实际教学中，这些学生的心理问题主要表现在以下几个方面。

第一，消极倦怠。这种心理问题缘于很多方面。首先，是学生自身因为存在障碍，加之对体育锻炼和学习没有足够的意识和重视，所以在进行体育学习时，自身的积极性就不高，不愿意甚至表现出抵触情绪。其次，就是目前的体育教学没有给予他们应该有的尊重，就如前面说过的，有些学校把他们与正常学生隔离开单独授课，这只是其中问题之一，更严重的是在教学评价、教学实施方面没有体现教育公平、公正，让学生感受到不被重视甚至有被歧视的感觉。最后就是教师本身缺乏特殊教育教学的经验和能力，无法满足不同学生对体育的需求，打击了学生参与的积极性和兴趣。这些都是造成特殊群体学生消极倦怠的原因。

第二，自卑感。这是特殊群体学生中相当普遍的一种情感体验,当一些外在的障碍或内在疾病等对学生的心理造成一定压力和负担时,学生的这种自卑也是可以理解的,特别是女生会更加敏感。这时老师特别的"关照"往往会让学生更加不自在,学生常常会以身体为由逃避上课,这都需要教师能够正确认识和对待。例如,笔者从来不当着其他学生的面询问学生的病情或残障情况,学生交给笔者的相关证明我也绝对保密,以保护学生的隐私。

第三,自尊心强。特殊群体中的残疾学生往往更有进取心,更希望通过自己的努力弥补自身的"不足"并向别人证明自己,所以他们更加敏感,当自己做不到或受到别人轻视和怀疑时,情绪波动会更加强烈。所以融合体育要充分利用学生的这种进取心,让他们在学习中有展现的机会,培养自信,但不能超出他们的能力范围,避免适得其反。

第四,孤独感。当体育教学中的教学内容不适合学生,学生无法参与或不能很好参与时,学生就会产生强烈的无助感,此时学生只能旁观,孤独感就会特别强烈。另外,视觉障碍学生如果不能被关注,这种孤独感会比其他学生更强烈。

第五,富有同情心,有帮助别人的意愿。特殊群体学生由于自己的境况,对有相同情况的学生会更具同情心,对有需要帮助的学生也会更有爱心。所以在融合体育教学中如果引导得当,他们更愿意与人合作,更有热情。当然如果安排不得当,他们也更容易抱团取暖,更具戒备心,从而影响融合体育的实施。

(3) 学习和了解残疾人体育及残疾人运动员的医学与功能分级

融合体育并不直接涉及残疾运动员的医学和功能分级问题,但融合体育的实施有利于发现和培养残疾人体育人才。从这个视角来看,融合体育和体教融合在很大程度上是契合的,两者之间存在相互协同、相互补充和相互促进的关系。因此,融合体育教师对残疾人体育及残疾人运动员的医学和功能分级也应有一定的了解,这也是融合体育比较特别的地方。

目前,我国残疾人体育运动开展的竞赛项目种类越来越多,包括田径、游泳、举重、射击、柔道、轮椅篮球、坐式排球、乒乓球、羽毛球、轮椅网球、盲人门球、轮椅击剑、射箭、硬地滚球等。融合体育涉及的残疾类型主要包括肢残、听力和视力残疾,它们涉及的项目列举如下。

肢残人根据残疾情况分为截肢和其他残疾、脊髓损伤、脑瘫三种类型。

截肢和其他残疾类型的肢残人参加的体育活动包括举重、健身操、棋类、田径、游泳、射箭、射击、轮椅篮球、轮椅击剑、乒乓球、轮椅网球、排球等。其中,竞赛项目涉及田径、游泳、举重、射箭、轮椅篮球、轮椅击剑、乒乓球、轮椅网球、射击、排球等。

脊髓损伤类型的肢残人参加的体育活动包括健身操、棋类、田径、游泳、举重、射箭、轮椅篮球、轮椅击剑、乒乓球、轮椅网球、射击等。其中,竞赛项目涉及田径、游泳、举重、射箭、轮椅篮球、轮椅击剑、乒乓球、轮椅网球、射击等。

听力残疾人适宜参加与健全人相同的体育活动,开展的竞赛项目涉及篮球、排球、足球、乒乓球、网球、水球、田径、游泳、自行车、体操、摔跤、柔道、射击等。

视力残疾人适宜参加的体育活动包括健身操、棋类、田径、游泳、盲人门球、盲人乒乓球、柔道等。竞赛项目涉及田径、游泳、盲人门球、柔道等。

为了比赛的公平、公正,残疾人运动员就要进行医学和功能分级,原中华人民共和国国家质量监督检验检疫总局、中国国家标准化管理委员会于2009年3月发布,并于2009年9月实施了《残疾运动员的医学和功能分级(GB/T14726—2009)》。但不同项目的分级标准也不相同,下面以残疾人跆拳道分级为例。

残疾人跆拳道分级规则

世界跆拳道联盟(WT)举办的残疾人跆拳道分为竞技(kyorugi)和品势(poomsae),参加竞技的残疾人运动员级别代码为K,参加品势的残疾人运动员级别代码为P。因品势尚未列入残奥会和全国残运会,且国际分级规则频繁改变,以下为竞技的分级规则。

残疾人跆拳道竞技的分级代码

损伤类型	级别代码
肢体残疾	K41、K44
听力残疾	K60

各级别分级标准如下。
一、肢体残疾竞技的分级标准
1. K41级
① 双侧肘关节及以上截肢(无肘关节残留)。
② 单侧上肢畸形,每侧上肢长度均不长于0.193倍站高。
2. K44级

(1) 肢体缺失

① 单侧上肢腕关节及以上截肢（无腕骨残留）；单侧畸形的上肢从肩峰至最长手指尖的长度不长于健侧肱骨和桡骨长度之和。

注：单纯的腕关节固定（融合）不符合最低参赛标准。

② 双侧腕关节及以上、肘关节以下截肢（无腕骨残留）；双侧上肢畸形，每侧上肢长度不超过 0.337 倍站高。

(2) 肌力受损

① 肩关节外展和/或屈曲肌力损失 3 分。

② 肘关节伸展和/或屈曲肌力损失 2 分。

(3) 关节活动度受限

关节融合或强直导致的肘关节屈曲挛缩或关节强直；测量时将患侧肘关节被动伸到最大长度，患侧从肩峰到最长手指尖或末端的长度不大于健侧从肩峰到桡骨茎突的长度。

二、听力残疾竞技的分级标准：KP60 级

运动员双耳听力损伤均大于 55 dB。

注：在规定的区域内，运动员热身和比赛时不允许佩戴任何形式的助听器。

北京冬残奥会 2022 年 3 月 4—13 日举行，共设 6 个大项、78 个小项。6 个大项分别是残奥高山滑雪、残奥冬季两项、残奥越野滑雪、残奥单板滑雪、残奥冰球和轮椅冰壶。1997 年，我国就针对残疾人冬季运动项目发布了《残疾人冬季运动项目运动员医学和功能分级标准》(GB/T16931—1997) 国家标准。近年来，随着残疾人冬季运动的快速发展，冬残奥会的项目已扩充至 6 个大项、80 个小项，各项目的级别设置和分级规则也有所调整。为进一步提高标准的科学性、先进性、适用性，市场监管总局（标准委）会同民政部、中国残联，组织全国残疾人康复和专用设备标准化技术委员会，对 1997 年版的国家标准进行了修订。2022 年 1 月 21 日实施了新的中华人民共和国国家标准《残疾人冬季运动项目运动员分级》(GB/T16931—2022)。该标准规定了残疾人冬季运动项目中高山滑雪项目运动员分级，残疾人越野滑雪、冬季两项项目运动员分级，残疾人单板滑雪项目运动员分级，残疾人冰球项目运动员分级，轮椅冰壶项目运动员分级。该标准适用于视力残疾、脊髓损伤、脑瘫、截肢和其他肢体残疾的运动员。

了解残疾运动员医学和功能分级有利于我们在融合体育教学中发现和培

养优秀残疾人体育人才。可以说,融合体育为体教融合提供了一个有利平台,是对体教融合的拓展和补充。

2. 必要的体育康复知识

融合体育教育必然要涉及特殊群体学生的康复,一是教学本身可能需要涵盖康复内容;二是要考虑到特殊群体学生的康复需求才能进行安全、合理的教学安排。融合体育教师不仅要掌握一定的体育康复知识,也要具备先进前沿的康复理念。

ICF整合生物、心理、社会、环境等因素所形成的现代综合模式对康复科学学科建设、健康理念以及残疾人工作理念产生积极深远的影响。联合国大会通过的《残疾人权利公约》序言第五条规定,确认残疾是一个演变中的概念,残疾是伤残者和阻碍他们在与其他人平等的基础上充分和切实地参与社会的各种态度和环境障碍相互作用所产生的结果。"采用ICF作为理论架构,将功能和残疾作为健康状况和情景因素(个人因素和环境因素两个方面)动态交互作用的结果。"

这里引出残疾人、残疾的人和活动障碍人几个概念。残疾即人残疾(people with disability)。短暂轻度可逆的人可以称为残疾的人,长期重度不可逆的人可称为残疾人。活动障碍人是指生理和心理以及生存环境长期稳定存在障碍,导致功能不能正常发挥的人。活动是指生物个体的生理活动和心理活动以及社会活动(社会参与)。活动是核心,没有活动,就没有障碍。

活动障碍来源于活动受限(person with activity limitations)(见图4-5)。活动障碍包括自身障碍和环境障碍。自身障碍包含生理障碍和心理障碍,从人类自身角度可以理解为亚健康状态或者非健康状态;环境障碍包含硬环境障碍和软环境障碍。最严重且可怕的软环境障碍就是来自观念、态度、舆论和社会的不接纳,甚至严重排斥。活动严重障碍,长期稳定达到残疾标准就是残疾人;活动轻度障碍,长期稳定未达到残疾标准就是非残疾人。因此,活动障碍人包括残疾人和非残疾人,与之对应的是ICF系统。残疾人、老年人、妇女(孕妇)、儿童、病人等人群的共性是活动障碍,并且属于动态障碍,障碍的导因不仅相同,有个体因素(包括疾病或疾病的结果、年龄、性别、怀孕、先天性畸形、遗传变异等因素)和环境因素(包括自然环境和社会环境)。所以,人为地将他们划归为某一类人群予以标签化,涉嫌弱化歧视,不利于人与社会融合包容性发展。在融合体育教育中这一问题同样存在,因此,也要加以避免。

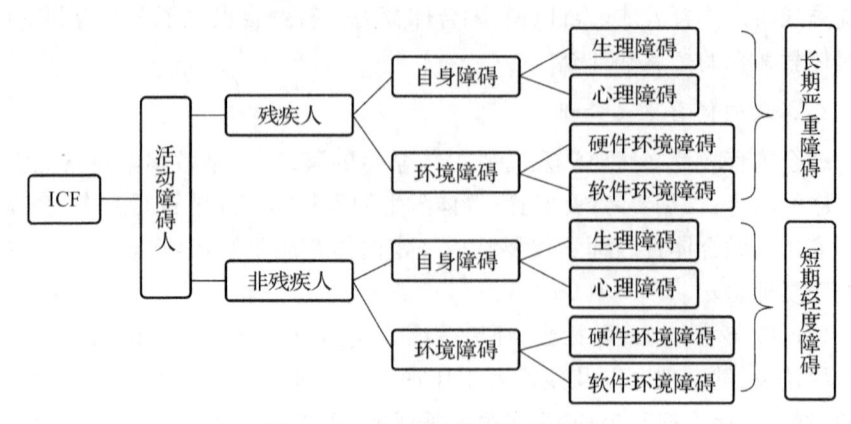

图 4-5　ICF 活动障碍人示意图

融合体育教学不能只停留在同情、怜悯、爱心、救助等人的事务层面，而是需要进入残疾的事务层面，即多学科整合，多手段并用，具有较高专业技术含量，体现"平等、参与、共享"公益理念的教学康复服务。

在融合体育教学中也要遵循康复的基本原则，力求在教学中维持、减轻或消除残障学生的功能障碍，弥补和重建功能缺失，设法改善和提高残障学生的各方面功能。

第一，功能锻炼。机体损伤后应进行有利于恢复或改善功能的身体活动。除严重的损伤需要休息治疗外，一般的损伤不必完全停止身体练习。适当、科学的身体练习对于损伤的机体迅速愈合和促进功能的恢复有着积极的作用。

第二，全面康复。全面康复是指综合、协调地应用医学的、教育的、社会的、职业的各种方法，使因病、伤、残（包括先天性残）已经丧失功能的残障学生，能尽快、尽最大可能地得到恢复和重建，使他们在体格上、精神上、学习和生活上的能力得到尽可能的康复。

第三，重返社会。通过科学的功能锻炼、全面的康复后，使他们适应学校生活和学习，为以后走向工作、走向社会打下基础。

对学生康复情况的调查，无论是对教学前的设计、教学中的实施还是教学后的康复都是非常重要的。基本的调查流程包括：制订调查工作计划→确定调查内容→设计调查表格及调查工具→培训调查人员→预调查→调整调查→调查并填写调查表→核实并复查→数据录入并保证学生隐私。

调查内容一般包括：特殊群体学生一般资料（姓名、性别、出生年月、民族、医疗康复情况、联系方式、运动能力、运动爱好等）、残疾情况（残疾类别、残疾等级、致残原因、自理程度等）、康复需求（功能训练、辅助器具、心理服务等）。

根据康复调查，在融合体育教学设计时根据教学目标及教学内容等，尽可能将康复内容融合在体育教学之中，或在体育教学前进行干预，让学生的生理及心理能提前达到教学要求，并在课后帮助学生完成一些体育康复练习。

体育康复的内容一般包括肌肉训练、耐力训练、关节活动度训练、平衡与协调功能训练、步行功能训练等。将康复内容融入体育教学之中，这也对融合体育教师提出了更高的要求，需要对体育教学和康复都非常熟悉，并兼顾融合体育教学整体效果。

另外，融合体育教师还要对辅助器具的使用和性能有一定的了解，因为无论是教学还是康复都可能涉及，对于特殊群体学生而言是非常重要的。辅助器具包括增加或改善功能障碍者功能的任何产品、技术项目或设备。通过辅助器具的使用，预防、代偿、改善、降低功能障碍，以改善或解决特殊群体学生在教学或康复中面临的一些问题，保证教学和康复的顺利实施。辅助器具的分类（按国家标准）主要包括以下几大类：① 个人医疗辅助器具；② 技能训练辅助器具，如运动训练设备等；③ 矫形器和假肢；④ 生活自理和防护辅助器具，如各种生活自助器具等；⑤ 个人移动辅助器具；⑥ 家务管理辅助器具，如饮食类自助器具等；⑦ 家庭和其他场所使用的家具及其适配件，如各种无障碍家居等；⑧ 通讯、信息和讯号辅助器具，如助听器等；⑨ 产品和物品管理辅助器具，如各种环境控制系统等；⑩ 用于环境改善的辅助器具和设备、工具和机器，如各种无障碍环境设备等；⑪ 休闲娱乐辅助器具，如盲人扑克等。

因为辅助器具类别繁多，融合体育教师主要应对班级学生及体育教学所涉及的辅助器具的使用和性能有清晰的认识，学校在经费和硬件方面也要给予尽可能的支持和帮助。

2015年，教育部为落实《国家中长期教育改革和发展规划纲要（2010—2020年）》要求，进一步完善教师队伍建设标准体系，引领特殊教育教师专业成长，促进特殊教育内涵发展，制定了《特殊教育教师专业标准（试行）》。这里也可以将其作为融合体育教师素养提升和培养的一个重要标准进行参考。

特殊教育教师专业标准（试行）

为促进特殊教育教师专业发展，建设高素质特殊教育教师队伍，根据《中华人民共和国义务教育法》《中华人民共和国教师法》《中华人民共和国残疾人保障法》《残疾人教育条例》，特制定本标准。

特殊教育教师是指在特殊教育学校、普通中小学幼儿园及其他机构中专门对残疾学生履行教育教学职责的专业人员,要经过严格的培养与培训,具有良好的职业道德,掌握系统的专业知识和专业技能。本标准是国家对合格特殊教育教师的基本专业要求,是特殊教育教师实施教育教学行为的基本规范,是引领特殊教育教师专业发展的基本准则,是特殊教育教师培养、准入、培训、考核等工作的重要依据。

一、基本理念

（一）师德为先

热爱特殊教育事业,具有职业理想,践行社会主义核心价值观,履行教师职业道德规范,依法执教。具有人道主义精神,关爱残疾学生(以下简称学生),尊重学生人格,富有爱心、责任心、耐心、细心和恒心;为人师表,教书育人,自尊自律,公平公正,以人格魅力和学识魅力教育感染学生,做学生健康成长的指导者和引路人。

（二）学生为本

尊重学生权益,以学生为主体,充分调动和发挥学生的主动性;遵循学生的身心发展特点和特殊教育教学规律,为每一位学生提供合适的教育,最大限度地开发潜能、补偿缺陷,促进学生全面发展,为学生更好地适应社会和融入社会奠定基础。

（三）能力为重

将学科知识、特殊教育理论与实践有机结合,突出特殊教育实践能力;研究学生,遵循学生成长规律,因材施教,提升特殊教育教学的专业化水平;坚持实践、反思、再实践、再反思,不断提高专业能力。

（四）终身学习

学习先进的教育理论,了解国内外特殊教育改革与发展的经验和做法;优化知识结构,提高文化素养;具有终身学习与持续发展的意识和能力,做终身学习的典范。

二、基本内容

维　度	领　域	基本要求
专业理念与师德	职业理解与认识	1. 贯彻党和国家教育方针政策,遵守教育法律法规。 2. 理解特殊教育工作的意义,热爱特殊教育事业,具有职业理想和敬业精神。 3. 认同特殊教育教师职业的专业性、独特性和复杂性,注重自身专业发展。 4. 具有良好的职业道德修养和人道主义精神,为人师表。 5. 具有良好的团队合作精神,积极开展协作交流。

续 表

维 度	领 域	基本要求
	对学生的态度与行为	6. 关爱学生,将保护学生生命安全放在首位,重视学生的身心健康发展。 7. 平等对待每一位学生,尊重学生人格尊严,维护学生合法权益。不歧视、讽刺、挖苦学生,不体罚或变相体罚学生。 8. 理解残疾是人类多样性的一种表现,尊重个体差异,主动了解和满足学生身心发展的特殊需要。 9. 引导学生正确认识和对待残疾,自尊自信、自强自立。 10. 对学生始终抱有积极的期望,坚信每一位学生都能成功,积极创造条件,促进学生健康快乐成长。
	教育教学的态度与行为	11. 树立德育为先、育人为本、能力为重的理念,将学生的品德养成、知识学习与能力发展相结合,潜能开发与缺陷补偿相结合,提高学生的综合素质。 12. 尊重特殊教育规律和学生身心发展特点,为每一位学生提供合适的教育。 13. 激发并保护学生的好奇心和自信心,引导学生体验学习乐趣,培养学生的动手能力和探究精神。 14. 重视生活经验在学生成长中的作用,注重教育教学、康复训练与生活实践的整合。 15. 重视学校与家庭、社区的合作,综合利用各种资源。 16. 尊重和发挥好少先队、共青团组织的教育引导作用。
	个人修养与行为	17. 富有爱心、责任心、耐心、细心和恒心。 18. 乐观向上、热情开朗、有亲和力。 19. 具有良好的耐挫力,善于自我调适,保持平和心态。 20. 勤于学习,积极实践,不断进取。 21. 衣着整洁得体,语言规范健康,举止文明礼貌。
专业知识	学生发展知识	22. 了解关于学生生存、发展和保护的有关法律法规及政策。 23. 了解学生身心发展的特殊性与普遍性规律,掌握学生残疾类型、原因、程度、发展水平、发展速度等方面的个体差异及教育的策略和方法。 24. 了解对学生进行青春期教育的知识和方法。 25. 掌握针对学生可能出现的各种侵犯与伤害行为、意外事故和危险情况下的危机干预、安全防护与救助的基本知识与方法。 26. 了解学生安置和不同教育阶段衔接的知识,掌握帮助学生顺利过渡的方法。

续　表

维　度	领　域	基本要求
专业能力	学科知识	27. 掌握所教学科知识体系的基本内容、基本思想和方法。 28. 了解所教学科与其他学科及社会生活的联系。
	教育教学知识	29. 掌握特殊教育教学基本理论,了解康复训练的基本知识与方法。 30. 掌握特殊教育评估的知识与方法。 31. 掌握学生品德心理和教学心理的基本原理和方法。 32. 掌握所教学科的课程标准以及基于标准的教学调整策略与方法。 33. 掌握在学科教学中整合情感态度、社会交往与生活技能的策略与方法。 34. 了解学生语言发展的特点,熟悉促进学生语言发展、沟通交流的策略与方法。
	通识性知识	35. 具有相应的自然科学和人文社会科学知识。 36. 了解教育事业和残疾人事业发展的基本情况。 37. 具有相应的艺术欣赏与表现知识。 38. 具有适应教育内容、教学手段和方法现代化的信息技术知识。
专业能力	环境创设与利用	39. 创设安全、平等、适宜、全纳的学习环境,支持和促进学生的学习和发展。 40. 建立良好的师生关系,帮助学生建立良好的同伴关系。 41. 有效运用班级和课堂教学管理策略,建立班级秩序与规则,创设良好的班级氛围。 42. 合理利用资源,为学生提供和制作适合的教具、辅具和学习材料,支持学生有效学习。 43. 运用积极行为支持等不同管理策略,妥善预防、干预学生的问题行为。
	教育教学设计	44. 运用合适的评估工具和评估方法,综合评估学生的特殊教育需要。 45. 根据教育评估结果和课程内容,制订学生个别化教育计划。 46. 根据课程和学生身心特点,合理地调整教学目标和教学内容,编写个别化教学活动方案。 47. 合理设计主题鲜明、丰富多彩的班级、少先队和共青团等群团活动。

续 表

维 度	领 域	基 本 要 求
	组织与实施	48. 根据学生已有的知识和经验，创设适宜的学习环境和氛围，激发学生学习的兴趣和积极性。 49. 根据学生的特殊需要，选择合适的教学策略与方法，有效实施教学。 50. 运用课程统整策略，整合多学科、多领域的知识与技能。 51. 合理安排每日活动，促进教育教学、康复训练与生活实践紧密结合。 52. 整合应用现代教育技术及辅助技术，支持学生的学习。 53. 协助相关专业人员，对学生进行必要的康复训练。 54. 积极为学生提供必要的生涯规划和职业指导教育，培养学生的职业技能和就业能力。 55. 正确使用普通话和国家推行的盲文、手语进行教学，规范书写钢笔字、粉笔字、毛笔字。 56. 妥善应对突发事件。
	激励与评价	57. 对学生日常表现进行观察与判断，及时发现和赏识每一位学生的点滴进步。 58. 灵活运用多元评价方法和调整策略，多视角、全过程评价学生的发展情况。 59. 引导学生进行积极的自我评价。 60. 利用评价结果，及时调整和改进教育教学工作。
	沟通与合作	61. 运用恰当的沟通策略和辅助技术进行有效沟通，促进学生参与、互动与合作。 62. 与家长进行有效沟通合作，开展教育咨询、送教上门等服务。 63. 与同事及其他专业人员合作交流，分享经验和资源，共同发展。 64. 与普通教育工作者合作，指导、实施随班就读工作。 65. 协助学校与社区建立良好的合作互助关系，促进学生的社区融合。
	反思与发展	66. 主动收集分析特殊教育相关信息，不断进行反思，改进教育教学工作。 67. 针对特殊教育教学工作中的现实需要与问题，进行教育教学研究，积极开展教学改革。 68. 结合特殊教育事业发展需要，制定专业发展规划，积极参加专业培训，不断提高自身专业素质。

三、实施意见

① 各级教育行政部门要将本标准作为特殊教育教师队伍建设的基本依据。根据特殊教育改革发展的需要，充分发挥本标准的引领和导向作用，深化教师教育改革，建立教师教育质量保障体系，不断提高特殊教育教师培养培训质量。制定特殊教育教师专业证书制度和准入标准，严把教师入口关；制定特殊教育教师聘任（聘用）、考核、退出等管理制度，保障教师合法权益，形成科学有效的特殊教育教师队伍管理和督导机制。

② 开展特殊教育教师教育的院校要将本标准作为特殊教育教师培养培训的主要依据。重视特殊教育教师职业特点，加强特殊教育学科和专业建设。完善特殊教育教师培养培训方案，科学设置教师教育课程，改革教育教学方式；重视特殊教育教师职业道德教育，重视社会实践和教育实习；加强特殊教育师资队伍建设，建立科学的质量评价制度。

③ 实施特殊教育的学校（机构）要将本标准作为教师管理的重要依据。制定特殊教育教师专业发展规划，注重教师职业理想与职业道德教育，增强教师教书育人的责任感与使命感；开展校本研修，促进教师专业发展；完善教师岗位职责和考核评价制度，健全特殊教育教师绩效管理机制。

④ 特殊教育教师要将本标准作为自身专业发展的基本依据。制定自我专业发展规划，爱岗敬业，增强专业发展自觉性；大胆开展教育教学实践，不断创新；积极进行自我评价，主动参加教师培训和自主研修，逐步提升专业发展水平。

2019年10月《特殊教育专业认证标准》正式颁布，拉开了我国特殊教育培养机构专业认证制度建设的序幕，初步形成了从合格到卓越的三级专业认证标准体系，成为保障我国特殊教育教师培养质量的重要制度。

特殊教育专业认证标准：一级认证定位于专业办学基本监测要求，包括16个专业办学核心数据监测指标，旨在促进各地各校加强特殊教育专业基本建设。二级认证定位于专业教学质量合格要求，包括8个一级指标和38个二级指标，以定性指标为主，旨在引导各地各校加强专业内涵建设，保证专业教学质量达到合格标准。三级认证定位于专业教学质量一流要求，包括8个一级指标和42个二级指标，在二级基础上要求标准内涵递进，以评促强，追求卓越，打造一流质量标杆。二、三级标准在特殊教育认同、人道主义精神、康复训练、融合教育等方面凸显特教特色。

这对于融合体育教师的培养提供了重要依据，在此附上第二级论证标准。《特殊教育专业认证标准(第二级)》是国家对特殊教育专业办学的合格要求，主要依据国家教育法律法规和特殊教育教师专业标准相关要求制定。本标准适用于普通高等学校培养特殊教育教师的本、专科特殊教育专业。

特殊教育专业认证标准
(第二级)

《特殊教育专业认证标准(第二级)》是国家对特殊教育专业办学的合格要求，主要依据国家教育法律法规和中等职业学校教师专业标准制定。

本标准适用于普通高等学校培养中等职业学校教师的本科师范类专业。

一、培养目标

1.1 [目标定位]培养目标应贯彻党的教育方针，坚持社会主义办学方向，面向国家、地区基础教育改革发展、办好特殊教育和教师队伍建设重大战略需求，落实国家教师教育相关政策要求，符合学校办学定位。

1.2 [目标内涵]培养目标内容明确清晰，反映师范生毕业后5年左右在社会和专业领域的发展预期，体现专业特色，并能够为师范生、教师、教学管理人员及其他利益相关方所理解和认同。

1.3 [目标评价]定期对培养目标的合理性进行评价，并能够根据评价结果对培养目标进行必要修订。评价和修订过程应有利益相关方参与。

二、毕业要求

专业应根据特殊教育教师专业标准，制定明确、公开的毕业要求。毕业要求能够支撑培养目标，并在师范生培养全过程中分解落实。专业应通过评价证明毕业要求达成。专业制定的毕业要求应涵盖以下内容：

■ 践行师德

2.1 [师德规范]践行社会主义核心价值观，增进对中国特色社会主义的思想认同、政治认同、理论认同和情感认同。贯彻党的教育方针，以立德树人为己任。遵守《新时代中小学教师职业行为十项准则》，具有依法执教意识，立志成为有理想信念、有道德情操、有扎实学识、有仁爱之心的好老师。

2.2 [教育情怀]具有从教意愿，认同特殊教育教师工作的意义和专业性、独特性、复杂性，具有人道主义精神、积极的情感、正确的价值观和残疾人观、特殊儿童发展观和教育观。具有人文底蕴和科学精神,关爱学生,尊重学生人格,富有爱心、责任心、耐心、细心和恒心。为每一位学生发展提供适合的教育,最大限度地开发学生的潜能、补偿缺陷,促进全面发展,做学生健康成长、适应社会、融入社会的指导者和引路人。

■学会教学

2.3 [专业知识]掌握特殊教育的基本知识、基本原理和基本技能;理解所教学科知识体系或不同障碍类型教育和康复的基本内容、基本思想和方法;了解与所教学科或所服务障碍类型相关的康复训练的基本知识与方法;了解所教学科与其他学科和社会生活的联系;了解学习科学相关知识。

2.4 [教学能力]在教育教学实践中,运用合适的评估工具和评估方法,综合评估学生的身心发展水平和特殊教育需要。依据所教学科的课程标准,针对特殊学生身心发展特点和个体差异,制定个别化教育计划和教学活动方案,运用学科教学知识和信息技术,进行教学设计、实施和评价,获得教学体验。具备教学基本技能,具有初步的教学能力。本科应有一定的教学研究能力,能够结合课程内容对学生进行相关的康复训练。

■学会育人

2.5 [综合育人]了解所教学生身心发展和养成教育规律。理解学科的育人价值,能够有机结合教学及康复训练进行育人活动。了解学校文化和教育活动的育人内涵和方法,有组织主题教育和班团队、兴趣小组活动,对学生进行教育和引导的初步体验。

2.6 [班级指导]树立德育为先理念,了解德育原理与方法。掌握班级组织和建设的工作规律和基本方法。能够在班主任工作实践中,参与德育、心理健康教育、安全教育等活动的组织与指导。了解积极行为支持等管理策略,能够处理学生的常见行为问题,获得积极体验。

■学会发展

2.7 [学会反思]具有终身学习与专业发展的意识。了解国内外特殊教育改革发展动态,能够适应时代和教育发展需求,进行学习和职业生涯规划。初步掌握反思方法和技能,具有一定的创新意识,具有运用批判性思维方法,学会分析和解决教育教学问题的能力。

2.8 [沟通合作]理解学习共同体的作用,具有团队协作精神,具有小组互助和合作学习体验。具有与家长沟通、合作的体验。

三、课程与教学

3.1 [课程设置]课程设置应符合特殊教育教师专业标准等相关要

求,能够支撑毕业要求达成。

3.2 [课程结构]课程结构体现通识教育、特殊教育、学科专业教育与教师教育有机结合;理论课与实践课、必修课与选修课设置合理。各类课程学分比例恰当,通识教育课程中的人文社会与科学素养课程学分不低于总学分的10%,特殊教育课程学分不低于总学分的25%,学科专业类相关课程学分不低于总学分的10%;教师教育基础课程本科专业不低于14学分,专科专业不低于10学分。

3.3 [课程内容]课程内容注重基础性、科学性、实践性,把社会主义核心价值观、师德教育有机融入课程教学中。选用优秀教材,能吸收学科前沿知识,引入特殊教育课程改革和特殊教育研究最新成果、优秀特殊教育教学案例,并能够结合师范生学习状况及时更新、完善课程内容。

3.4 [课程实施]重视课堂教学在培养过程中的基础作用,强化课程思政,将思想政治教育贯通教学全过程。依据毕业要求制定课程目标和教学大纲,教学内容、教学方法、考核内容与方式应支持课程目标的实现。能够恰当运用案例教学、探究教学、现场教学等方式方法,合理应用信息技术,提高师范生学习效果。课堂教学、课外指导和课外学习的时间分配合理,技能训练课程实行小班教学,养成师范生自主学习能力,掌握"三字一话"、国家通用手语或国家通用盲文等从教基本功。

3.5 [课程评价]定期评价课程体系的合理性和课程目标达成情况,并能够根据评价结果进行修订。评价与修订过程应有利益相关方参与。

四、合作与实践

4.1 [协同育人]与地方教育行政部门和特殊教育学校等机构建立权责明晰、稳定协调、合作共赢的"三位一体"协同培养机制,基本形成教师培养、培训、研究和服务一体化的合作共同体。

4.2 [基地建设]教育实践基地相对稳定,能够提供合适的教育实践环境和实习指导,满足师范生教育实践需求。每18名实习生不少于1个教育实践基地。

4.3 [实践教学]实践教学体系完整,专业实践和教育实践有机结合。教育见习、教育实习、教育研习贯通,涵盖师德体验、教学实践、班级管理实践和教研实践等,并与其他教育环节有机衔接。教育实践时间累计不少于一学期。学校集中组织教育实习,保证师范生实习期间的上课时数。

4.4 [导师队伍]实行高校教师与优秀特殊教育教师共同指导教育实践的"双导师"制度。有遴选、培训、评价和支持教育实践指导教师的制度与措施。"双导师"能够满足实践教学需要,相对稳定,责权明确,有效履职。

4.5 [管理评价]教育实践管理较为规范,能够对重点环节实施质量监控。实行教育实践评价与改进制度。依据相关标准,对教育实践表现进行有效评价。

五、师资队伍

5.1 [数量结构]专任教师数量结构能够适应本专业教学和发展的需要,生师比不高于18∶1,硕士、博士学位教师占比本科专业不低于60%,专科专业不低于30%,高级职称教师比例不低于学校平均水平,且全员为本专业学生上课。特殊教育背景教师占比不低于本专业专任教师总数的25%,特殊教育学校等机构兼职教师队伍稳定,占特殊教育课程教师比例不低于20%。

5.2 [素质能力]遵守高校教师职业道德规范,为人师表,言传身教;以生为本、以学定教,具有较强的课堂教学、信息技术应用和学习指导等教育教学能力;勤于思考,严谨治学,具有一定的学术水平和研究能力。具有职前养成和职后发展一体化指导能力,能够有效指导师范生发展与职业规划。师范生对本专业专任教师、兼职教师的师德和教学满意度较高。

5.3 [实践经历]专任教师熟悉特殊教育教师专业标准、特殊教育教学或相关的康复训练工作,累计至少有一年特殊教育学校等机构的教育服务经历,具有指导、分析、解决特殊教育教学实际问题的能力,并有一定的特殊教育教学研究成果。

5.4 [持续发展]制定并实施教师队伍建设规划。建立教师培训和实践研修制度。建立专业教研组织,定期开展教研活动。建立教师分类评价制度,合理制定实践类课程教师评价标准,评价结果与绩效分配、职称评聘挂钩。建立高校与特殊教育学校等机构"协同教研""双向互聘""岗位互换"等共同发展机制。

六、支持条件

6.1 [经费保障]专业建设经费满足师范生培养需求,教学日常运行支出占生均拨款总额与学费收入之和的比例不低于13%,生均教学日常运行支出不低于学校平均水平,生均教育实践经费支出不低于学校平均水平。教学设施设备和图书资料等更新经费有标准和预决算。

6.2 [设施保障]教育教学设施满足师范生培养要求。建有特殊教育教师职业技能实训平台,满足微格教学、语言技能、书写技能、特殊教育实验教学、康复技能实训等实践教学需要。信息化教育设施能够适应师范生信息素养培养要求。具有教育教学设施管理、维护、更新和共享的制度和机制，方便师范生使用。

6.3 [资源保障]专业教学资源满足师范生培养需要，数字化教学资源较为丰富，使用率较高。生均教育类纸质图书不少于30册。建有特殊教育教材资源库和优秀特殊教育教学、康复训练案例库，其中现行特殊教育学校、中小学课程标准和教材，或《幼儿园教育指导纲要（试行）》《3—6岁儿童学习与发展指南》《特殊教育教师专业标准（试行）》每6名实习生不少于1套。

七、质量保障

7.1 [保障体系]建立教学质量保障体系，各主要教学环节有明确的质量要求。质量保障主体意识强，目标清晰，任务明确，机构健全，责任到人，能够有效支持毕业要求达成。

7.2 [内部监控]建立教学过程质量常态化监控机制，定期对各主要教学环节质量实施监控与评价，保障毕业要求达成。

7.3 [外部评价]建立毕业生跟踪反馈机制以及特殊教育机构、教育行政部门等利益相关方参与的社会评价机制，对培养目标的达成情况进行定期评价。

7.4 [持续改进]定期对校内外的评价结果进行综合分析，能够有效使用分析结果，推动师范生培养质量持续改进和提高。

八、学生发展

8.1 [生源质量]建立有效的制度措施，能够吸引志愿从教、素质良好的生源。

8.2 [学生需求]了解师范生发展诉求，加强学情分析，设计兼顾共性要求与个性需求的培养方案与教学管理制度，为师范生的发展提供空间。

8.3 [成长指导]建立师范生指导与服务体系，加强思想政治教育，能够适时为师范生提供生活指导、学习指导、职业生涯指导、就业创业指导、心理健康指导等，满足师范生成长需求。

8.4 [学业监测]建立形成性评价机制，监测师范生的学习进展情况，保证师范生在毕业时达到毕业要求。

8.5 [就业质量]毕业生的初次就业率不低于本地区高校毕业生就业率的平均水平，获得教师资格证书的比例不低于75%，且主要从事教育工作。

8.6 [社会声誉]毕业生社会声誉较好，用人单位满意度较高。

第二节　融合体育协作模式

教师和志愿者协作的意义表现在以下几个方面：第一，融合体育教师师资力量匮乏，需要额外支持和帮助；第二，融合体育教学的复杂性决定了教学实施的复杂性，传统的单一教师教授方式不能满足教学实际的需要；第三，多学科互补、多方协作是融合体育发展的趋势和必然。融合体育本身就涉及无障碍、医疗、康复、心理、教学、安全、辅助等多个方面，单一的体育教学无法很好地解决融合体育面临的所有问题。

根据目前的教学实际，融合体育协作模式可以由图 4-6 中所示的几种协作模式构成。

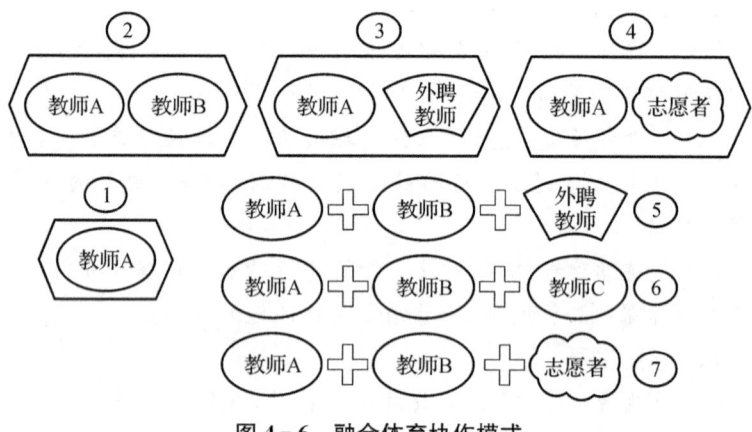

图 4-6　融合体育协作模式

第一种模式应该是体育的常规教学模式，就是一个教师负责整个班级的教学任务，在目前体育保健课教学中最常使用。这种模式的弊端显而易见，一名教师很难在一节课中照顾到所有学生，这让教学效率和教学效果都大折扣。并且在目前体育特殊教育专职教师匮乏的情况下，这种模式存在很大弊端。但在目前师资匮乏的情况下，一方面，采取有效措施快速提升教师能力；另一方面，学校层面、部门层面给予硬件、制度及教学等方面的支持可以在一定程度上缓解这种矛盾。例如，在场地、器材等方面尽量满足融合体育教学需要，在制度方面给予倾斜，鼓励更多教师参与到融合体育教学之中，在教学准备方面可以聘请专家给予指导，部门共同参与教学设计等，这样有利于提升教学质量，初步满足融合体育发展的需要。

第二种模式是配置两名教师，教师根据专业特点和能力进行分工协作。当然这种模式也可以有多种形式，可以是一位教师主教，一位教师辅助；也可以是两位教师根据教学内容和目标先分组教学，再合并整体复习和学习；还可以是两位教师同时协作授课。这种模式在一些普通体育教学课上也有所采用，但在融合体育教学中，至少一位教师必须具备体育特殊教育的专业能力，并且必须同时备课协调教学重点和分工，否则各自为政，无法保证融合体育教学的顺利进行。但这种模式涉及课时及工作量等计算问题，这需要政策上给予支持，否则也会影响教师参与的积极性。

第三种模式是聘请特殊教育专业教师与本校教师一起授课。这种模式的优势在于学校可以根据教学需要择优聘请高水平教师，可以带动本校教师教育理念、教育能力的快速提升，也能对整体教学起到推动和促进作用。其弊端之一就是教师流动性大，不利于稳定教学模式、教学规范的形成和延续；弊端之二就是可能一些专业教师并不太了解体育，需要与本校教师进行磨合，共同协作和提升。

第四种模式主要是针对目前融合体育教师人手不足，前几种模式都无法顺利实施时所采用的一种模式。这需要教师必须具备融合体育教学能力，并能对志愿者进行培训，学习基本的理论知识和技能，并学习基本的礼仪和沟通技巧，达到辅助教学的标准和要求。这种模式下的教师必须处于主导地位和作用，课前也需集中备课，让志愿者熟悉辅助的目的、目标以及安全须知，教学中能给予志愿者明确清晰的指令，志愿者是辅助但不能替代教学。志愿者可以是有偿的，也可以是无偿的，如采用助教、助研方式进行。这种模式的弊端是培训需要花费一定精力和时间，但志愿者流动性大，整体教学的稳定性、延续性不足。

其他几种模式是根据学校具体情况的演变模式。不一定拘泥于教学中，可以是教学前、教学后提供相应的协作和支持，例如，外聘教师的课前指导、课后评价等；志愿者课前、课后的康复辅助、教学辅助；等等。这在一定程度上将教学中可能出现的问题进行提前预判或课后进行弥补提升，也保证了实际教学时能够比较科学、顺利地实施。

融合教育本身并没有固定的模式，而是要根据实际情况进行因地制宜地教学设计、教学实施和教学评价，因此，这里的模式只是提供一种思路。

第五章 融合体育资源教室建设

资源教室对于融合体育来说是非常重要的,融合体育的目标是特殊群体学生和普通学生一起学习,相互促进共同发展,但并不是说特殊群体学生和普通学生无条件地在一起学习,必要的时候将特殊群体学生独立出来进行干预和帮助是为了更好地融合。此时,多种方式的介入都是有必要的,资源教室就是重要选项之一。可以说,资源教室可视为普通教育与融合体育之间的桥梁。但高校融合体育资源教室根据实际需要有其自身的特点。

第一节 融合体育资源教室的功能及要求

国内的特殊教育在国家和政府的重视下已经有了巨大的进步,随班就读在国内已经有了良好的经验和丰富的积淀。在此基础上的融合教育发展也颇有成效,但高校融合体育的发展总体而言滞后于国内融合教育的发展水平,这值得我们反思,有些经验也值得我们借鉴和学习。

2016年,教育部办公厅发布了关于印发《普通学校特殊教育资源教室建设指南》的通知[①],该指南中指出,在普通学校(含幼儿园、普通中小学、中等职业学校,以下同)建设资源教室,要遵循残疾学生身心发展规律,充分考虑残疾学生潜能开发和功能补偿的需求,以增强残疾学生终身学习和融入社会的能力为目的;要坚持设施设备的整体性和专业服务的系统性,为残疾学生的学习、康复和生活辅导提供全方位支持;要突出针对性和有效性,根据每一个残疾学生的残疾类型、残疾程度和特殊需要,及时调整更新配置;要确保安全,配备的

---

① 中华人民共和国教育部:教育部办公厅关于印发《普通学校特殊教育资源教室建设指南》的通知[EB/OL]. 2016[2016-01-27]. http://www.moe.gov.cn/srcsite/A06/s3331/201602/t20160216_229610.html.

设施设备必须符合国家的相关安全和环保标准,不得含有国家明令禁止使用的有毒材料。该通知虽然没有包含高校,但对高校依然有重要的参考价值。

随着特殊教育的发展,资源教室的功能也在拓展,它针对的是所有在学习上或行为上有困难的学生,他们可能是特殊群体学生,也可能是普通学生。它不仅要为融合体育提供支援,还要为整个融合教育提供支援。因此,融合体育资源教室应该是基于学校融合教育整体发展而构建的,它可以依托整体建设但相对独立出来,也可以作为部分功能融合在资源教室整体之中,或将融合体育的部分功能独立出来,如体育康复功能,但依然为学校整体融合教育服务,这样也保证了资源共享,不重复建设,不资源浪费。

资源教室建立就是集课程、教材、专业图书以及学具、教具、康复器材和辅助技术于一体的专用教室。它具有为特殊群体学生提供咨询、个案管理、教育心理诊断、个别化教育计划、教学支持、学习辅导、补救教学、康复训练和教育效果评估等多种功能。

对于融合体育的开展而言,资源教室应具备如下功能。

第一,开展特殊群体学生的测查、评估、建档等工作;

第二,进行融合体育教学知识和技能辅导;

第三,进行基本的体育康复训练;

第四,提供支持性教育环境和条件;

第五,开展融合体育教师及普通体育教师培训及交流。

基本的要求包括以下几点。

第一,人员要求。针对融合体育的开展和实施,落实相应的负责人和教师;保证教师教育素养,教师可以采用在职、新聘、转岗、购买教学服务等方式。无论哪种方式都要求教师上岗培训,人选相对稳定。

第二,场地要求。可以与学校资源教室共享场地,但要保证融合体育开展的需要,有条件的情况下,尽量设置专用场地,并靠近体育馆或体育场,便于与融合体育教学进行快速对接,同时确保场地和通行安全无障碍。

第三,设施要求。要有与融合体育开展相适应的教学设施、基本的体育康复设施等。

第四,资源要求。购置、收集融合体育教育教学、体育康复训练资源(如网络、图书、音视频等),保证资源数量及质量。

第五,任务要求。制定资源教室运作方案,制订工作计划,安排好时间表,要有固定的工作程序和工作内容,要避免随意性、临时性。

资源教室一般设在一楼,并符合无障碍建设要求,可以分为办公区、学业辅导区、康复区、教学资源区、评估与心理干预区、信息采集处理区等，根据硬件条件及需求，资源教室的功能区设置会有一些区别。基本的配置应该包括办公区、学习区和资源区三个部分。

办公区：主要集学生、家长、教师及交流接待、咨询评估、日常办公、资源管理于一体。它包括档案管理、业务工作管理、处理日常事务等；建立学生档案，评估制订个别化教学计划，收集、整理、开发教具辅具等资源；保存、保管各类教育、教学专业资源。

体育康复训练区：针对融合体育教学需要及特殊群体学生自身康复需要，进行教学前及教学后的体育康复训练，提升特殊群体学生基本运动能力和生活能力，也为融合体育教学奠定基本能力，可以是各种小组训练，也可以是个别康复训练。

教学资源区：储存、保管各类教育、教学资源；收集、整理、研制教具和学具等资源；研究制作教学和辅助教学的课件、音视频及网络资源。

学习辅导区：主要针对融合体育教学进行课前或课后讲解、预习和复习，如果需要也可以进行教学中辅导，结合体育康复训练，保证特殊群体学生能够较好地参与到融合体育教学之中。在这里需要提供必要的音视频、盲文或其他教学资源，以便让特殊群体学生提前了解并感知融合体育教学内容，结合实践训练，达到教学所需要的目的。

评估及心理干预区：主要对学生的基本生活能力、运动能力及心理状态进行评估，同时进行教学前的心理干预，与体育康复并行，对学生的行为进行矫正，对学生的情绪进行疏导，提升学生的自我概念和自信心。

信息采集处理区：对各类信息进行采编、整理、制作、储存等工作，并保证必要的隐私和安全。

因为融合体育只是学校融合教育的一部分，所以资源教室要考虑整体建设、资源共享，因此，一些功能区可以共享场地和资源，对于融合体育而言，主要是体育康复训练区和学习辅导区需要相对独立的资源和设施，以保证支援的针对性和高效性。

第二节　融合体育资源教室的建设及运行

这里的设置思路主要基于三个方面的考虑，一是资源教室设置总体要求的标准；二是根据不同学校的实际情况，在此以笔者工作的高校作为考虑；三是融合体育实际需求。图5-1给出了融合体育资源教室建设与整体融合教育资源教室建设的关系及运行的基本结构。

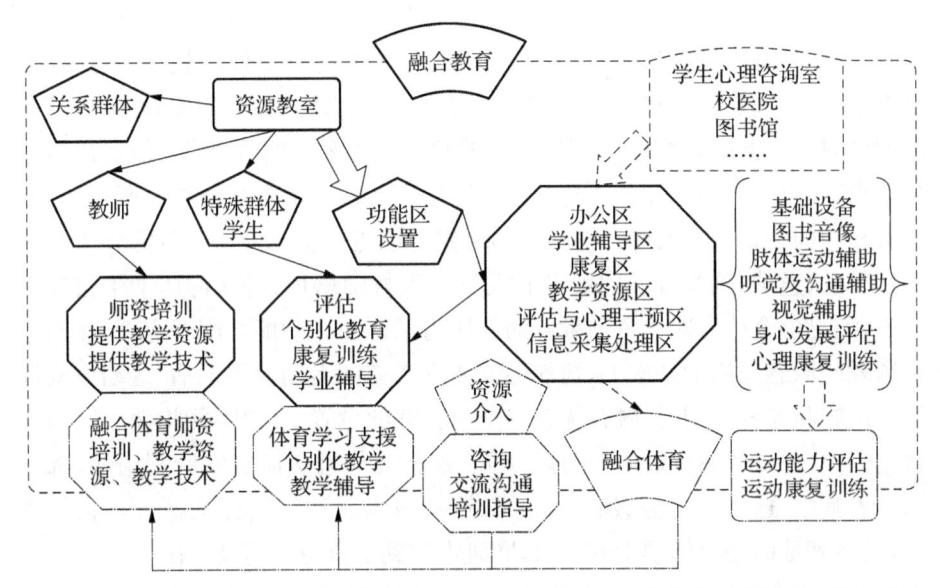

图5-1　融合体育资源教室建设与整体融合教育资源教室建设的关系及运行的基本结构

高校资源教室的建设是为学校整体融合教育服务的,因此,其表现为"1121"的基本模式。第一个"1"是关系群体,即资源教室为与特殊群体学生相关的家长、教师、相关部门、机构等人员提供咨询、信息交换等服务。

第二个"1"是指功能区的设置。功能区的作用前面已经做了分析,这里不再赘述。这里需要强调的是,功能要充分利用学校现有资源进行设置,这也是融合的理念,教育是一个整体,需要全校的参与和系统化运作。因此,高校的学生心理咨询室、校医院、图书馆、学生会等所具备的一些功能符合功能区设置要求的,都应该做到资源共享,这也保证了学校整体间的相互协调、相互联系,包括信息上的共享,这对于融合教育的实施非常重要。资源教室的建设并不是指固定的场所或独立的场所,其实它可以是多部门协作的概念,当然,为了更好地为特殊群体学生服务,前提是合理、便利和无障碍。不同功能区的配备基本包括基础设备、图书音像、肢体运动辅助、听觉及沟通辅助、视觉辅助、身心发展评估、心理及康复训练等,在满足基本配置的前提下,需要根据各自学校的不同体现出差异性。

"2"是指资源教室的主要输出点是教师和特殊群体学生。首先为融合教育教师提供相关培训,并提供相应的教学资源及教学技术;另外,就是对特殊群体学生进行生理及心理等方面的评估，并根据评估结果进行个别化教育、康复训练及学业辅导等服务。但这里主要是指特殊群体学生在融合教育中所面对的共性问题，而不能解决特殊群体学生在学习中所面临的所有问题。

因此，另外一个"1"是指为专门教学所进行的有针对性的教学服务，这部分在依靠资源教室整体运作的前提下，有自己相对独立的服务体系，以保证服务的针对性。此时，融合体育需要在"教师"和"特殊群体学生"方面提出自己的要求，或直接参与到相关工作中去，在人员要求上就要符合前面所分析的，落实相应的负责人和教师。在必要的时候可以进行资源介入。资源介入是指通过外聘、邀请、购买等方式请专业人员介入教师培训、特殊群体学生指导等方面，满足融合体育对于资源教室的使用需求。而在功能区配置方面，在利用资源教室原有设施的基础上，增加融合体育必需的运动能力评估、运动康复训练等设施和器材。同时，融合体育在资源教室的设置上，也不能拘泥于室内或特定资源，现有的体育设施、场地、设施、器材等能被资源教室所利用的，都可以纳入其中，这方面的建设也尽可能做到"通用设计"，这也是融合教育的理念，最终满足的是全体学生的需求，同时也做到了资源利用最大化。

第三节　融合体育资源教室的教学辅导安排

资源教室也需要进行有针对性的安排，随意的安排不能为融合体育教学提供科学、有效的支撑，教学辅导安排需要经过图 5-2 所示的基本流程进行确定和实施。

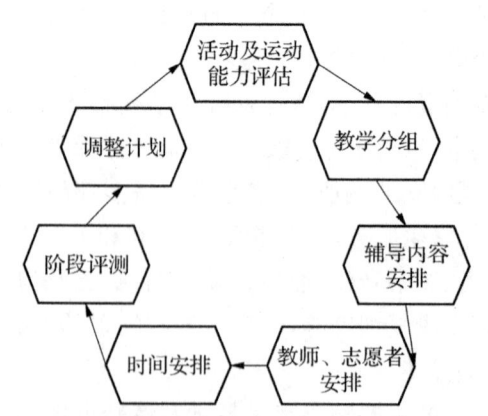

图 5-2　融合体育资源教室教学辅导安排示意图

第一，活动及运动能力评估。评估不仅要进行学生活动能力评估，在此基础上还要进行运动能力评估，因为活动能力主要针对特殊群体学生日常生活和学习所表现的能力特征，运动能力是学生参加体育活动和教学可能具备的能力，两者不能替代，全面的测试能为无障碍服务及体育教学整体设计提供科学依据。

第二，教学分组。是分组还是个别化教学，这要根据学生活动能力及运动能力进行划分，根据教学目标、教学内容的不同，可以同质性安排，也可以异质性互补。个别学生无法通过分组达到相应要求的，就要安排个别化辅导。同时，资源教室的辅导与融合体育教学可以采取部分抽离、全部抽离及灵活抽离等方式进行，这也要根据其具体情况而定，原则上尽可能在上课前能达到相应要求，保证"融合"的有效实施。

第三，辅导内容安排。辅导内容主要依据上课内容进行提前、补偿或延伸学习，最终目的就是让特殊群体学生能够更快、更好地适应融合体育教学。但辅导的目的是让学生具备教学所需要的能力，但不能代替正常教学，否则也会影响学生在学习中的兴趣和动力。

第四，教师及志愿者安排。考虑到体育特殊教育教师师资问题及精力时间问题，资源教师的安排可以以任课教师为主导或指导，外聘教师和志愿者承担，关键是要进行有效沟通，保证教学辅导与教学的一致性，不能让特殊群体学生产生依赖性，或影响学生对正常教学的认知，产生抵触情绪。

第五，时间安排、阶段评测及调整计划。时间安排以学生时间为主，综合考虑教师及志愿者时间，根据学生学习情况安排在教学前、教学中、教学后，从而完成适应、补偿及复习等任务。同时进行阶段评测，对学生学习效果、活动能力及运动能力进行测评，并及时调整辅导计划。

第六章 家庭和社区对融合体育的支持

第一节 家庭的支持作用

案例：

尤同学是我带的第一位孤独症学生，印象比较深刻。第一次上课是由她母亲陪同过来的，因为按要求需要学生提供相应的证明，她母亲也将证明带来交给了我，可以看出，作为母亲她非常焦虑和憔悴，尤同学也表现出典型的无交流、目光回避等特征。和这位母亲沟通中，了解到尤同学无法和同学正常交往，有时会出现烦躁易怒倾向，因此，在校外租房陪读。在此种情况下，依然让尤同学参加其他课程学习，但他对体育保健课非常排斥，这位母亲过来的目的是想让孩子不参加体育学习，在我解释了学校规定及体育课的作用后，她才同意继续学习。在后续学习中，尤同学只要上课，我都会单独安排活动让他参加，或安排同学一起练习，增加他交流和沟通的机会。在交流沟通方面，尤同学并没有想象中的那么严重，讲解示范之后，根据他的能力所安排的活动他基本能够执行，并保持一定的专注，并且没有出现情绪大幅波动的情况，虽然也有沉浸自我、刻板随意的行为，但可以看出，他在体育学习中更加放松，眼神也变得明亮了许多。但这种学习是断断续续的，和这位母亲沟通了多次，这位母亲始终没有意识到体育参与对孩子的重要性。最终孩子休学回家。

对于教师而言，这是一个心酸的故事。一方面，正是因为家庭的付出才创造出了孩子上名牌大学的奇迹，这本来应该是一个非常励志的故事，但父母对自己孩子的情况缺乏正确认识,加之我们整个社会及学校对特殊教育还缺乏足够的理解和重视,父母得不到来自外界的支持,孩子进入学校后,学业面临更大挑战,在心理上也造成了更大的负担。另一方面,父母在这方面缺乏科学认识,一味看重学业,在有条件、有机会的情况下,人为将孩子与学校和同学割裂开,导致尤同学更加孤僻,不能融入学校正常生活。可以说,特殊学生的正向发展有赖于正确而良好的家庭教育,家长对孩子正确的认识,对教育科学的认识和理解是特殊群体学生发展的重要动力。

从体育视角来看,我们需要反思一些问题。

第一,家长对体育缺乏正确的认识,对融合体育更是感到陌生。在孩子随班就读时,体育课就是可有可无的,导致家长对体育不理解、不重视,也造成孩子失去了应有的交流、沟通、协作甚至展示的机会。

第二,这更加说明了融合体育开展和实施的重要性。但也可以看出,这需要学校和社会层面的重视、普及、宣传和推广,只依靠体育部门,一是无法真正推广和实施,二是力量单薄,无法做到被广泛地认识和认可,这落实到具体教学时,也会造成很多阻碍。

第三,再次说明资源教室在与家长沟通、咨询方面的桥梁作用以及对特殊群体学生的支援作用。它建立起学校与家长、家长与教师、学生与课堂之间的平台,做到信息沟通与互换,加强交流和理解,缓解压力和矛盾,加深情感支持,促进包容和协作。资源教室也可以为陪读家长提供免费咨询和培训,然后通过他们再去帮助孩子,家长更懂自己的孩子,也更有奉献精神和耐心,他们如果能提供帮助,是对教学最大的支持。当然,对于学校而言,我们最终的目标是学校创造完善的特殊教育体系,承担起教育任务,让家长放心地把孩子交给我们,家长只承担他们该承担的责任,而不是将学校的责任额外施加给他们。

而前面的姚同学虽然患有小儿麻痹,但家庭给予了正确的引导。孩子乐观向上,能够很好地正视自己的障碍,并积极参与各种力所能及的体育活动,很好地融入了学校生活,自己在大学得到了成长,家庭支持为学校教育的实施扫除了很多障碍,孩子在体育及其他学科方面表现优异,可见家庭对于特殊群体学生的重要性。

根据我们以前做的特殊群体学生体育情感支持网的调查也可以发现[1](见

---

[1] 李波. 普通高校特殊群体学生"体育支持网"的内涵、特征及其结构研究[J]. 吉林体育学院学报,2013,29(5):75-80.

表6-1),在亲属关系中,父母的比例高达78.9%,说明对于特殊群体学生而言,父母还是最值得信赖的关系。在朋友关系中,朋友的比例为56.7%,老乡排在第二位。相识关系中同学比例远高于老师,占到了60.5%。按三种关系占总人数的百分比排序为:朋友关系(130.4%)、相识关系(93.5%)、亲属关系(82.6%)。由此可见,朋友关系和相识关系在特殊群体学生体育情感支持网中发挥着重要作用,造成这种结果主要是因为在高校的学习环境中,父母虽然是特殊群体学生最信赖的关系,但直接接触的机会很少,而朋友和同学是最为了解和接触最多的,因而成为他们情感支持的主要部分。

表6-1 特殊群体学生体育情感支持网的关系构成

关系类型	特定关系在体育支持网中的百分比/%				提到该关系的调查对象占总人数的百分比/%
	在所有关系中	在亲属关系中	在朋友关系中	在相识关系中	
亲属关系	26.9	100.0			82.6
父母	21.3	78.9			65.2
其他亲属	2.1	7.9			6.5
恋人	3.5	13.2			10.9
朋友关系	42.5		100		130.4
朋友	24.1		56.7		73.9
老乡	18.4		43.3		56.5
相识关系	30.5			100.0	93.5
老师	12.1			39.5	37.0
同学	18.4			60.5	56.5

从上述调查中也可以看出,特殊群体学生情感支持主要源自父母,这一方面说明家庭对他们支持的重要性。但从另一方面也可以看出,老师、同学情感支持在所有关系中的比例只有12.1%和18.4%,说明从教育的角度,学校并没有提供更好的替代情感,而大部分学生在远离父母的情况下,就容易产生孤独感甚至无助感,引发生理障碍之外的心理障碍,这比生理障碍更严重。从这里也可以看出,融合体育实施的必要性和迫切性。

社会支持网的趋同性是指被访者与网络成员在某种社会特征方面的相似性。从表6-2中可以看出,特殊群体学生体育情感支持网性别趋同性的比例为75.2%,说明特殊群体学生情感支持的主要对象是同性别的。而年级趋同性的比例高达76.6%，特殊群体学生主要是同本年级同学进行交往，这与前面所调查的关系构成中同学比例在相识关系中高达60.5%存在一致性，说明特殊群体学生的交往范围偏小。身体状况趋同性的比例只有48.2%，说明特殊群体学生体育情感的交往并不限于与自己身体状况一致的对象，这与前面所调查的关系构成中朋友关系比例高达130.4%也存在一致性，这也说明身体状况本身并不完全是制约特殊群体学生交往的因素。

表6-2　特殊群体学生体育情感支持网的趋同性

变量名	性别趋同性	年级趋同性	身体状况趋同性
均值/%	75.2	76.6	48.2
标准差	23.9	33.9	37.9

从表6-1、表6-2的调查中我们还能得出一个结论，就是特殊群体学生需要家庭的有效支持，但进入高校后，他们对同学的依赖性会上升，成为情感重要的替代源，同时作为大学生，他们更能正视自己，所以在异质性交往上也表现出很强的意愿，这也为融合体育推广和实施提供了心理条件，他们不仅不排斥而且有这种需求。因此，做好家庭与学校的衔接，让特殊群体学生的情感自然转化和过渡既是他们适应学校生活和学习的基础，也是他们正常社会化的需求。

第二节　社区的支持作用

应该说社区和高校融合体育发展没有直接关系，但作为一个体系建设，谈到家庭就不能不提及社区，因为"家、校、社"的联系本身就是一个整体。特别是对于特殊群体，他们需要更广泛和长久的支持，虽然特殊群体进入高校后和社区的联系没有中小学那么密切，但社区对其进入大学前的支持，对于家庭的支持以及其重返家庭后的支持依然是非常重要的。

表6-3是引自夏洛克和凯斯的生活质量指标。从表6-3中我们可以看到，人的需求层次虽然不同，也会随着时间发生变化，例如，特殊群体学生的身体健康需求得到满足后，他们才可能追求自主、权利和发展，这也可以看出，单一的需求层次是很难满足特殊群体整个成长需求的，因为这是一个不断变化和不断追求的过程。这也意味着，在不同的阶段，面对不同的需求层次，就需要相应的支持，而这种支持表现为阶段性、连贯性和全面性。阶段性就是指不同阶

段需求是变化的,也就需要不同的支持。连贯性是指特殊群体自身的完善也是不断递进的,每个阶段的支持不能因为阶段的改变而停滞,否则依然会造成下一阶段需求无法很好地推进和实现。全面性就是指需求和支持都应该是全方位的,特殊群体学生的发展需要"家、校、社"的协调支持就是全面性的体现之一。

表6-3 生活质量指标

需求层次	内容	指标
情感富足	安全 精神 快乐	无压迫感 自我认知 满足
人际关系	亲密 喜爱 家庭	互动 友谊 支持
物质富足	所有权 经济安全 食物	就业 拥有物品 社会经济状况
个人发展	教育 技能 自我实现	居所 个人能力 有目的的活动
身体健康	健康 营养 娱乐 流动性	提高 健康关怀 健康保险 休闲娱乐
自主性决定	主动性 选择 个人目标和价值	日常生活活动 个人控制 自我方向
社会包容	接受 状态 支持 工作	社区活动 角色 志愿者活动 居住环境
权利	隐私 选举 参与	应有权利 拥有权 公民责任

从如图 6-1 所示的特殊群体学生"家、校、社"全面支持的网络示意图中可以看出,"家、校、社"所构成的良好的社会支持网,可以对融合体育教育形成有力的支持,特殊群体学生可以感受到家庭的温暖,学校的理解和信任,以及社会的包容和支持。特殊群体学生没有后顾之忧,拥有公平的权利和自由,可以充分寻求自身的发展,努力实现自己追求的目标。

通过融合体育的实施能够让这种网络关系更加稳固,为全体学生提供了一个可以实践的平台,通过这个平台能让全体学生都充分感受和学习尊重、包容、理解和自信。社区支持的缺失也在一定程度上代表着社会支持的缺失,而不完整的社会支持网也无法为融合体育发展提供良好支持,最终会让学生变得淡漠、排斥、自卑,不利于充分融入学校和社会。

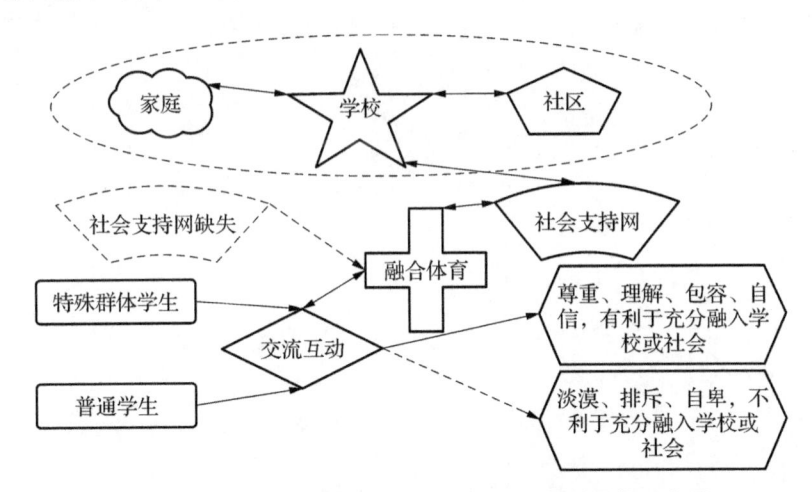

图 6-1 特殊群体学生"家、校、社"全面支持的网络示意图

因此,融合体育是一个系统工程,不能仅仅依靠某个部门或某几个部门的参与,它需要一个全方位的、连贯的支持,保证特殊群体学生能够获得稳定的支持输入,只有这样才能造就完整的、符合社会发展需求的人,这才是人才培养输出的目标。

实践篇

第七章 融合体育教学的开展

第一节 融合体育教学目标

无论是对于特殊群体学生还是普通学生,"健康第一""终身体育""素质教育"都是第一位的,两者目标一致。但在融合体育实施中如何做到这一点?这就需要在融合体育教学目标设定时充分考虑体育的特性及特殊群体学生的实际与需求,主要针对三个方面,即康复、互动和协作(见图7-1)。

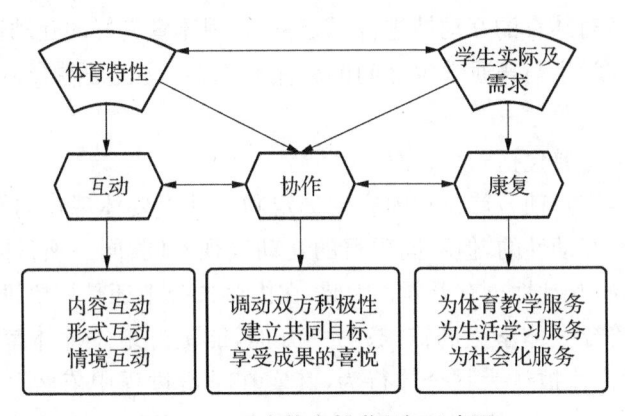

图7-1 融合体育教学目标示意图

目标之一:康复

体育的本质功能包括健身功能和教育功能。健身功能是体育区别于别的学科的重要特性。因此,"健康第一"依然是融合体育的首要任务,这也就要求融合体育教学必须关注特殊群体学生的生理健康,而教育功能则要求融合体育在教育实施过程中关注特殊群体学生的心理健康、健全人格、终身体育以及各方面能力的学习和提升。

对于特殊群体学生来说，康复是"健康第一"的前提，他们参与体育的首要条件，也是融合体育教学目标之一。根据前面的分析，康复不仅包括生理层面的康复，也包括心理层面的康复。融合体育教学首先要考虑的就是特殊群体学生的康复需求，因此，在教学前、教学中和教学后都要有一定的目标。教学前需要进行一定的干预，一方面提升学生生活、学习中的活动能力，另一方面为体育教学的参与提供基本条件，也为体育教学提供依据；在教学中需要设定一定的教学内容为学生康复提供帮助，康复本身就应该是教学内容的一部分，当然康复与教学目的不同，康复只是教学的部分内容而不是全部；教学后也要根据特殊群体学生在体育学习中存在的问题，安排适当的康复内容，为学生康复及后面教学要求的进一步提升奠定更坚实的基础。当然，特殊群体学生的康复需要借助资源教室及其他资源来共同完成。

特殊群体学生通过体育教学能够提升自身活动能力、自理能力、锻炼能力，并扩大社会关系网络，从而健全人格、树立信心，这样就能更好地融入校园学习和生活，为他们"个体社会化"奠定良好的生理、心理基础，而这些又会促进他们更好地参与体育学习。

目标之二：互动

前面已经对体育的互动性进行了分析，利用体育良好的互动性，可以有效增加特殊群体学生与普通学生之间的交流和沟通，这也是融合体育不同于其他学科的优势。

互动目标主要包括三个方面。

第一是内容互动。首先在内容的选定和设计上要体现互动性，体育项目基本都是具有互动性的，但不同项目的互动表现不同，同一项目因为方式、方法选取的不同，互动性也有差异。因此，在内容选择上还是需要进行筛选和设计，一方面，符合全体学生的需求；另一方面，能更好地发挥体育互动性。例如，田径教学往往被认为是个体行为，其实在学习过程中依然可以体现互动性。例如，学习过程中的相互辅助；田径游戏中的接力比赛，很多残障学生都可共同参与；跑步练习时普通学生可以为视障学生做领跑员，也可以让普通学生戴眼罩体验视障学生跑步时的感受。当然，考虑到特殊群体学生的特点，传统的一些教学内容是需要进行改进和调整的，例如，同样还是田径教学，普通学生进行摆臂练习时，使用轮椅的学生就可以进行上肢的正确操控练习，同样，当普通学生进行下肢练习时，使用轮椅的学生可以进行轮椅安全操控及快速操控练习。当进行接力游戏时，全体学生可以通过合理分组共同参与。可以看出,科学合理的内容选择和设计能更好地发挥体育教学的互动性,促进"融合"的形成。

第二是形式互动。特殊群体学生的障碍是不同的,障碍程度也各有差异,加上体育教学内容的不同,也要求教学形式要多样化,并能充分体现互动性。例如,同质但程度不同的残障学生或异质性残障学生一起上课时,针对同一内容或不同内容,都需要有不同形式的互动方式来满足特殊群体学生及全体学生的教学需求,互动的方式其实没有固定的模式,如两人互动、多人互动、群体互动、同质互动、异质互动、师生互动、志愿者互动、全方位互动等(见图7-2)。因此,每次融合体育教学都应该按照教学内容重新进行教学形式的调整和设计,能够在达到教学和康复目的、目标的前提下,最大化地增加互动的可能性和效率。

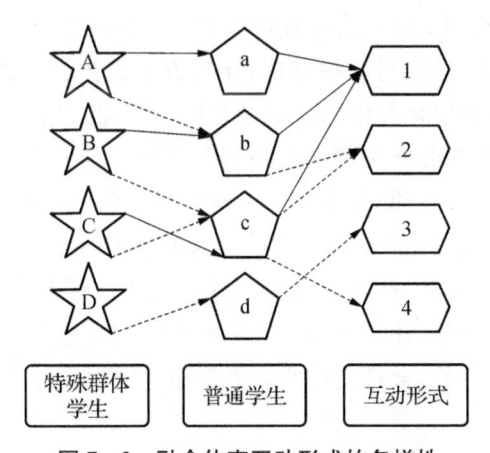

图 7-2 融合体育互动形式的多样性

第三是情境互动。这个教学互动方法指的是设置疑问,创造困惑的情境,这样就可以激发学生的学习兴趣。融合体育也需要翻转课堂等多种教学方式,把课堂交给学生,发挥学生的主观能动性,在融合体育教学前及教学中都可以设定一个问题情境,从而引发全体学生积极主动地去探索知识,这样就可以让学生产生主动学习的动机。例如,乒乓球教学时,针对残障程度不同的特殊群体学生,全体学生要共同思考一个问题,那就是基于目前的教学设施、教学内容及教学要求,如何才能更好地进行互动练习,采取什么样的互动方式,教学器材如何改进,教学场地如何摆放,等等。这样能够激发学生学习的兴趣,对于特殊群体学生来说,更能让他们感受到自己是课堂的主人,而不是附属品,同时也能让普通学生换位思考特殊群体学生面对的困难,让他们能够通过"翻转"提前了解教学内容及面临的困难,并通过相互沟通共同解决问题。

这比教师单方面把教学计划制订好，让学生被动接受更能提高双方探索知识、解决问题的动力，并能获得较高的成就感。

目标三：协作

协作是在互动基础上提出的更高要求，也就是在融合体育教学中，不仅要让特殊群体学生与普通学生有接触、有互动，而且要形成相互的支持、主动的支持，并在协作中共同完成一定的任务、克服一定的困难、解决一定的问题，这样才能促进真正的交流、沟通和理解，并在相互协作中共同提高和进步，这才是融合体育所追求的。应该说体育为这种协作提供了广阔的空间，因此，要充分利用体育的优势营造协作的环境和氛围，促进相互的融合。

但协作除了谦让、包容还有竞争，我们必须赋予特殊群体学生竞争的权利以及竞争的能力。因此，协作包含四个方面。

第一，竞争。我们不能因为特殊群体学生的特殊性，而忽略了他们自身的能力，如果这样认为，其实是一种歧视，还是没有真正公平地看待特殊群体学生。通过融合体育也要培养他们的竞争意识、竞争能力及自信。例如，对于轮椅的使用，相信很多普通学生都无法像特殊群体学生那样自如灵活地进行操控，在轮椅篮球或轮椅竞速时，特殊群体学生会表现出特有的能力。而盲人学生对于方向和声音的辨识，对于盲人乒乓球的学习都有自己的优势。这些不就是能力的体现吗？他们同样能做到别人完成不好甚至是做不了的事情，体育教学中需要通过竞争，让全体学生认识到这种差异是正常的，每个人都有不同于别人的优点。因此，合理安排的竞争能够让学生更好地认识自己，激发出他们内心的潜力。

第二，合作。特殊群体学生与普通学生通过不同的组合共同完成一个学习任务，在共同完成学习任务的过程中，学生根据各自的认知特点和知识经验进行分工合作，在相互帮助、相互提示、相互争论中，学生逐渐形成对学习内容的深刻理解和领悟。在学习开始之前，每个学生都必须与他人讨论，交流彼此的观点并共享集体的智慧，最终在学习者之间达成一致的行动方案，并选择他们认为最佳的合作方式。

第三，伙伴。我们希望在融合体育教学的一个期间内，让特殊群体学生与普通学生之间形成相对稳定的伙伴关系，不仅能够在教学中相互交流、相互鼓励、相互支持，在课后也能彼此帮助和鼓励，扩大特殊群体学生的关系网络，并形成稳定的支持。

第四，角色扮演。角色扮演主要包括两种。一种是通过角色扮演来提升自己对问题的认识。我们或许都有这样的经历，给别人详细讲解某个问题之后,自己对该问题往往会有新的理解。也就是说,在帮助别人学习的过程中,自己也有所提高。在融合体育教学中就是让特殊群体学生和普通学生分别扮演学习者和指导者的角色,学习者负责解答问题,而指导者则判断学习者在解答过程中是否有错误。当学习者在解题过程中遇到困难时,指导者帮助学习者解决疑难。通过这种方式来加深对体育教学内容、目标的认识和理解。另一种就是在学习过程中角色的互换。不仅是普通学生向特殊群体学生的转换,体会障碍带给自己不同的感受,同时,特殊群体学生也要以普通学生的角色来重新审视自己原来的角色,应该以什么的态度和心情去认识自己以及普通学生的境遇,这样双方才能更好地理解对方,达到真正融合的目的。

第二节 融合体育教学的基本要求

从图7-3中可以看到,融合体育的最终目标还是要培养全面发展的人,这一点和我们整个教育是一致的,因此,KAPO模型依然适用于融合体育教学,即知识与技能(knowledge & skills)、过程与方法(process & steps)、情感态度与价值观(emotional attitude & values)以及学习事件(occurrence)。

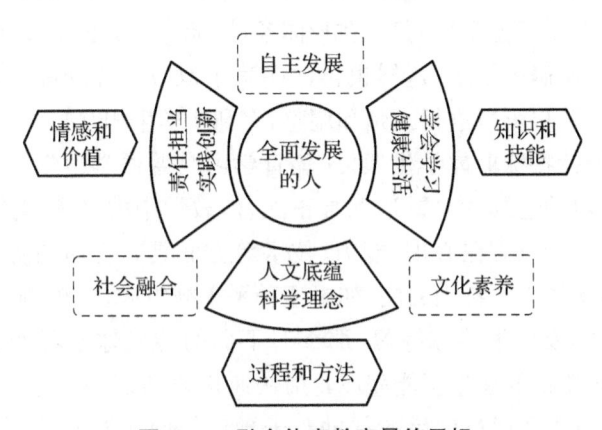

图7-3 融合体育教育最终目标

通过融合体育教学让全体学生学会学习,能够健康生活,并且培养责任心以及创新能力,而融合体育同样可以培养学生的人文底蕴及科学理念,最终提升他们的自主发展能力、丰富的文化素养及较强的社会融合能力。要达到这些目标要求,在融合体育教学时就要在知识技能等方面提出具体要求。在教学实施过程中,要尽量避免目标不具体、内容设置过多、组织调动复杂等所造成的人为隔离现象。其具体要求如下。

第一，在融合体育教学中，要从根本上避免将特殊群体学生视为弱势群体的现象。在教学中避免使用"因为××身体原因，我们要帮助照顾他（她）""××，这个可以不做"等看似关照的做法。在制定教学目标时，也要避免出现"通过教师教授，让学生学会××××"这种将学生视为被动接受方的目标设定，在表述中主要体现教师的引导作用及学生的主动探究，特殊群体学生及普通学生应该是融合体育的主体，否则不合理的教学目标本身就可能成为"融合"的障碍。

第二，在教学目标及教学实施时，不要用含糊的、模棱两可的表述，例如，"学生通过练习得到一定康复"。在有限的教学时数里，要尽量进行准确的表达，例如，"通过××××练习，提高学生平衡感及控球能力""通过××××练习，提高双方协作能力，传球次数由××次提高到××次"。每堂课都要有明确的目标和目的，教师和学生都要清楚课堂上要做什么，教师要有针对地组织，学生要有意识地去提升，知道自己应该要达到什么目标，这样通过系统的融合体育教学，全体学生才能稳定进步。

第三，在教学中对双方学生在身体、技术及能力等方面都要有明确要求，这和普通体育教学是不太一样的。在融合体育教学中，双方的目标一致，但要达到这个目标对于双方学生而言，在身体条件、能力等方面的要求可能存在较大差异，需要有明确的要求，这样也再次明确了双方在互动和协作时，对方和自己有什么不同，也可以进行预判和调整，有利于学生相互配合。

第四，要保持特殊群体学生康复、体育学习与普通学生学习之间的平衡，并保证双方学习的连续性。要达到真正融合，教学中的平衡和连续性是必须做到的。平衡是指双方在心理、能力、技术等方面具有互动和协作的可能，特别是对特殊群体学生要特别关注，如果这种平衡被打破，如单侧上肢障碍的学生不能很好地完成单手接球练习，那么对下面的传接球学习就会造成阻碍。再如，如果使用轮椅的学生不能完成轮椅快速移动，那么对于移动的练习就会造成阻碍。这就需要通过课后的帮助和干预让他们在能力、技术等方面进行提升，否则就会影响他们自己学习的积极性及自信，同时也会影响普通学生的学习进度。另外，在康复方面一定要保证特殊群体学生康复的连续性，这是能力逐步提升及体育学习不断延续的基础，也是融合体育教学整体推进的保证。

总之，在融合教学目标设定及具体实施时，始终要综合考虑学生整体因素，以真正的"融合"作为重心，不能只追求形式的"在一起"，而忽视双方之间共同的进步。同时，要特别注意发挥体育的教育及教养功能，而不能将融合体育教学仅仅作为体育活动课、项目学习课，只重视技术学习和最终成绩，而忽视学生整体素养的提升。特别是现在还没有针对特殊群体学生体育教学评价的标准，往往让教学流于形式，这也需要在教学中根据实际情况制定阶段性的评价标准，对特殊群体学生的进步做出客观评价，也为课程调整提供依据。

第三节 融合体育管理

融合体育管理主要涉及环境、空间及设施设备和器材管理，师资管理，融合体育教学管理，学生参与行为管理几个方面。

一、环境、空间及设施设备和器材管理

1. 教学环境管理

融合体育教学的环境是非常重要的，我们需要营造一个便利的、无障碍的且具有人文气息的教学支持环境。

融合体育的无障碍环境建设前面已经进行了比较详细的研究，这里强调的是融合体育教学的无障碍环境一定要综合考虑特殊群体学生的出行、通行及使用等方面，只考虑教学本身的无障碍环境建设不符合特殊群体学生的整体利益，最终无法实现教育公平和公正。另外，根据调查，目前大部分高校针对特殊群体学生的无障碍网页设计，以及相关的公众号、App、文本宣传、视频宣传等方面还是非常欠缺，很多师生一方面不知道学校有特殊群体学生，另一方面，对于"残疾""残障"等的了解和理解也非常欠缺，当特殊群体学生出现在校园里被各种目光"关注"甚至歧视时，对于融合体育的发展无疑也是巨大的障碍。因此，营造一个宽松的、理解的、包容的校园文化及校园支持是环境管理非常重要的内容。

另外，融合体育教学环境除了考虑教学实施所需的环境，还要考虑到特殊群体学生课前及课后参与、复习、练习的环境，应该提供适合他们的、便利的活动和参与环境，同时在器材、设施、设备方面也要能够满足他们的基本需求。

融合体育教学场地尽量设置在离资源教室比较近的地方，最好是一楼、入口处或安排有无障碍电梯的场馆，同时考虑轮椅使用学生、挂拐学生、视障学生等的情况，在空间、地面及灯光、色彩等方面都要符合他们的需求，营造宽松、和谐、便利的教学环境。

2. 教学空间管理

融合体育教学空间主要指教学所涉及的室内、外场地及设施、设备、器材等与学生、教师之间的空间关系。空间管理就是通过科学安排，为教学讲解、示范、组织及学生练习、互动与协作时提供合理的动线、布局及安全，提高教学效率并节约空间成本。

体育教学不同于其他教学，教学场地、器材及相关设施、设备都会因为教学内容、教学活动的不同而改变，特别是融合体育教学涉及特殊群体学生，在讲解、示范及空间调动时就要更加注意。这里的空间管理主要涉及以下几个方面。

第一，学生的站位及队形。在体育教学中，教师经常要进行讲解和示范，同时示范有正面、侧面及背面的区分，在练习时也需要快速组织并到位，否则就会影响教学的效果及效率。这里主要考虑特殊群体学生的情况。

一是有利于他们看到、听到、观察到。因此考虑到轮椅高度、听障、视障、肢残等各种情况，安排学生队形有站位时，要让他们能够看到教师的正面，方便他们观察教师示范动作、教师嘴型及教师手上动作，包括手语、教学用图片，甚至相应的视频等。

二是方便他们活动及移动。考虑到一些学生行走或移动不便等原因，特殊群体学生最好安排在离器材或即将练习的场地比较近的地方，并预留出他们安全的移动空间，这样方便他们快速到位，节省教学组织时间，提高效率。

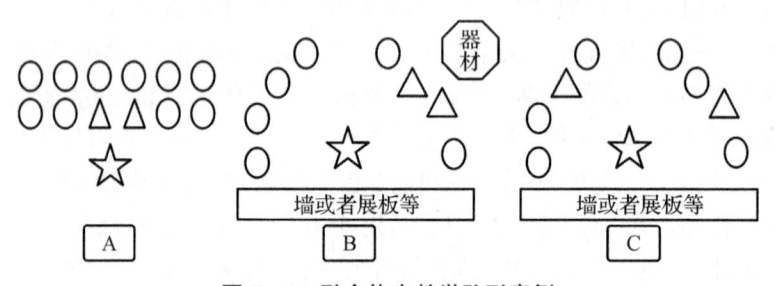

图 7-4 融合体育教学队形案例

三是队形最好不要采用图 7-4 中 A 的队形，这样既不利于全体学生的学习，也不利于特殊群体学生观察其他学生的动作，还会对组织和调动造成不便。如果讲解示范结束，需要学生立即进行练习，可以采用图 7-4 中 B 的队形，将特殊群体学生安排在靠近器材的地方，这样的空间布局有利于特殊群体学生观看教师的讲解和示范，如果涉及图片或视频（如提前录制好的与示范同步的手语视频等），可以选择靠墙或将展板置于教师身后，这样方便学生同步观看教师示范及图片或视频。同时教师做不同角度示范时，不同位置的学生就可以以不同的角度来观察和复习。如果在讲解示范结束后需要分组练习，那么可采用图 7-4 中 C 的队形，将特殊群体学生提前布置到位，这样既有利于同组同学在讲解示范时进行互动和帮助，也有利于后面快速分组进行练习。当然，队形根据实际教学的安排是多种多样的，实际操作也会更加复杂，这里只是列举个案进行介绍。

第二，教师组织调动及器材设施管理。教师组织和调动就是要根据器材设施情况，最大化利用空间并高效、快速调动学生，让学生有足够安全的空间进行练习的过程。教师组织和调动主要考虑特殊群体学生实际情况、器材设施情况、空间动线、教学队形等。

这其实是个综合考量的过程，就是要充分考虑到特殊群体学生残疾类型及程度，根据他们移动的特点（如移动速度、是否需要特别引导、是否需要辅助等）以及当时的教学队形（如是否需要重新分组、方向或队形是否需要调整、场地是否需要重新划分等），同时考虑到器材设施利用情况（如器材摆放的位置、是否需要辅助器具和设施等），采用最合理的动线（如直接、安全等），组织学生快速到位并进行练习。

这里有几点需要注意：① 不能因为要提高调动的速度，而剥夺特殊群体学生自主活动的权利，例如，使用轮椅的学生尽可能让其自行移动，除非存在客观困难确实需要帮助时再辅以帮助和协助。② 器材的摆放和使用要充分考虑到特殊群体学生的移动、回转等空间及安全，防止练习时轮椅空间不够，或观察不到、不易观察，或听障学生听不到而存在的潜在危险。器材摆放还要考虑空间高度，便于特殊群体学生拿、放和使用，必要时增加辅助器具。③ 在设计动线时，不同练习之间的路线及方向尽量安排单一方向，避免重复，涉及的练习或学习内容（功能区）应该是有延续性或相对独立的，合理分布在动线上。④ 考虑到特殊群体学生的需求，需要在空间上预留出他们单独练习或进行干预所需要的场地，同时相应的器材、设施也要到位，方便他们在学习中及时进行调整。

二、师资管理

融合体育的教学主体是教师，但前面已经分析了，目前我们面临着师资匮乏的困境，大部分高校的"体育保健课"都是普通教师兼任的，这也是导致体育特殊教育面临一系列问题的原因。因此，在师资管理方面，我们着重考虑如下几个方面。

1. 提升融合体育教师融合教育理念

《中华人民共和国残疾人教育条例》是我国第一部有关残疾人教育的专项法规,其中第四十一条规定[①]:"从事残疾人教育的教师,应当热爱残疾人教育事业,具有社会主义的人道主义精神,尊重和关爱残疾学生,并掌握残疾人教育的专业知识和技能。"但根据我们的调查,目前很多教师因为是兼职的,基本没有受过特殊教育理论及实践的学习和训练,很多教师甚至不了解全纳教育、融合教育、差异教学、随班就读等基本理念和情况,教师安排的随意性很大,并且教师轮换也比较频繁,很多教师不愿意带相关课程,还有相当一部分教师认为就是给学生送学分的,所以教学也比较敷衍。在相关调查中,有的教师会用"他们这些学生""能力太差,没法带"等歧视性语言,这是非常令人震惊的,但很多教师并没有意识到这一问题。当然大部分教师是负责任的,但也存在"不知道怎么教""不知道教什么""还是单独安排比较好,和普通学生没法一起上课"等困扰。

因此在安排融合体育教师时,首先要加强职业操守的管理,最重要的就是要加强教师对特殊教育理论的学习和培训,这在前面已经有了分析,这里不再赘述。只有当体育特殊教师具备了正确的教育理念,掌握了一定的特殊教育理论及实践能力,才可能真正理解特殊群体学生,才能将此作为自己的事业全身心地投入,这需要体育特殊教育教师要具有比普通教师更强的责任心、爱心、创新能力及奉献精神。这也需要学校及各部门在加强管理的同时,为体育特殊教师提供支持,鼓励更多的教师投身于特殊教育事业中。《中华人民共和国残疾人教育条例》的第四十三条也明确规定:"省、自治区、直辖市人民政府可以根据残疾人教育发展的需求,结合当地实际为特殊教育学校和指定招收残疾学生的普通学校制定教职工编制标准。县级以上地方人民政府教育行政部门应当会同其他有关部门,在核定的编制总额内,为特殊教育学校配备承担教学、康复等工作的特殊教育教师和相关专业人员;在指定招收残疾学生的普通学校设置特殊教育教师等专职岗位。"

融合体育教育及教学是一个需要不断积累实践经验和不断提升理论知识的过程,任课教师尽量能够长期、稳定地承担教学工作,并定期或不定期参加培训和学习,能够让整体特殊教育具有稳定性、延续性,并形成自己的特色、标准和成果。

---

① 残疾人教育条例. 国家法律法规数据库[EB/OL]. [2017-02-01]. https://flk.npc.gov.cn/detail2.html?ZmY4MDgwODE2ZjNjYmIzYzAxNmY0MTM3ZWFhMjFkN2I.

2. 提升融合体育教师教学知识与技能

对于特殊教育教师的任职资格,《中华人民共和国残疾人教育条例》的第四十二条规定如下。"专门从事残疾人教育工作的教师(以下称特殊教育教师)应当符合下列条件:(一)依照《中华人民共和国教师法》的规定取得教师资格;(二)特殊教育专业毕业或者经省、自治区、直辖市人民政府教育行政部门组织的特殊教育专业培训并考核合格。从事听力残疾人教育的特殊教育教师应当达到国家规定的手语等级标准,从事视力残疾人教育的特殊教育教师应当达到国家规定的盲文等级标准。"

2015年,为促进特殊教育教师专业发展,建设高素质特殊教育教师队伍,根据《中华人民共和国义务教育法》《中华人民共和国教师法》《中华人民共和国残疾人保障法》《残疾人教育条例》,教育部印发了《特殊教育教师专业标准(试行)》,2019年10月《特殊教育教师专业认证标准》正式颁布。

但目前对于融合体育教师资格及标准并没有统一规定,这对于融合体育教师的培训及培养是不利的。为了更好地认识特殊教育教师的职业标准,在教育部印发的《特殊教育教师专业认证标准》的基础上,我们也重点了解一下美国特殊教育教师标准,可以进行对比和思考。

美国特殊儿童委员会(The Council For Exceptional Children,简称CEC)是现今美国乃至世界上最大的民间性特殊教育学术团体,1989年CEC代表大会确定了特殊教育教师任职资格标准的基本框架,并指定该组织的"专业标准和实践委员会"成立专门小组,按此框架制定具体标准。而CEC在1995年制定的《每个特殊教育者必须知道什么:有关特殊教师准备和资格的国际标准》则提出了对特殊教育教师专门性知识与技能的具体要求。CEC自1995年推出第一版特殊教育教师在职资格标准后,进行过多次改版,平均每3年进行一次。每一次修订都有众多专业人士参与,并参考和吸收最新的法律法规和研究成果,更新任职标准的内容,这也说明特殊教育教师专业标准及培养是复杂的,要与时俱进,这对融合体育教师的培养和管理有很大的启示。这里呈现其中一个版本的部分内容[①],以供大家参考。

道德标准和职业行为规范

A. 特教专职者应致力于发展最高教育,激发特殊人群的生活潜能。

---

① 姚晓菊,马宇.每个特殊教育者必须知道什么:有关特殊教育教师准备和资格的国际标准[J].现代特殊教育,2007(9):10-14.

B. 特教专职者在专业实践上应提高和保持高度的能力水平和思想境界。

C. 特教专职者所从事的职业活动应有利于每个特殊人群和他们的家庭,有利于其他同仁和学生或研究课题。

D. 特教专职者在他们专业训练中进行客观的专业判断。

E. 特教专职者应努力提高特殊教育相关的知识和技能。

F. 特教专职者应以职业准则和政策开展工作。

G. 特教专职者应尽力支持和在必要时完善法规、规则、特教的管理政策、相关的服务和专业训练。

H. 特教专职者不应原谅和参与一些不道德和不合法行为,不应违背特殊教育委员会所采纳的职业标准。

专业训练标准

特教专职者和特殊人群和他们家庭之间的关系。

教育责任

特殊教育全体人员应保证应用专业的知识,确保向特殊人群提供高质量的教育。专职者应努力做到以下几点:

(1) 特殊教育的教学方法、课程设置应适合学生身心和需要,应配合其需要,进行有效的训练。

(2) 选择和使用合适的教材、教具、必需品和其他所需资料,有效地进行专业训练。

(3) 营造安全有效的学习环境,保证材料设备的充分利用,激发学生积极性,帮助其自我成长。

(4) 根据特殊学生的需要,设定适合教学需要的班级大小和人数。

(5) 使用评估用具和办理手续时,不以种族、肤色、信仰、性别、国籍、年龄、政治活动、家庭、社会背景、性倾向或异常方面的不同而歧视特殊人群。

(6) 以特殊学生的教学目标为基础,对其进行分级教育、升级教育、毕业职业教育和纲外活动。

(7) 为帮助相关人士做出决策,应以一贯进行有效客观的训练为基准,向行政部门、同仁、家长提供准确的计划资料。

(8) 除有书面批准和规定机密得以公布的特殊情况外,应保守情报机密。

行为管理

特殊教育专职者应严于律己,共同努力,和其他专职者、学生家长共同参与行为管理。专职者应做到：

（1）仅用那些指定的训练方法和行为条例，不能伤害特殊学生的自尊心和侵犯其基本人权，如体罚。

（2）在特殊学生个人教育计划中清楚详细地说明行为管理训练的目的和目标。

（3）遵循由慎重实施这些训练方式和行为条例的国家、省、市和地方机关颁布的政策、法令和规定。

（4）当发现有同事所作所为伤害到特殊学生时，应大力采取措施予以打击、阻止和干预。

（5）除非使用其他方式不断尝试却以失败告终，而且只有与家长和合适的机关官员商量后，不然即使反对这些训练方法也得使用。

支持服务

（1）在专职者毫无准备却要求履行服务支持前，应对其进行充分教育和监督。

（2）在使用药物方面，或有资格使用，抑或有书面的文件说明此药物的功能，如使用可能会出现的状况、可能的副作用、医生的姓名和电话、如有失误使用者应负的责任，国家或省级机关政策不反对此举，专职者可使用药物治疗，但不强迫使用。

（3）当专职者在进行药物治疗过程时或在其他时间，任何时候只要改变其行为都需向相关部门做口头和书面报告。

与家长关系

为使特殊学生获得最大的利益，教育者和家长都起着重要作用，所以教育者应以相互尊重为基础，致力发展与家长的关系。特殊教育专职者应做到：

（1）与家长进行有效的沟通，避免用专业术语，使用普通话。也可用其他合适的沟通模式。

（2）在计划、实施、评估特殊教育及特殊学生有关服务时，可尝试使用家长的知识和见解。

（3）在尊重彼此隐私和机密的基础上，专职者和家长应保持交流。

（4）抓住机会，利用精确资料和专业方法进行家长教育。

（5）告知家长他们的孩子所拥有的教育权利及任何建议的和现行的侵犯这些权利的行为。

（6）辨别和尊重存在一些特殊学生家庭中的文化差异。

(7) 认识到家庭内部关系和外部社会环境会影响到特殊学生的行为和想法。

支持

特殊教育者应拥护特殊学生，在言语写作及各种场合的表现都代表他们的利益。他们应：

(1) 一如既往地努力完善政府对特殊人群的规定，同时确保专职者的公众陈述是代表他们自己的而非代表在机关工作的官员的政策陈述。

(2) 和其他专职者相互合作，相互鼓励，完善特殊教育和特殊人群相关服务。

(3) 向监督和行政部门用书面证明客观报道其资源的不足并进行适当的改进。

(4) 注意特殊教育中不合适的人员配置。当有这种情况存在时，应予以调整，将其放置合适位置。

(5) 遵循地方、国家或省市联合颁布的这套法规和条例。它是开放的、特有的、针对特殊学生大众教育的，它保护特殊人群权益，使其在我们社会机会均等。

职业发展

(1) 为了保持高超的知识技能以满足特殊学生不断变化的需求，特教专职者们可参加在职培训、专业研讨会、专业会议、继续教育课程、阅读专业著作等一套继续教育计划，但又不为其所限，有系统地提高他们的知识和技育。

(2) 专职者可参加客观系统的评估活动，对他们自己、同事、服务和以不断提高工作能力为目的的计划进行评估。

(3) 行政岗的专职者应支持和协助职业发展。

专职者和职业及其他专职者的关系

和职业的关系

(1) 特教专职者应承担加入专业组织并履行那些组织的道德标准和规范的责任。

(2) 特教专职者有责任向本科生和待考研究生提供各种有示范指导性的经历。

(3) 特教专职者不应利用与学生和家长职业上的关系谋取私利。

(4) 特教专职者通过适当运用一些会带来变化的方法步骤，在调控职业上处于积极主动的位置。

(5) 特教专职者组织、拥护和参加对特殊人群的研究是为了提高教育服务质量和增加项目实施的责任,主要是让特殊人群受益。他们应:

① 在参与课题研究时应采用能保护课题权益和福利的研究方法。
② 阐述并发表研究结果,其学术研究应具有准确性,保证高质量。
③ 使用的研究方法如对参与研究人员造成不良后果应给予终止。
④ 为防止自己个人或其他人的研究成果的滥用和误用,使用所有可能的预防措施。

和其他专职者的关系

特殊教育专职者是一个有纪律共奋斗的团体,她代表着这个职业的名誉。他们应:

(1) 认识并承认成员的能力和知识技能,他们代表着成员们自我训练和进行其他训练的结果。
(2) 特教专职者之间对于特殊人群都应努力采取肯定的态度,客观地为他们着想,告知在这个民主的社会中他们的发展可能性和限制。
(3) 通过以下活动和其他从事特殊教育的机关合作,使服务质量翻倍划拟订、信息交流合作、提供服务、参与评估和培训。
(4) 适当为普通教育者和特殊教育者和其他服务特教的学校人事部门提供咨询和帮助。
(5) 适当为服务特教的非学校机构的专职者提供咨询和帮助。
(6) 和同事及其他专职者维持互帮互助的内部人员关系,形成有力的团队,帮助他们对特殊教育职业形成和保持肯定准确的理念。

特殊教育者知识与技能
特殊教育的哲学、历史、法律基础
知识

(1) 提供特殊教育实践基础的模型、理论、哲学。
(2) 社会中信仰、传统、文化价值的变动与儿童、家庭、学校之间关系的效应。
(3) 定义与确定特殊学习需要学生包括有着多元文化与多种语言背景的学生的过程。
(4) 与评估、资格及安排有关的保证与应有权利。
(5) 与特殊学习需要人群相关的家长、学生、教师和其他工作者和学校的权利与责任。

技能

（1）特殊教育独特的特性包括其与常规教育的关系。

（2）与法律、规则和常规及当地地区政策和程序一致的行为指导和其他职业活动。

学习者的特点

知识

（1）有或没有特殊学习要求的个人认识、物质、文化与情感需，避免损失共同参与计求的相同和不同点。

（2）残疾人包括严重残疾与多种残疾不同的特点。

（3）有特殊学习要求的个人的正常的、滞后的和混乱的交流方式。

（4）残疾对个人生活的影响。

（5）儿童与家庭的文化与环境背景特点与效应包括文化语言的多样性、社会经济水平、虐待轻视和资源浪费。

（6）对特殊个体教育、认识、体质、社会及情感行为的治疗效果。

（7）各种残疾特征的教育含义。

技能

收集有特殊学习要求的个人的各种认识、交流、体质、文化、社会和情感情况的信息。

评定、诊断与评估

知识

（1）评定中基本术语的运用。

（2）评定中相关的道德准则。

（3）个人评定中的法律规定、规范与指导方针。

（4）筛选、选取、提取与分类的代表性过程。

（5）数值的恰当运用与说明，包括阶段数值与标准数值的比较、百分比、相等的年龄或阶段。

（6）恰当运用和限制运用每种评定仪器。

（7）运用多项策略考虑对有特殊学习要求的个人进行评定、合格性判断、项目实施和布置的多样性影响。

（8）确定作出评定与布置决定之间的关系。

（9）对有特殊学习要求的个人进行指导过程中的方法运用。

技能

（1）在有特殊学习要求的个人评定中，与家庭和其他工作者的合作。

（2）创造和保持记录。

（3）采集技术、医疗及家族史背景信息。

（4）恰当地运用多样化的评定程序。

（5）阐述运用正式和非正式的评定仪器与程序产生的信息。

（6）向有特殊学习要求的个人、双亲、主管和其他工作者运用恰当的交流技能通报评定报告结果。

（7）运用从教师、其他工作者、有残疾的个人、双亲处得到的试验数据和信息进行或建议对学习环境的修改。

（8）按照程序开发个人评定策略。

（9）运用评定信息对个人项目做出教育决定和计划，使其恰当地对有特殊学习要求的个人(包括有着多种文化语言背景的个人)进行安排与干涉。

（10）评估程序的结果。

（11）评估多种整体项目布置的支持需求。

教育的内容与操作

知识

（1）对不同的有特殊学习要求的个人采用不同的学习方式以及如何进行教授。

（2）多种学习环境的要求，比如在常规班中特殊学生的教育。

（3）发展有特殊学习要求的个人的运动、认识、技术、社会、语言、情感和生活技能的课程。

（4）教育和矫正方法、技术和课程所需的材料。

（5）修改教育方法与材料的技术。

（6）生活技能教育包括独立、社交、个人生活以及工作等方面。

（7）对有特殊学习要求的个人来说的有效教育对家庭、学校和交际圈中的文化远景影响。

技能

（1）对教育计划阐述和运用评定数据。

（2）根据文化、语言、性别差异开发或选择教育内容、材料、资源和策略。

（3）开发完整的长期的个人教育项目。

（4）选择和运用恰当的技术来完成教育目标，并在教育过程中加以适当的完善。

（5）准备恰当的课程计划。

（6）个人及其家庭参与教育目标和聊天项目的设定。

(7) 运用和操作任务分析。

(8) 根据学习者的特点选择、修改并运用教育策略及材料。

(9) 调整、实行并评估个人的学习目标。

(10) 情感、社会、工作技能与技术课程相结合。

(11) 在学习环境中，运用策略促进技能的保持和总结。

(12) 恰当安排学习时间。

(13) 教授有特殊学习要求的个人运用思考、解决问题和其他认识的策略以满足他们个人需求。

(14) 选择并实行教育技术和策略来促进有特殊学习要求的个人成功转变。

(15) 建立并保持与学习者之间的和睦关系。

(16) 运用语言和非语言交流手段。

(17) 进行教育自我评估。

计划并管理教学环境

知识

(1) 有特殊学习要求的个人的基本教学管理理论、方法和技术。

(2) 有效教学管理的实验基础上的最佳实践。

(3) 运用技术辅助教学环境计划与管理的方法。

技能

(1) 在多样性条件下创造安全、积极、有支持作用的学习环境。

(2) 运用策略与技术促进有特殊学习要求的个人在各种设置中的完整性功能。

(3) 准备并组织实施日常课程计划的材料。

(4) 结合评估、计划及学习者的教育环境管理程序。

(5) 设计一种由许多不同个体的学习者积极参与的学习环境和团队学习活动。

(6) 有效地设计、组建并管理日常常规，包括学生、其他员工和教育设置的过渡时间。

(7) 指导教室专业助手、助理人员、志愿者及同等地位的助教。

(8) 创造鼓励自我辩护和增强独立的环境。

管理学生的行为及社交技能

知识

(1) 与有特殊学习要求的个人行为的计划和完成有关的可实施的法

律、规则、法规及程序上的保护措施。

(2) 教师行为管理的道德内涵考虑。

(3) 对有特殊学习要求的个人的行为有着或积极或消极影响的教师的态度与行为。

(4) 教育与工作生活环境中所需的社会技能和在获得这种技能的有效指导。

(5) 躲避危机或干扰的策略。

(6) 为个人在和谐地、对社会有用地在多个班级、多个民族、多种文化、多个国家的世界中生活的准备策略。

技能

(1) 证明多种对有特殊学习要求的个人的需求有效的恰当的行为管理技术。

(2) 完成与残疾人需求一致的程度最少的强度恰当的干涉。

(3) 改善如时刻表、物质安排的学习环境,以便管理不恰当的行为。

(4) 确定在各项设置中对个人和社会行为的现实期望。

(5) 在课程中加入社会技能培划。

(6) 在社会技能教育中运用有效的教学程序。

(7) 验证增加个人的自我意识,自我控制。自立及自尊的过程。

(8) 为有特殊学习要求的个人准备面对与社会有关的态度和行为时自我调节的行为。

交流与合作

知识

(1) 在文化交流项目中增进与个人、家人、学校及社交圈的全体成员有效的交流与合作的因素。

(2) 有特殊学习要求的个人的家长典型忧虑及能帮助他们减少忧虑的恰当策略。

(3) 开展学生个人与小组成员合作工作的项目。

(4) 计划特殊项目时有特殊学习要求的个人、家长、教师、其他学校及社交圈成员的角色。

(5) 有特殊学习要求的个人与他人自信交流的道德实践。

技能

(1) 在多种学习环境中,与有特殊学习要求的个人、家长、学校及社交圈成员一起工作时运用的合作策略。

(2) 与个人、家长、教师、其他学校及社交圈成员交流询问情况。

(3) 培养家庭与工作者之间相互尊敬和有益的关系。

(4) 鼓励和支持在教育小组中积极参与。

(5) 与家庭或监护人计划和举行合作会议。

(6) 与常规教育教师、其他学校及社交圈成员合作,使有特殊学习要求的个人处于多种学习环境中。

(7) 与一般教师、管理者、其他学校成员交流有特殊学习要求的个人的特点及需求。

专业与道德实践

知识

(1) 影响个人教授的个人文化基础与不同处。

(2) 为有特殊学习要求的个人树立榜样的教师的重要性。

技能

(1) 证明对有特殊学习要求的个人的承诺发展最高程度的教育和高质量生活的前景。

(2) 证明对残疾学生文化、信仰、性别、性倾向的积极关注。

(3) 促进和保持在专业实习中高水准能力和完整性。

(4) 练习在专业实习中的客观职业判断。

(5) 证明在口语和书面交流中的熟练。

(6) 安排对有特殊学习要求的个人、家庭或同事有益的专业活动。

(7) 允诺当地、州、省和联邦的检测及评估要求。

(8) 在道德行为教育方面采用有专利的教育材料。

(9) 在 CEC 道德法规和其他规范、职业政策之内进行实习。

2016 年第七版修订后 CEC 将原用的名称"内容标准(content standards)"改为"培养标准(preparation standards)",CEC 期望所有教师教育机构在提供项目审查材料时都必须使用该标准,以证明自身项目与该标准的契合性。该标准体系同样包括初级和高级两个层级,其中初级标准包括七条"培养标准"和 11 个子领域的知识和技能要求(specialty sets)①。

---

① 姚玉香.美国特殊教育教师培养项目专业论证制度的特征及启示[J].中国特殊教育,2020,12(246):7-13.

(1) 七条"培养标准"

第一,具备特殊学生发展和个体学习差异的相关知识。教师需要了解学生的特殊需要如何与其学习和发展相互作用,并运用该知识为特殊学生提供既有意义又有挑战性的学习体验。

第二,能够为特殊学生创设适宜的学习环境。教师应当能够为学生创设安全、包容、符合其文化背景的学习环境,从而使有特殊需要的学生成为积极、有效的学习者,有良好的情绪和社交体验,以及较高的自我决定能力。

第三,具备学科课程知识。教师应当能够运用普通课程和特殊课程的相关知识为特殊学生提供个别化的教学。

第四,能够为特殊学生开展科学评估。教师应当能够运用多种评估方法和多渠道来源的资料为学生做出教育决策。

第五,能够为特殊学生设计教学并掌握有效的教学策略。教师应当能够选择与使用一系列有实证基础的教学策略,并对其进行调整,进而促进特殊学生的学习。

第六,能够持续进行专业学习并坚持进行符合伦理要求的实践。教师应当能够使用所处领域的基本知识、专业伦理准则及实践标准来指导自身的实践,坚持终身学习,进而推动整个行业的发展。

第七,具备良好的合作能力。教师应当与学生家长、其他教育工作者、相关服务提供者、特殊学生本人以及社区机构人员以一种符合其文化背景要求的方式进行有效合作,进而满足特殊学生的一系列学习需要。

(2) 11个子领域的知识和技能要求

CEC的特殊教育教师专业标准中针对特殊教育的11个子领域编制了具体的知识和技能要求,这些要求虽然不能称为"标准",却是培养标准提炼的基础和来源。这11个子领域包括盲和视力障碍、聋和重听、盲聋、发展性障碍和孤独症、早期特殊教育/早期干预、情绪与行为障碍、个别化普通课程、个别化独立课程、个别化普通课程和个别化独立课程相结合、学习障碍、肢体障碍\病弱\多重障碍。

日本《教育职员资格法》规定,日本特殊教育教师资格证分障碍领域进行授予,目前包括五大领域,即视觉障碍、听力障碍、智力障碍、肢体障碍、病弱,特殊教育教师可同时持有多个领域的资格证。另外,日本许多学者主张,今后应继续调整特殊教育教师资格认证制度,鼓励教师考取多类资格证并进行组合,如设置"智力障碍·肢体障碍并设教师资格证"等,使每一位特教教师既有自己擅长的障碍领域,又有高度综合化的专业技能①。

从上面的介绍和分析可以看出,融合体育教师在专业知识和技能方面还需要和特殊教育整体发展相适应,体育领域也需要加强和出台相应的标准和规范,提升体育特殊教育教师整体水平,这还有很长的路要走。

三、融合体育教学管理

从我们实际的教学及调研情况来看,融合体育目前还仅仅是起步,大部分高校基本就是空白,也正是因为各方面的缺失才造成了融合体育推进动力不足,所以我们更要以前瞻性的眼光对目前的问题和矛盾进行分析和研究,走在前面,让研究带动实践的发展。这里主要对融合体育教学实施过程管理进行探讨。

1. 多方参与,提升备课质量

融合体育教学的备课直接影响上课的质量,不同于普通体育教学,普通体育教学虽然也有通过集体备课、看课、说课等环节来提升备课质量,但主要还是以任课教师的独立备课为主。但融合体育教师备课一定是多方参与共同备课的过程,特别是任课教师不是特殊教育专业教师,以及课堂需要辅助教师、志愿者或两位以上教师时,就需要更多人员参与到备课之中。

备课前首先要提前了解学生情况,如果学生需要干预,那么还要了解干预后的情况是否满足课堂教学的要求,这首先需要资源教室相关教师的参与,提供相关数据并给出参考性意见,同时根据学生具体情况安排教学计划及备课具体内容。

在真实把握特殊群体学生情况后,要根据是单独授课、合作授课还是协作授课等情况进行教学计划的制订。单独授课是指由一位教师(体育教师或体育特殊教育专业教师)承担整个课堂教学的任务。合作授课是指由两位以上教师共同授课,这又分为特殊教育专业教师+体育教师、特殊教育专业教师+体育特殊教育专业教师、体育教师+体育教师等授课形式。协作授课是指由志愿者+体育教师、志愿者+体育特殊教育专业教师等授课形式。之所以会有这么多的授课形式,主要是需要满足融合体育发展初期专业教师不足产生的一些问题。即使是单独授课的教师也需要资源教室教师参与、特殊教育教

---

① 谈苏欣,刘春玲,等. 日本特殊教育教师资格论证制度及启示[J]. 中国特殊教育,2018,10(220):46-50.

师或其他专业人员指导等的协作，来共同协商和安排教学内容、教学分工、教学组织、教学管理、教学实施、教学时间、教学形式、教学手段、器材安排、场地布置、辅具准备、教学用具、安全保障等具体事项。可以看出，融合体育教学本身就是一个系统工程，可能涉及康复、医疗、心理、支持、后勤等各个方面，没有多方参与和协作，一堂高质量的课堂教学就很难保证。

因此，我们一直也在强调，融合体育的实施反映了一所高校的办学理念及社会责任感，体现了一个部门的担当与责任，也是教师的使命和素养的体现，课堂教学只是这个体系的一面镜子，折射出学校整体工作水平。

2. 改变观念，承担责任，体现学生自我价值

在实际教学中，虽然进入高校后的特殊群体学生总体是自力、自强的，在其他学习方面也表现得比较主动，并有较强的意识，但在体育学习中，由于前面分析过的主、客观原因，很多学生在体育教学中会表现出积极性不高、不自信，甚至抵触、逃避或混学分的情况。融合体育教学是否能顺利进行，作为学习主体的学生显然是最重要的，这不仅需要特殊群体学生做出转变，也需要普通学生做出转变。

① 学生观念的改变是个复杂的过程，在一定程度上比康复或能力提升更具挑战性，因为无论是特殊群体学生还是普通学生，他们在进入大学前所接受的学校体育教育从目前来看还是存在许多不足的，最棘手的问题可能就是对体育缺乏科学的认识以及锻炼的意识，而在这方面特殊群体学生可能更是处于弱势，也造成他们对体育的了解或兴趣会更加薄弱。当然，让他们主动做出改变是需要条件的，这其实又涉及两个方面，一是体育整体地位和认识的进一步提升；二是对残障和融合整体认识和理解的提升。从宏观层面来看，需要国家和社会在理念宣传、法治建设、硬件投入等方面继续加大力度，进行科学引导、规范和监督；从中观层面来看，需要学校、社区和家庭加强协作，贯彻落实；从微观层面来看，需要教师科学实施、学生积极求知。因此，笔者还是强调，融合体育的推进和实施是一个系统工程，需要整体推动和提升，当然，站在最前面的教学必须做出实质性的改变，打破落后的教学模式，主动寻求创新，教师观念和教学理念直接影响着学生观念的改变。

② 以往的认识总是将特殊群体学生作为"被照顾者"，在教学中总是将他们置于从属地位，打压了他们的积极性，也无法展现他们自身的能力。谈到体育教学中的能力，大家更多想到的是身体层面、技术层面的能力，但教学中也会涉及协作能力、组织能力、管理能力、协调能力等。因此，融合体育教学的教学目标和教学目的应该是多样的，能赋予学生更多的机会提升或展现自己的

能力。特别是在教学中需要精心设计，提供给学生多样化的选择，让不同类别的学生都有学习的机会、展现的机会和提升的机会。在教学中，许多看似微小的事情都可能让特殊群体学生感受到自己的价值。例如，教学中的计时、计圈、队列组织、裁判、准备活动时的喊操等等，都可以达到锻炼学生能力，起到融合互动的作用。

③ 我们不能忽视普通学生在这方面的锻炼，也要通过各种教学手段，发挥普通学生的主动性，让普通学生在融合互动过程中，认识到"助残"真正的意义是什么，摒弃旧的、落后的"助残"观念，真正认识到特殊群体学生是和自己一样的，不能用同情或有色眼镜来对待。通过融合体育教学达成普通学生乐于"助残"，懂得"助残"的目的。

3. 及时评价反馈，加强干预效能

融合体育教学的复杂性决定了必须及时对教学进行评价和反馈，这里主要针对具体的教学实施进行分析。

① 在教学已经对特殊群体学生进行了一定的干预，以及评价他们的身体情况、心理状况、运动能力、活动能力等达到了基本要求后方可进入正常教学。但是教学中面临的情况是会发生变化的，协作的学生不同、分组的差异、场地或器材变化等都会造成新的问题的出现，例如，班上如果有孤独症的学生，他们的表现是不同的，可能会有意想不到的突发情况，那么问题可能会更加复杂。因此，在教学中要认真对学生的身体情况、心理状况、运动能力、活动能力等进行观察并及时做出评判，发现问题要及时进行调整或干预，一些问题不能在课堂上全部解决，那么就要在课后加以反馈，并进行多方参与的研讨，制定有针对性的解决方案，确保学生顺利进入下堂课的正常教学。

② 融合互动是融合体育的核心，整个教学设计及教学实施是否达到融合互动的目的，特殊群体学生与普通学生在整个教学过程中，是否能够按预期的教学安排及教学目标进行有效互动，从被动的、引导下的互动转变成有意识的、主动的互动。这也需要教师在教学中通过观察、询问、谈话以及教学效果等方面全面把握学生的真实情况，并通过集体会诊确定问题的根本症结所在，是双方的问题还是单方面的问题，最终做出客观评价，并制定出调整的方案和策略。

③ 作为教学主体的教师当然也是融合体育教学重点评价的对象。根据教学安排，教师主要涉及自我评价和双方、多方互评。这主要涉及教师对特殊教育相关知识的掌握情况，对班级学生情况的熟悉程度，教学态度是否有亲和力，是否能够正确认识融合体育，是否有抵触情绪，教学方法的应用是否合理，

教学组织是否得当，教学调整是否及时等。同时，也要对教师参与互动情况做出评价，学生虽然是学习的主体，但教师与学生的互动依然非常重要，特别是在特定的时候让教师参与特殊群体学生的互动，可以有效减轻学生的畏惧心理，提高学生学习的积极性，并提升学习的效率，也给全体学生做出良好的示范。因此，在融合体育教学中，教师是实施者也是参与者，但绝不能只做旁观者。

④ 评价也涉及教学环境的评价，这里主要指教学直接面对的环境。它包括教学无障碍环境是否满足教学需要，教学设施、器材及辅助器具等的摆放和拿取空间环境是否合理，教学环境是否安全等。

这里要特别强调对学习环境的评价，也就是全体学生在融合互动中是否轻松愉悦。当然这里的轻松愉悦不是指教学内容"轻松"，也不是降低要求和标准的"轻松"，更不是学生自我感觉的"开心"，而是一种充满拼搏精神、充满关爱、充满积极向上态度的教学氛围，全体学生通过自己的努力克服一定困难，最终达到自己心中目标的那种自豪和快乐。在这种氛围里，每个学生有学习的动力和欲望，能够相互鼓励、相互帮助，不怕失败、敢于失败，乐于接受挑战、勇于接受挑战。所以，这里强调的是心理及精神层面的轻松愉悦，这才是融合体育所追求的，在这种环境中，全体学生在规则意识、意志品质、心理承受能力及对融合体育的认识等方面都会得到锻炼和提升。最终目的就是要真正达到融合的目的，打破特殊群体学生头顶上方的那层玻璃，让他们能够仰望天空，同时也能在天空飞翔。

这部分的评价很难用定量指标进行衡量，需要教师的细心观察及对学生情况的详细了解和记录，通过定性的方式对学生整体进步进行判断。

⑤ 对教学设施、设备、器材及辅助器具的评价。这主要是针对学生在教学中使用和支持程度是否符合教学要求和学生需求。例如，针对视障学生所需的盲人乒乓球、盲人足球是否有配备，数量是否够用等。如果要让普通学生体验盲人乒乓球，还是提前准备眼罩等，这些投入不多，但能够让学生得到真实的体验。如果上轮椅篮球，标准篮球架对于初学学生是很困难的，那么就需要提前降低篮球架，或用排球代替篮球进行练习。另外，要准备轮椅篮球专业轮椅，在保证使用安全的同时，也让学生体验不同轮椅的操作技巧和使用感受。

另外，辅助器具也非常重要，包括轮椅换乘、站立、固定等特殊学生必要的辅助器具，还有教学辅助器具，例如，练习排球垫球、传球或篮球投篮时，可以设置回收球网装置，这样无论是特殊群体学生还是技术比较薄弱的普通学生都可以利用,简单方便,可以单独练习,增加练习密度和效率。

现在随着多媒体技术的普及和便利,在上课时一些视频辅助、声音辅助等都可以进行设置,在辅助教学的同时也可以进行回放,提高学生的直观感受,也便于及时指出问题并解决问题。

4. 加强课前、课后学习,延伸课堂空间

融合体育教学管理要考虑整体性和系统性,不能只局限于课堂教学,对于特殊群体学生来说,课堂教学不可能解决所有问题,因此,必须考虑课堂之外教学的延续性、拓展性及补充性。

融合体育教学的延续性是指教学内容的安排应该考虑教学时间、练习密度、练习强度及练习量等问题,课堂上重点完成一部分,其余部分可以适当延续到课堂之外进行。例如,一些康复练习,一些在课堂上学习后但无法完全巩固的内容或安排学生在课后需要复习、练习的内容。这无论对于特殊群体学生还是普通学生都是非常重要的。融合体育教学应该具有延续性,以保证全体学生,特别是特殊群体学生在课后的消化和巩固。因此,融合体育可以采用录播的方式,让学生课后还能对教学内容进行回看,也让教师在课后进行总结提供资料。

拓展性是指在课堂之外也布置互动或自我练习、学习的内容。特殊群体学生以往的学习仅仅限于体育教学,教学结束了也意味着他们体育参与和锻炼的结束。所以拓展性不仅要在教学内容、康复内容上进行拓展,在课堂之外,他们还能继续参与体育,将课堂内容进一步丰富和拓展,例如,对规则、裁判的学习,在难度、强度和量上进一步提高,在教学内容上进一步丰富,等等。融合体育教学只是一个平台,这个平台应该成为学生向更高发展的基石,是他们成长的起点,而不是终点。拓展性的另一方面就是进一步增加与班级学生之外的互动,包括不同师生、不同班级、不同年级之间的互动,融合不只是发生在本班级和本次教学之中,而应拓展到学生生活和学习之中,通过体育可使他们融入学校乃至社会这个大环境之中。

补充性包含两层含义,一是在课堂教学中无法有效安排但对整体学习有益的内容。例如,一些身体素质练习,由于教学时间有限,融合体育对于时间要求更高,因此这部分内容往往是教会学生练什么、怎么练,但需要课后进行补充练习,这对于后面整个学习都有促进作用。另外,就是我们一直强调的康复,也需要特殊群体学生在课后进行补充锻炼,而教师也需要有针对性地进行安排和布置,甚至课后需要介入进行帮助和指导。二是补充教学以外的内容,以利于学生从整体上认识和理解融合教育及融合体育。例如,利用学校网站、教学多媒体、盲文图书等多种途径,通过观看残奥会、特奥会等比赛,让全体学生了解体育的内涵和魅力,了解志愿者文化,正确认识残疾,并激励全体学生学习的主动性和积极性。

四、学生参与行为管理

学生参与行为管理主要包括学生情绪及心理管理、学生学习体验管理及学生学习效果管理。

学生情绪及心理管理是指学生在融合体育教学前、教学中受到相关因素影响所产生的低落、愤怒、焦虑、恐惧、抵触等现象。引起学生情绪和心理变化的原因很多,有其自身原因引起的,例如,有抑郁症、孤独症、多动症的学生,其情绪相对就不稳定。而其他主、客观原因也都容易导致特殊群体学生情绪和心理的波动。例如,在体育参与或进行体育教学时,学生对自己能力不自信所产生的焦虑甚至恐惧心理;或受到同学嘲笑,抑或因为自己自卑心理所导致的情绪低落、愤怒等反应。而普通学生也会因为对融合体育不理解,认为和特殊群体学生一起上课没意思,还要照顾他们等错误认识,造成普通学生的抵触情绪。因此,对学生情绪及心理的及时了解和掌握是非常重要的,在此基础上进行有针对性的疏导、引导、教育及干预,可以结合学校心理咨询室、资源教室等力量一起制订干预计划或教育计划,让学生的不良情绪和心理得到缓解和释放,并在学习过程中逐渐得到调整、提升和完善。

学生学习体验管理主要针对学生在融合体育学习中的实际感受进行判断和调整。学习体验包括心理感受是否愉悦,是否能够接受现有的教学互动方式,同学老师是否友善等。另一方面就是实际参与的体验,是否能够满足自身的需求,是否符合自己的身体条件,是否符合自己的兴趣,自己能否胜任等。此外还包括教学环境、教学条件等是否能够给学生提供良好、舒适的氛围和轻松体验感。例如,是否有无障碍卫生间和更衣室,这些对于普通学生比较容易克服的问题,但会对特殊群体学生的学习产生巨大影响,如如厕不方便从而不敢多喝水,不便更换衣服而不愿意运动等问题都会降低他们学习的体验感。

学生学习效果管理是指根据融合体育教学目的是否让学生在协作精神、身体康复、锻炼习惯、锻炼意识、运动技术掌握、活动能力等方面得到了有效提高。这里需要和教学评价一起进行判断,并通过体育教学整体调整达到让全体学生体育综合素养得到提升的目的。因此,要避免使用呆板、僵化的评价方式对学生进行评价,特别是仅用结果性评价代替过程性评价的做法。有些学校还是采用单一定量指标来测试学生的成绩,如采用推挡球的数量、垫球次数或速度、时间等来衡量,因为缺乏针对特殊群体学生的标准,本身就不科学也不严谨,很容易伤害到特殊群体学生,打击他们学习的积极性,这些都是融合体育管理需要注意的。

第八章　融合体育教学模式

第一节　现有教学模式及启示

一、目前体育特殊教育的基本现状

高校的体育特殊教育目前普遍的称谓是"体育保健课",而体育保健课被正式提出是在1992年颁发的《全国普通高等学校体育课程教学指导纲要》中,纲要中对保健课的解释为:保健课,系为个别身体异常和病、弱学生开设的必修课或选修课,应有针对性地组织康复、保健体育教学。2002年教育部颁布的新《纲要》第四部分第十条又明确规定,对部分身体异常和病、残、弱及个别高龄等特殊群体的学生,开设以康复、保健为主的体育课程。可以看出,体育与特殊教育的结合很晚,虽然有相关体育政策法规进行约束,但根据相关学者的调查表明,全国尚有许多高校未开设体育保健课,在开设的高校中,也存在对特殊教育认识不充分、无专用教材、无专任教师、无相关设施器材、教学缺乏针对性、教学内容单一等诸多问题[①]。

下面是一些开设高校对于体育保健课的简介。

　　高校A:体育保健课是为有生理缺陷、病、残、弱等特殊群体学生,或经医生诊断有各种不适合剧烈运动疾病,或由于突发事件造成身体创伤,短期内不适合参加剧烈运动学生开设的一门适应性体育教育课程。课程

---

① 李波.体育特殊教育[M].南京:南京大学出版社,2016.

的动作轻柔、徐缓、运动量和运动强度较小。通过讲授体育健身保健知识,使学生学会相应技术动作,在对自身的身体状况有所了解的基础上养成良好的健身习惯,并且学会正确评价自己的身体机能和生理健康状况,懂得制定适合自己的运动处方。通过开展力所能及的身体活动,使学生基本了解科学康复知识、康复方法,并针对性指导学生进行康复锻炼;树立科学保健观;帮助学生增强抗病信心及抵抗疾病能力,达到体疗与健身的目的。

高校 B:体育保健是研究体质与健康教育及体育运动中的保健规律和措施的一门应用学科,主要任务是运用医学保健的知识和方法,对体育运动参加者进行医务监督和指导,使体育锻炼能更好地达到增强体质、增进健康和提高运动技术水平与效果的目的。

本课程的学习需理论联合实践教学,通过理论的学习要对体育保健有完整的概念,并要求学生通过实践对所学知识有更深刻的理解与掌握,形成"以人为本、健康第一"的新理念,掌握运动系统工作基础、营养学基础、正确设计运动处方、正确处理运动损伤的方法。使学生掌握 1~2 项健身保健方法,从而达到增进健康的目的。

最终让学生树立"健康第一"的思想,积极参加各种体育活动,能够正确测试和评价自己的体质状况,养成良好的行为习惯、健康的生活方式、积极乐观的生活态度,提高适应社会的能力。

高校 C:体育与保健是为在校身体异常和病残学生开设的必修课。目的是通过体育保健教学使学生掌握体育保健理论知识,并能根据自身情况,合理选择康复手段,达到独立锻炼身体的目标。同时也通过这些练习手段,培养学生增进健康、增强体质的体育意识和乐观向上的精神面貌与稳定的情绪,从而促进机体康复,增强学生体质,为学生和以后的工作奠定良好的身体基础。

高校 D:教师根据国际国内关于不同身体状况和残疾人群的运动处方及相关教材的内容给予学生理论课讲授和实操演示,并根据每个学生自身身体状况制定个性化运动锻炼方案。

学生根据自己的运动锻炼方案进行锻炼,通过自身体验、效果评价和调整方案,使学生能够掌握结合自身状况进行科学、有效锻炼的方法,达到掌握科学运动健身知识和增进身心健康的主要目标。

选课学生需是身体异常或是伤残人群(凭借医院开具证明和教务科鉴定),或是因身体原因无法参加体育课的学生。学习本课程要求学生严格按照老师为其制定的运动锻炼方案进行锻炼,不允许私自改变运动强度、运动量、运动方式和注意事项等,同时应该积极配合老师对其运动效果进行评价和调整训练方案。

高校E:保健课是针对有生理缺陷、体弱或有急、慢性疾病以及受伤导致长期不能参加正常体育课的学生,实施保健体育教学,进行恢复性功能锻炼,从而增强体质,提高健康水平,同时培养学生自我体育保健的能力与习惯的一门适应性体育教育课。课程主要以运动生理学、运动医学、康复学、心理学等运动人体学的知识为基础,以中国传统养生方法和西方体育疗法相结合作为康复手段,达到适应性体育教育的目的。通过体育保健课的学习,学生能提高心理承受能力及适应能力,同时学生能根据自身的健康状态制定科学的运动处方,从而达到提高心理素质、增强体质或疾病康复的目的。

从上述对体育保健课的简介及对高校调研的情况可以看出,即使在开设了体育保健课的高校,对于体育特殊教育还是存在认识不足、做法单一、无针对性、隔离教育、简单粗暴、一刀切等种种问题,甚至有些高校在教学要求中明确规定保健课只有70分,这种对于特殊群体学生而言存在明显教育不公平的现象,并且这不是个案,关键是很多高校并没意识到这是个严重的问题。

某高校体育保健课的要求如下。

教学要求

1. 凡因病残、有慢性疾病或身体异常等而要求参加保健班学习的学生,必须提出书面申请,并连同有关医疗证明到体军部办理审批手续。

2. 获准参加保健班学习的学生修业要求同普通班,学生必须通过理论和实践考试取得成绩。

3. 保健课最高成绩为70分(满分为100分,成绩在70分以下,以实际分数计,成绩在70分以上,以70分记分,并获得相应的学分)。

4. 参加保健班学习的学生《学生体质健康标准》测试可以申请免测。

在具体教学内容方面,还是以太极拳、健身跑、乒乓球、瑜伽等为主,主要是在普通体育教学课程的基础上,选择运动强度低、简单易学、便于操作的项目,在难度、内容、考试形式等方面都进行简化,降低考试难度。很多高校考虑到体育保健课学生的实际,都制定了参加保健班学习的学生《学生体质健康标准》测试免测的规定。由于缺乏科学规范的管理,教学不规范,难度低,还享受免测,在这种情况下,有个别学生为了逃避体质健康测试或体育课考试,而用不合规的手段参加体育保健课,这也是为什么一些高校将体育保健课分数定为 70 分的原因。但这显然不是长久之计,从体育教育教学的发展及目标实现来看,这不仅对学生不利,对整个学校体育的发展也不利,对体育特殊教育更是会起到阻碍作用,最终受伤害、受损失的是全体学生的利益。

二、我国融合教育的典型模式

我国目前融合教育的模式有很多种,比较成熟的是我国香港地区的"全校参与"融合教育模式、我国台湾地区的资源教室模式以及大陆的随班就读模式。

我国香港地区在特殊教育方面起步比较早,发展也比较完善。1970 年已经开始支援普通学校照顾有特殊教育需要的学生;1996 年实施《残疾人歧视条例》;1997 年 9 月配合联合国教科文组织的提倡,推行"全校参与"模式的融合教育;2001 年平等机会委员会推出《教育实务守则》,帮助教育界及公众详细理解《残疾人歧视条例》的精神和有关人士的权利及责任。让有特殊需要的学生有平等机会在普通学校学习,在《残疾人歧视条例》下,所有学校都有责任录取有特殊教育需要的学生,对于部分严重、深度或多重障碍的学生,不能在普通学校的环境中受益的,则安排到特殊教育学校就读,以便得到更好的学习。

我国香港地区"全校参与"模式融合教育的特色包括七个方面。

① 全校共识:营造共融的环境。

② 课程调适:修订或扩展正规课程。

③ 教学调适:采用多元化的教学技巧和辅助工具。

④ 朋友支援:学习小组、朋友辅导。

⑤ 教师协作:教师通力合作及互相支持,如协作教学等。

⑥ 课堂管理:改善学习环境。

⑦ 评估调适:调整评估方法。

"全校参与"融合教育模式的目的之一是帮助所有学生、教师和家长认识、接受和尊重个别差异,甚至欣赏差异的可贵,从而成为推动个人成长、建构和谐社会的动力。面对所有课堂内的个别差异,教师已不能用同一种教学方法来教导全班学生,也不能要求学生达到划一的学习水平。学校必须通过各方面的调适,帮助学生发展多元智能。

"全校参与"融合教育模式强调需消除的障碍包括态度方面,例如,教师、学生对残障人士歧视、放弃或抱着偏低的期望;设施方面,例如,学校设施未能方便学生的活动和学习;机会方面,例如,没有提供足够机会给学生参与校内各种活动。有特殊教育需要的学生也有不少强项,我们应发掘他们的强项,并把学生之间的能力差异作为协作学习的基础,创造一个互动的学习环境,使学生之间能见证彼此的长处,从而互相尊重和互相欣赏。因此,融合教育的对象和获益者不仅是有特殊教育需要的学生,也包括其他学生、全体教职员、家长和办学团体,以至整个社会。

"全校参与"融合教育模式强调所有学生的学习需要都有不同,包括有特殊教育需要的学生。采用"全校参与"融合教育模式可更有效照顾学生的不同学习需要。为此提出了三个层次支援模式(见图8-1)①。三层支援模式通过定期检视学生对支援的反应,并按他们的进展调整支援层级和做出相应的安排,以让有不同支援需要的学生获得最适合的资源和服务。

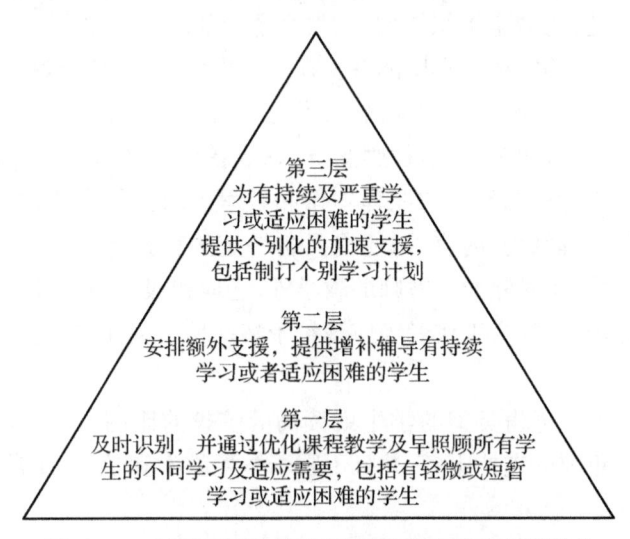

第三层
为有持续及严重学习或适应困难的学生提供个别化的加速支援,包括制订个别学习计划

第二层
安排额外支援,提供增补辅导有持续学习或者适应困难的学生

第一层
及时识别,并通过优化课程教学及早照顾所有学生的不同学习及适应需要,包括有轻微或短暂学习或适应困难的学生

图8-1 中国香港"全校参与"融合教育三层支援模式

另外,有学者对我国台湾地区资源教室进行了研究②,指出我国台湾地区资源教室经历了从无到有、从少到多、从多到优的发展历程,主要特色体现在:资源教室服务对象包括资赋优异与身心障碍两类;资源教室建设以法规为准

---

① 融合教育. 香港特别行政区政府教育局[EB/OL]. 2022[2022-12-19]. https://sense.edb.gov.hk/tc/integrated-education/principles/.

② 奎嫒,雷江华. 我国台湾地区资源教室的发展与启示[J]. 中国特殊教育,2016(5):3-9.

绳；强调协同合作咨询模式；注重资源教师多重角色定位；强调资源教室空间设计；根据特殊教育需要学生的需求安排弹性化课程与教学介入；重视以服务质量导向的定期检视与追踪辅导。

目前在我国台湾地区特殊教育学制中，资源教室方案已经由小学延长至高等教育的大专院校。1975年，我国台湾地区台北市新兴国中成立第一个资源教室。次年，金华国中、中山国小开始以实验方式设置资源教室。1980年，资源教室方案推广至小学阶段。1994年，资源教室推广至高中职阶段。2000年，我国台湾地区公布《大专校院辅导身心障碍学生实施要点》，大专院校开始设立资源教室。2013年，我国台湾地区公布《大专校院身心障碍学生鉴定分组计划》，开启大专院校身心障碍学生鉴定工作，教育部门鉴定安置辅导会也正式启动运作机制。综上可知，我国台湾地区国民教育阶段资源教室的发展最为全面，精细化程度较高，且大专院校也正处于蓬勃发展时期。

同时指出，资源教室的落实有赖于学校、家庭、社会的共同努力与相应的配套措施。因此，为健全组织结构，在教育主管部门层面，应建立巡回管理、过程指导、技术支持等完善的支持体系。在学校层面，系统理论观点认为学校组织是一个复杂的互相联结的次系统，提供学生不同目的的教育服务。学校要组建相关领导小组，明确分工，加强督导，认真落实资源教室工作的实施和管理。行政人员要为资源教室的课程安排和教学需求提供支持，相关人员除了要熟知普教的课程结构、内容外，还需具备一定的特教背景，彼此多进行沟通交流，相得益彰。家长除配合教师的教学外，还应积极为孩子寻求更多社会支援。康复医疗团队、社会工作者等应该给予特殊孩子关注，让他们感受到社会的支持。

中国台湾各种障碍类型的学生就读高等院校的比例比较高，在这方面资源教室发挥了重要的支持服务，并且不限于学生教学和学校，而是具有延续性和持续性（见图8-2）。

我国在特殊教育方面在逐渐探索中形成了自己各自的模式，其中大陆的随班就读也是适合我国国情所做的有益尝试，并取得了一定成效。

把特殊儿童集中在特殊学校进行教育，无论是从师资队伍建设还是从学校管理与教学活动组织方面来看都更便利。一地只需要建一两所特殊教育学校即可。但是，这种教育方式对特殊儿童融入社会并不利。随班就读方式不但可以消除对特殊儿童贴标签的做法，还有利于培养所有学生形成平等的意识。这不只是保障特殊儿童的平等受教育权，更是以新的教育观构建新的教育生态，是我国扩大教育公平要努力追求的目标。

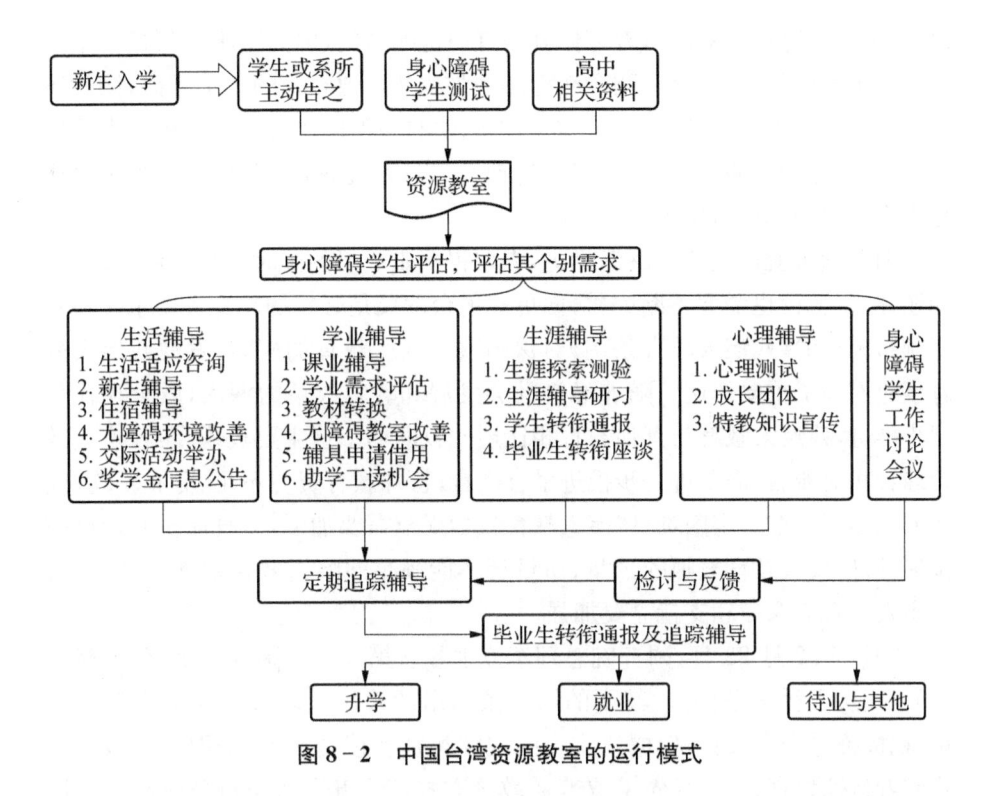

图 8-2　中国台湾资源教室的运行模式

1989年原国家教委试行在全国开展"随班就读"工作,在发给各地的《关于残疾儿童少年随班就读工作试行办法》中对"随班就读"的定义是:"随班就读就是让具有一定能力的视障、听障、弱智等残疾儿童少年就近进入普通学校同普通学生一起学习、一起活动,共同进步。"①

随班就读应该是融合教育理念在中国的实践,在理论层面两者基本是一致的,但在实践层面随班就读有其自身的特点。首先,随班就读是符合中国国情的,中国的人口总数和特殊群体总数在世界上都是最多的。同时,我国的经济资源、社会资源、教育资源等发展又不均衡,偏远农村更是如此,在实践中完全模仿欧美的做法是很难行得通的。随班就读可以充分利用现有资源,最大化满足特殊群体的需求,保证特殊群体的入学率。其次,随班就读具有一定机动性,可以分层次、分阶段进行一体化教育理念的推广,想要在全国达到融合教育的要求是不现实的,可先从资源配置相对完善、经济文化相对发达地区进行相对充分的融合,在积累了经验后再向其他地域推广是符合我国国情的。

---

① 国家教委基础教育司. 特殊教育文件经验选编[M]. 北京:人民教育出版社,1989.

最后，融合教育模式对现行教育体制是有一定冲击的，因为这不仅仅是学生人数或简单设施的补充问题，融合教育几乎要涉及普通教育的各个方面，同时还要在此基础上进行相应的补充。而随班就读的多种操作模式让这种冲击得到了缓冲，能够让普通教育有一个适应、改变、发展、完善的过程，也有利于一体化教育理念的真正落实。

随着随班就读模式的逐渐推进，在取得一定成果的同时，也发现了很多的问题，随班就读也需要不断完善，向更高平台发展是必然的趋势和要求。1994年颁布施行的《残疾人教育条例》对保障残疾人受教育的权利、发展残疾人教育事业发挥了重要作用。随着经济社会发展和教育改革的深入，教育现代化逐步推进，残疾人教育与其他教育相比还比较薄弱。这主要表现在：残疾人教育理念相对滞后，需要进一步推进融合教育；特殊教育资源不足、分布不均，残疾人入学还存在一定困难；残疾人教育教学规范需要加强，教育质量有待进一步提升；残疾人教育教师的数量、质量还不能满足残疾人教育发展的需要；对残疾人教育的保障和支持需要加强。

2017年2月23日，国务院总理李克强签署第674号国务院令，公布修订后的《残疾人教育条例》。其中的第三条指出："残疾人教育应当提高教育质量，积极推进融合教育，根据残疾人的残疾类别和接受能力，采取普通教育方式或者特殊教育方式，优先采取普通教育方式。"第五十八条对条例涉及的用语的含义进行了界定：融合教育是指将对残疾学生的教育最大程度地融入普通教育。

修订后的条例调整了残疾人教育事业的发展目标和理念，规定发展残疾人教育事业应当保障义务教育，着重发展职业教育，积极开展学前教育，逐步发展高级中等以上教育；残疾人教育应当提高教育质量，积极推进融合教育，优先采取普通教育方式。

完善了残疾人入学安排，规定统筹安排特殊教育资源，残疾儿童、少年按照其接受教育能力，就近进入普通学校、特殊教育学校接受义务教育，不能到学校就读的，通过提供送教上门或者远程教育等方式实施义务教育；扩大职业教育、学前教育招生规模，为残疾人接受非义务教育提供更多机会。

在思路上主要把握了以下几点：一是总结实践经验，将近几年有关促进残疾人教育事业发展的文件中行之有效的政策、措施上升为法律制度。二是立足于实际情况，推进融合教育，在统筹规划、合理配置特殊教育资源的基础上完善残疾人入学安排，规范教育教学活动，使残疾学生接受与其身心状况相适应的教育。三是明确政府责任，加强对残疾人教育的保障和支持。

从上面的分析中可以看出，融合教育是特殊教育发展的重要趋势，在其他领域都已经做出了有益尝试并取得了一定的成效，同时呈现出更加体系化、更加细致、更加有针对性的发展态势。但体育特殊教育在整体发展上显然是滞后于我国特殊教育整体发展的，这是需要体育人警醒和充分认识的。具体问题我们已经在前面的第二章中进行了分析，这里希望其他领域特殊教育发展的现状和取得的成果能带给体育领域有益的启示，明确我们今后应该如何发展，快速赶上。我们应该看到，国家对残疾人教育事业高度关注，出台了一系列的文件推动和保障残疾人教育事业的发展。

为贯彻落实习近平总书记关于残疾人事业的重要指示的批示精神和党中央、国务院决策部署，进一步保障残疾人民生、促进残疾人发展，依据《中华人民共和国残疾人保障法》和《中华人民共和国国民经济和社会发展第十四个五年规划和2035年远景目标纲要》，2021年由国务院印发实施了《"十四五"残疾人保障和发展规划》。其中专门指出，健全残疾人教育体系。坚持立德树人，促进残疾儿童少年德、智、体、美、劳全面发展。制定实施《第三期特殊教育提升计划（2021—2025年）》。巩固提高残疾儿童少年义务教育水平，加快发展非义务教育阶段特殊教育。健全普通学校随班就读支持保障体系，发挥残疾人教育专家委员会作用，实现适龄残疾儿童少年"一人一案"科学教育安置。着力发展以职业教育为重点的残疾人高中阶段教育，使完成义务教育且有意愿的残疾青少年都能接受适宜的中等职业教育。稳步推进残疾人高等教育，支持有条件的高校面向残疾考生开展单考单招，为残疾人接受高等教育提供支持服务。开展残疾人融合教育示范区、示范校和优秀教育教学案例遴选。支持高校开展残疾人融合教育。落实从学前到研究生教育全覆盖的学生资助政策，对家庭经济困难的残疾学生（幼儿）予以资助。为残疾学生提供辅助器具、特殊学习用品、康复训练和无障碍等支持服务，为残疾学生参加国家教育考试和部分职业考试提供合理便利。

在国家大力推进的背景下，体育特殊教育面临着时间紧、任务重、困难多的局面，如果还是"按部就班"地进行，没有实质性的大力度的变革，很难做到在短时间内追赶上其他领域的发展，这对于我国残疾人事业总体发展也会起到阻碍作用，因为体育特殊教育是残疾人事业的重要组成部分。但我们也应看到，我国融合教育发展，特别是我国香港、台湾地区及大陆在这方面都形成了自己的特色，同时也积累了大量有益的经验，这些直接为融合体育研究提供了丰富的营养，虽然我们发展滞后，但如果能清醒地认识到自己的不足和问题，我们完全可以站在更高的平台实现弯道快速追赶。

第二节　融合体育教学模式的尝试及变革

对于融合体育教学模式的变革,我们要从两个方面来讨论,一是从宏观的教学模式进行分析;二是从具体的教学实施模式进行分析。

一、宏观视角下融合体育教学模式变革

从前面对我国特殊教育模式的介绍和分析中可以看出,融合教育的发展是一种趋势,但在具体贯彻实施时,还是要立足于实际进行操作才能行之有效。虽然我们指出了"体育保健课"作为目前高校体育特殊教育实施的主要模式,还存在诸多问题,但我们也不能否定在这么多年的发展中体育工作者所做出的努力、尝试和探索,正是因为他们的默默付出,才保证了体育特殊教育在不断地推进,并积累了大量的经验。因此,变革不是对前人所做努力的全盘否定,而是在前人奠定的基础上努力创新和变革,充分利用现有资源和成果,寻求突破和提升。下面从几个方面进行讨论。

目前采用的主要是"体育保健课"这种模式,这种模式目前最大的弊端就是将特殊群体学生和普通学生进行了隔离,这完全背离了融合教育的理念,因此这种做法必须做出改变。但改变涉及的问题太多,如硬件、软件、教师、资源教室、教材、设施、设备、器材、网络等方面都要进行相应的配套,涉及面非常宽泛。因此,现实情况告诉我们,虽然我们面临的压力大、任务重,需要进行快速、高效的变革,但快速转变不能急功近利,还要考虑实际情况,融合体育所面临的现实条件和基础决定了这种变革是需要分阶段、分步骤进行的。

我们用图8-3来直观地呈现这一转变过程。

① 我们现在迫切需要解决的就是隔离问题。现行体育特殊教育模式基本是将特殊群体学生与普通学生进行割裂的状态,同时也将特殊群体学生与正常教育体系进行了隔离。这种人为的物理层面的隔离,直接导致了特殊群体学生在心理、体育认知、参与积极性等方面的弱化,体育教学目的和任务也很难落实和实施,进而阻碍特殊群体学生身心健康全面发展,包括其能力的提升。因此,首要任务就是打破这种隔离状态,让特殊群体学生回归正常教育体系,这也是融合的首要条件。

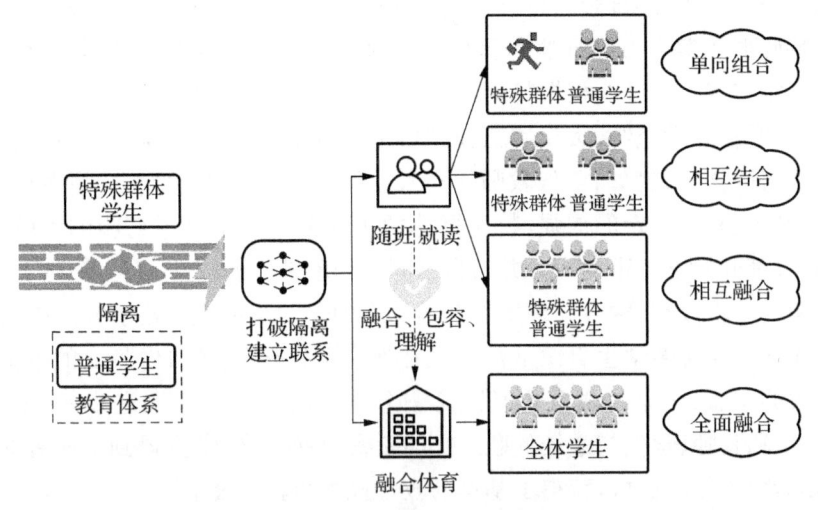

图 8-3　融合体育教学模式的演变

② 如何打破隔离,让特殊群体学生与普通学生及普通教育体系建立起正常联系,这就需要根据高校各自情况进行处理。这里针对几个主要方案进行分析。

要打破隔离建立联系,目前体育保健课这种单独编班、独立授课的模式就需要废除,首先从物理层面消除隔离。那么废除后如何建立联系呢? 目前我国随班就读模式已经积累了丰富的经验,对于体育特殊教育来说依然是优先考虑的。随班就读模式能够快速让特殊群体学生回归到普通课堂教学之中,并且目前高校特殊群体学生数量并不多,这是个行之有效的方法。但随班就读根据发展阶段的不同也可以有不同的形式。

第一种就是初级组合阶段。这个阶段是最简单的打破隔离的方式,只是将特殊群体学生放置在普通班级里,授课内容一般是进行简单的单独安排或根据普通学生教学内容有选择地进行学习和练习,特殊群体学生更像是旁观者,这更多的是基于"同情""照顾""怜悯"的做法。这种随班就读虽然从物理层面打破了特殊群体学生与普通学生之间的距离,但所造成的隔阂依然存在,特殊群体学生不能真正成为教学的主体,而是变成了附属品,这在一定程度上可能会让特殊群体学生更抵触,会造成更大的伤害。并且教师的精力主要放在普通学生身上,特殊群体学生反而得不到系统学习和支援,远没有达到融合的要求。这种模式作为变革时期的过渡是可以的,但只能短暂存在,绝不能成为常态,在师资、硬件、软件等有了一定准备时就必须尽快做出改变。

第二种是中期相互结合阶段。这一阶段不再用"同情""照顾""怜悯"去对待特殊群体学生，融合教育理念得到了理解和认可，并在教学中得以尝试和实施。特殊群体学生与普通学生享有同样的教育资源和教育权利，教育公平得到了一定实现。教师会根据特殊群体学生的具体情况安排有针对性的设计教学内容，并在教学组织、教学实施、教学时间等方面给予一定保证，相应的教学支援也得以介入，例如，协作教师的介入、资源教室的利用、康复干预等。在相互互动方面有了一定的加强，特殊群体学生和普通学生有了初步的了解和认识，双方都开始学着审视对方并与自己固有印象进行比较。

但这一阶段在"融合""理解""包容""信任"等方面还是处于尝试阶段，特殊群体学生和普通学生更像是在一起上课的两个班级，各自做各自的事情，缺乏有效的沟通、交流和联系。但比前一个阶段已经有了很大进步，学生和学生、学生和教师、学生与学校的联系更加紧密，特殊群体学生得到了应有的、必要的理解、关注和认可，获得了基本的教育权利和教育公平。

第三种是后期的相互融合阶段。这一阶段已经开始将特殊群体学生和普通学生进行整体考虑，而不是当成独立的两个群体，在教学内容设计、教学组织和教学实施等方面都开始考虑双方的利益和要求，并进行整体设计，特别是将"融合""互动"作为重要考量。体育教学关注的不仅是学生的技术学习、身体素质的提高，而是更关注学生间的交流和理解，以及心理健康及实际能力的提升。这一阶段的融合已经不仅仅考虑教学本身，还考虑到学校整体对特殊群体学生的支持。资源教室进一步完备，教师培训进一步加强，硬件和软件配套进一步健全，学生间的互动基本上成为常态和常规，学校和部门对融合体育都有了一定认识，学生、教师也更认可和接受融合的理念，融合体育教学及融合体育教育进一步系统化、科学化，融合体育得到了更好的贯彻和实施。

但这一阶段还不是融合体育发展的最高阶段，"随班"依然没有完全摆脱特殊群体学生"跟随"的状态。同时，这一阶段还是局限在一定范围内以及一定部门协作、一定支援下的"融合"，但离融合所要求的全方位打破壁垒，建立全校乃至全社会广泛协作、融合和理解，全面的无障碍支持和提供便利还是有很大的提升空间，即在"态度""设施""机会"等方面达到无差别的、体现公平公正、惠及整个社会的阶段，这也是全面融合体育所追求的。

③ 全面融合发展阶段。这一阶段主要表现为"衔接性及连续性""整体性和同一性""全面性"。

"衔接性及连续性"是指融合体育不再是某一阶段的事情，而是从幼儿园、小学、中学到大学，包括学生走向社会后一直涵盖的、连续的，不再是割裂的、各自为政的教学及教育过程。并且融合体育理念、融合体育实施、融合体育支援在每个时期都有明确分工和目标,保持各个时期的衔接性,从而让融合体育教育成为伴随学生终身的教育活动,而不仅仅是某一阶段临时的教学活动。

"整体性和同一性"是指特殊群体学生与普通学生的界线越来越淡化,也就是说,"残疾"不再是敏感的词,也不再是某个群体的特定标签,整个社会能够像接受所有障碍者一样坦然面对。特殊群体学生与普通学生真正成为一个整体被对待,在融合体育教学中只考虑全体学生个体差异,特殊群体学生与普通学生在认识上也达到真正融合,表现为"同一性"。

当然,如果要达到"衔接性及连续性"和"整体性","全面性"是必须做到的。全面性是指教育的全面性,为全体学生提供全方位的教育支持;参与的多样性是社会团体、部门组织、学校、家庭等全方位的参与和协作;支援的广泛性是为融合体育教育发展提供全方位的咨询、服务、指导、培训、法律和管理等软、硬件支持。

可以说,融合体育最终的发展阶段已经不是一个部门的成熟和完善,而是整个社会、学校共同进步和完善的结果。融合体育的发展并不是一定要经历上述阶段才能进入下一阶段。在充分借鉴和学习我国特殊教育发展经验的基础上,根据实际情况,完全可以进行跨越式发展,但前提是融合资源,获得全方位支持是首要条件,无论哪个阶段,单一部门都是无法胜任的,所以学校层面在人员、场地、经费、制度、文化建设等方面的全面支持是融合体育是否快速发展的重要保障。

二、中观视角下融合体育教学模式变革

说到融合教育模式,我们可以想到咨询教师模式、教育配对模式、合作学习模式、巡回服务模式、结构化教学模式等,模式不是教条,可以根据实际需要灵活运用或调整。而教学模式就是在一定教学思想或教学理论指导下建立起来的较为稳定的教学活动结构框架和活动程序。前面我们从宏观角度探讨了融合体育模式的可能性,这里我们需要从中观层面,即教学具体操作层面来分析融合体育的共性问题,通过对这些共性问题进行理解和把握,我们就可以不拘泥于模式本身,而是根据教学实际和学生实际进行灵活运用,衍生出更多符合教学现实需求的模式出来。

图8-4给出了融合体育教学实施时的基本结构和流程,下面进行简要分析。

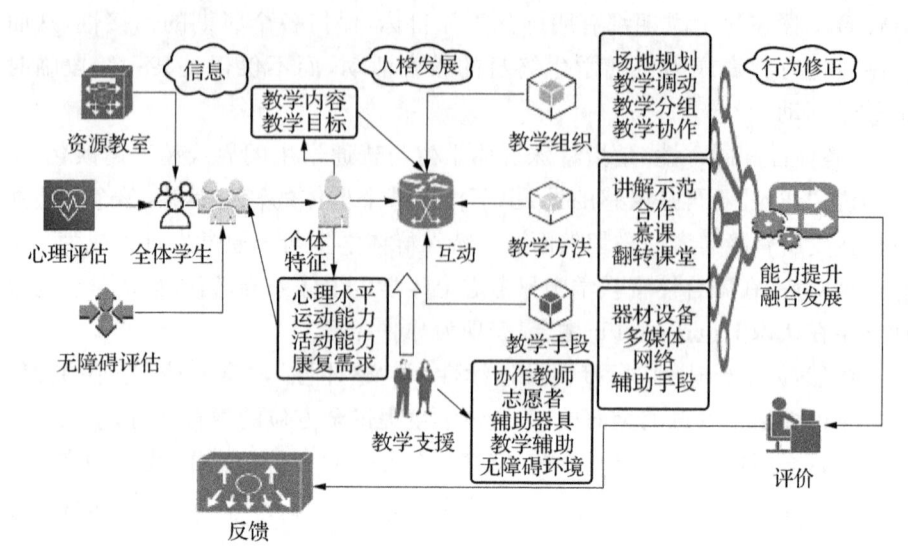

图 8-4　融合体育教学实施模式

具体的融合体育教学实施主要包括三个部分，即信息收集及分析、学生人格全面发展、学生行为修正。

这里需要强调以下几点。

第一，融合体育教学实施不能再以单一的一刀切式的结果评价来评定学生的进步和学习成效。虽然一定的定量评定是有必要的，但必须因学生而异，特别是特殊群体学生要有独立测试标准，不能以降低或简化的普通学生测试标准来代替。教学成果的评定主要考虑的是全体学生全面人格发展情况以及最后的能力提升状况，也就是说，过程性评价和结果性评价都要综合考虑，但特殊群体学生以过程性评价、诊断性为主，普通学生则侧重于过程性和结果性评价。

第二，融合体育教学的核心是互动，这是区别于常规教学的。融合体育教学要围绕互动进行教学设计，通过互动达到角色互换、相互理解、相互包容，正确看待自己和他人的不同，了解差异、学会协作、懂得付出、勇于挑战、化解矛盾和问题、品尝失败和喜悦，从而让全体学生人格得到全面提升，达到教育和激励的目的，完成融合发展的目的。

下面对具体教学流程进行分析。

第一，首先是对全体学生的信息进行收集，而不是只针对特殊群体学生。当我们强调特殊群体学生时，也不能忽视了普通学生，否则就变成了另一种的歧视或不公平。因此，前期资源教室、心理评估及无障碍评估等的介入是针对全体学生的,例如,肥胖、病弱学生也都需要相应的评估或支持。

其次,在对全体学生信息进行收集、整理后,我们应该对每一个学生个体有充分的认识和了解,包括他们的心理水平、运动能力、活动能力及康复需求等。

最后,结合全体学生的总体情况进行分析和预判,制定和调整符合全体学生发展需求的教学内容和教学目标。因此,教学内容和教学目标的制定要尽量满足学生整体需求,让更多的学生能够参与到体育教学之中,这样可为后面的互动提供条件,也能做到教学资源利用的最大化,但同时也必须考虑到个别学生的情况,做出有针对性的安排。

第二,主要考虑学生人格的全面发展。一个健全的人格才是教学和学习真正的源动力,融合体育教学必须把人格培养放在首位,发挥出体育特有的教育属性,要达到这一目的,教学互动就成为重要环节。这里主要涉及教学的四个方面,即教学内容、教学组织、教学方法和教学手段。这四个方面在进行教学设计时是要综合起来一起进行考虑的,四者必须做到相互适应、相互补充,任何一个环节出现问题其实都会影响教学的实施和互动的效果,而这完全要根据具体教学内容进行安排,因此其整体过程是非常复杂的,需要进行精心准备。下面对这一过程简单进行分析。

教学内容和教学目标在信息收集和分析阶段已经基本确定,下一步要根据教学内容确定合适的教学方法。教学方法的使用一般是组合式的或复合式的,因为单一的教学方法很难满足多样化教学需要。讲解和示范是体育教学最基本、最常用的教学方法,通常由教师承担,但融合体育讲解示范还要考虑特殊群体学生的需求,这时采用什么样的教学手段就必须进行考虑,比如,为听障学生准备的手语视频,为盲人学生准备的盲文讲解资料等。此外,针对盲人学生可能还需要有协作的同伴或协作教师进行辅助学习或练习等。当然,我们也可以采用特殊群体学生能够使用的慕课或翻转课堂形式让他们提前学习或预习,必要时就需要支援的介入,例如,学校提供的志愿者、读屏软件、盲文点显器、手语录入等。

教学手段也需要考虑教学内容和教学方法及场地等情况进行选择,包括体育器材设备、多媒体、网络及教学辅助手段等,同时还要考虑互动的效果及安全性,因此,体育器材以及一些辅助器具也要根据场地情况以及后续教学组织等安排进行选定和准备,这其中会有很大区别。例如,选择盲人乒乓球,所需器材和设备就比较多,在互动频率上就比较低;选择盲人足球,互动频率就高,所需器材比较少,但需要在场地及互动安全性上格外注意。

教学组织是落实互动的最重要环节,它是将教学内容、教学方法和教学手段等进行整合并综合考虑的结果,主要涉及场地规划、教学调动、教学分组和教学协作。场地规划就是根据教学内容、教学器材、辅助器具、教学方法等对场地的功能进行划分和布置,一是方便练习;二是便于教学调动;三是考虑安全。教学分组主要考虑互动的需要,进行不同形式的组合,一是考虑互动效果;二是考虑互动效率;三是让更多的学生能够参与互动。教学调动则是根据场地、分组等情况,重点考虑调动的安全性及转换效率。最后的教学协作则是互动的最终呈现,而这一呈现是基于前面的教学内容、教学方法、教学手段、教学组织及教学支援等都是围绕互动进行设计和选择,最终为教学协作创造出最适合的教学互动环境,保证了教学互动的可能性。这里使用"协作"一词,更强调培养学生互动的主动性和积极性。因此,教学协作重点考虑互动的多样性、互动的可操作性、互动的简便性、互动的灵活性。不能为了互动而互动,这样只会让学生反感并产生抵触情绪。例如,使用轮椅学生和普通学生进行乒乓球球性练习时,对于初学者,使用一抛一打的互动方式显然比双方互打要有效。将练习场地安排在靠墙位置也更方便轮椅学生安全地捡球,而提供拾球器则会大大降低轮椅学生的心理负担,也增加了练习的效率。这些看似微小的改变,其实就是整合体育需要关注的地方,整合是将细节做到极致后才可能自然发生的结果。同样是球性练习,也可以让普通学生推着轮椅学生,在增加了练习难度的同时,也增加了练习的乐趣和互动的效果。互动的灵活性是指给学生一定的空间,让他们能够自由发挥,而不是只按照教师的安排来执行,一定要给他们交流和沟通的机会,自主解决问题和学习的空间与时间。

当然,要达到上述目的,教学支援也是必不可少的,可以说教学支援渗透在整个教学的每个环节,它包括协作教师、志愿者、辅助器具、教学辅助、无障碍环境等几个方面。教学支援在体育特殊教育中常常被忽视,根据调查,上述几个方面在许多学校基本上是空白,如辅助器具,最常见的可能就是轮椅了,至于教学辅助,一些学校连基本的残疾人体育器材都没有,教学辅助自然也不在考虑之列。没有支援的融合体育就像使用轮椅者失去轮椅一样,因此,完备的支援体系在融合体育整体构建时就必须同步进行考虑。

第三,行为修正和评价、反馈。

为什么叫行为修正?这是因为经过融合体育教学有计划、有目的地实施,就是对学生固有观念、认识、理解及体育参与行为、参与意识等不断修正提升的过程,最终输出的结果就是学生锻炼意识、锻炼行为、协作精神、助残理念、社会责任感等综合素养的提升。当然最终结果也需要进行客观评价,并反馈到前面教学实施的各个环节中去,推动和促进融合体育教学的进一步完善和提高。

上面是对融合体育教学实施模式的简要分析,后面将会针对具体的教学再进一步细致讨论。

第九章　融合体育教学设计

在上一章中,我们着重介绍了融合体育教学模式,强调了互动的重要性,并围绕互动对融合体育教学模式的结构和流程进行了分析。但如何实现有效互动,这就是融合体育教学设计所要探讨的问题。

第一节　融合体育教学设计的原则

原则是需要遵守的基本准则和底线,融合体育教学设计也需要遵守一定的原则。

一、互动性原则

这是笔者一再强调的重点,能够充分利用体育的特性,发挥体育特有功能,同时也是推进有效融合的有力措施。体育项目在练习和学习时就充满了互动性,在练习或学习过程中,无论是学习者和学习者之间,还是教和学之间都存在强烈的互动性。在体育比赛、体育游戏、体育裁判、体育志愿者、体育观看、体育组织、体育锻炼等许多方面都存在着不同形式的互动。2022卡塔尔世界杯于2022年11月21日开赛,并于12月19日凌晨落下帷幕,2022世界杯累计直播观看人次达106亿,用户直播总互动13亿人次。而研究显示,通过广播电视和数字平台收看北京冬奥会的人数高达20.1亿人,与2018年平昌冬奥会相比增长5%。可见,体育的互动性是任何一个社会文化活动都无法比拟的,通过互动建立了人与人、人与社会、民族与民族、国家与国家之间广泛的联系,这正是体育的魅力。因此,融合体育教学就是要充分利用体育的互动特性,通过融合体育教学达成学生间的联系,并将教学进行延展,从而以融合体育作为平台,帮助特殊群体学生和普通学生建立起更广泛的互动和联系,成为推动社会进步的力量,这正是教育的意义所在。

二、激发潜能原则

融合体育通过体育教学最终是要让学生建立自信,能够看到自己的潜能,并能够自主学习,主动锻炼,积极参与,提升能力,从而培养终身锻炼的习惯、积极进取的精神和良好的心态。

正如北京冬奥会和冬残奥会的举办理念,"奥林匹克文化的内涵是超越竞技体育的,特别是从最广泛、最完整意义上来说,它是不能与教育分离的"。北京冬奥会和冬残奥会筹办以来,北京冬奥组委始终在开展奥林匹克教育的同时,以中国数十万所大、中、小学和特殊教育学校的青少年为重点,积极推动残奥价值观教育,介绍残疾人冬季运动,宣传残奥价值观,形成可持续的残奥教育模式。残奥运动员令人惊叹的表现,不仅展示着顽强蓬勃的生命力,也给人们带来更多激励和感悟。他们自强不息的精神,乐观面对生活的态度,是属于所有人的精神财富。

因此,融合体育教学在设计时不能仅仅考虑特殊群体学生能够胜任的学习内容,在一定程度上要根据他们的客观情况,安排有一定挑战性的学习内容,在他们的承受范围内,通过努力才能够实现的目标。这样不仅能激发出他们的潜能,也能让他们更充分感受到努力之后的喜悦。当然,对于心理和精神方面存在障碍的学生,一定要在专业人士指导下进行,不能凭经验或感觉武断地进行安排。

三、通用设计原则

1987年,美国设计师罗纳德·梅斯(Ronald L. Mace)开始大量地使用"通用设计"一词,并设法定义它与"广泛设计"的关系。

维基百科对通用设计的解释是,通用设计(Universal Design,简称UD)是指不论文化、语言、国籍、年龄、性别等差异,不论有无障碍、能力差别都能利用的建筑(设备)、产品、信息等的设计。

日本人间工学会2003年的定义为:拥有多种多样信息的用户(人类),为其提供满足公平性的产品、服务、环境、情报等的设计。

百度百科的定义是，通用设计是指对于产品的设计和环境的考虑是尽可能最大可能面向所有的使用者的一种创造设计活动。通用设计又名全民设计、全方位设计或是通用化设计，系指无须改良或特别设计就能为所有人使用的产品、环境及通讯。它所传达的意思是，如果能被失能者所使用，就更能被所有的人使用。通用设计的核心思想是，把所有人都看成程度不同的能力障碍者，即人的能力是有限的，人们具有的能力不同，在不同环境具有的能力也不同。

在1990年中期，朗·麦斯与一群设计师为"通用设计"拟定了七项原则，即公平地使用（equitable use）、可以灵活地使用（flexibility in use）、简单而直观（simple and intuitive use）、能感觉到的信息（perceptible information）、容错能力（tolerance for error）、尽可能地减少体力上的付出（low physical effort）、提供足够的空间和尺寸，使使用者能够接近使用（size and space for approach and use）。

可以看出，通用设计虽然不是针对体育教学的，但它的理念可以为融合体育教学设计提供有益的启示，即在特定的教学环境下，融合体育教学设计应该能够满足全体学生共同需求。在这里强调"特定"，是因为我们针对的特殊群体学生和普通学生如果发生改变，那么这一通用教学设计有可能就不适用了，这和无障碍设计中的通用设计还是有微妙差别的。

当然，通用设计只是融合体育设计的一部分，离开差异性教学，融合体育依然无法顺利实施，就像盲人必须有盲文一样。通用设计可以创造共同学习的可能，也节省了人力、物力等教学资源，但同时也要和差异教学、个别化教学相配合，才能做到真正意义上的融合，保证全体学生的共同进步。

第二节 融合体育教学互动设计分析

如图9-1所示的是融合体育教学互动设计的框架，主要包括互动目标、互动内容、互动手段、互动方式、互动拓展、注意事项等几个部分。下面一一进行分析。

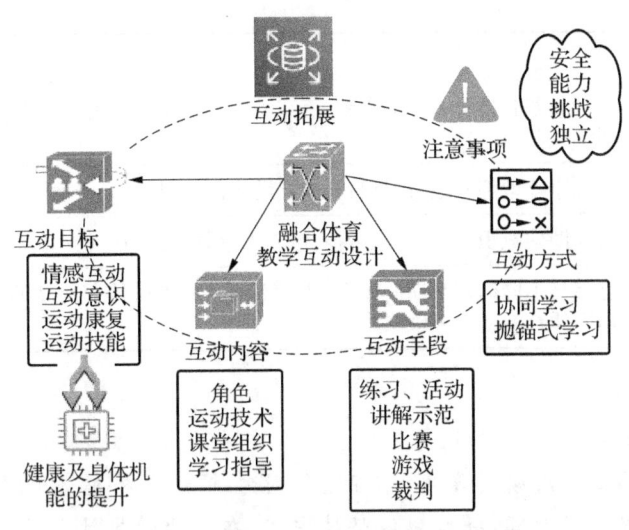

图 9-1　融合体育教学互动设计的框架

一、融合体育教学互动的目标

1. 情感互动

在融合体育教学中进行互动,要求学生是一种情感上的真正投入,而不是机械地配合,没有情感上的投入,就不会主动去了解或认识对方,就无法做到心灵上的沟通和理解,最终就会对积极参与教学产生阻碍,所以没有情感的互动必定是失败的融合教学。只有情感上的融合才能让学生对学习产生浓厚的兴趣,正确认识自己、对方和教学,并克服心理和生理上的种种障碍,寻求自我的提升。

表 9-1 是融合体育教学情感互动目标的基本要求。因为情感互动是融合在体育教学之中的,体育教学的许多环节及细节都能体现情感互动,并通过这些环节和细节促成情感目标的实现,因此,我们不能忽视体育教学中的每一个细节,要加以充分利用,也正是通过这些细节的累积,才最终实现了情感的升华。

表 9-1　融合体育教学情感互动目标

内　容	目　标
态度	对残障有正确理解;对融合体育有正确认识;能够认识到融合体育教学对自己的意义和价值

续 表

内容	目标
兴趣	有参与融合体育教学的兴趣;有主动参与互动的兴趣;有自己喜欢的体育活动或项目
习惯	养成康复锻炼及健身习惯;养成互助协作的习惯
价值观	培养助残意识;培养奉献精神;培养志愿服务意识
适应性	有参与不同体育活动的能力;能与不同对象进行体育活动的能力;能适应不同体育活动的环境

案例:

患有小儿麻痹的学生 A,在进行耐力练习时,根据 A 的能力状况,单独安排练习的时间,并鼓励他坚持完成,在其他学生结束练习后,可以组织学生一起为他加油。最初无论是学生 A 还是其他学生可能都不太适应,特别是学生 A 并不希望得到太多人的关注,他可能会因为自己跑步姿势而感到不好意思甚至是自卑,而其他同学也会因为不好意思或没有这种习惯表现得比较拘谨,但当我们把这种鼓励作为教学中的常态,并将这种做法融入教学的相关环节时,学生很快就适应并喜欢上了这种氛围,由以前的不好意思、拘谨,逐渐变得开朗、向上。

从事例可以看出,融合体育教学是个非常细致的工作,需要充分了解学生,并掌握特殊教育的相关知识,才能在不伤害学生,充分尊重学生的情况下,满足学生的情感需求。

2. 互动意识

互动意识是需要经过互动认识→互动行为→互动习惯→相互认可→互动意识几个阶段才能逐步形成的。

互动认识阶段需要通过各种途径,例如,公众号、微信群、学校无障碍网页、盲文宣传手册等对融合体育,包括互动的注意事项,和特殊群体互动的礼仪等进行宣传和讲解,有条件的也可以让新生提前进行教学观摩,进行亲身体验,让全体学生对融合体育有切身的认识,从而在实际教学中能够提前做好心理准备。例如:

➢ 融合体育究竟是什么?

➢ 他(她)存在什么障碍?我是否了解?

> 我(特殊群体学生、普通学生)应该做些什么？我能做些什么？

互动行为则是通过融合体育教学实施引发的教学互动,这个时候学生可能只是被动地执行,他们可能会出现抵触、茫然、不好意思、不知所措等表现,或不太恰当的行为,这就需要整个教学团队在教学前、教学中及教学后都要采用合适手段进行干预。抵触的学生可以减少互动,或停止互动单独安排学习。不好意思的学生多加鼓励,教师也可以亲自示范,消除学生顾虑。这种互动行为经过系统的教学强化后,会逐渐被全体学生所接受和熟悉,并且会演变成为互动习惯。例如,在需要练习时,就会自然地按照教学要求进行互动练习,不再有多余的顾虑,大家的注意力开始集中在学习本身上,而非同学身上。

然而从互动习惯上升为互动意识还是有一定差距的,因此,融合体育教学虽然会特意设定很多的互动教学内容,但在教学之外,还是需要通过各种方式加强学生的理解,让他们在学习时主动转变成自己的认识,只有这样才可能转变成一种意识。例如：

> 我认为融合体育班级和普通班级没有区别。
> 我喜欢班级的氛围。
> 我乐于和他(她)(特殊群体学生)合作,我不认为他(她)有什么特别。
> 我乐于和他(她)(普通学生)合作,我不认为我有什么特别。
> 有机会我愿意成为志愿者。

只有当双方相互认可,并且不是因为怜悯、同情,而是真正能够平等看待对方并与之相处时,才会成为一种自觉行为。

3. 运动康复

融合体育教学的重要内容之一就是借助体育学习,帮助特殊群体学生进行运动(生活)能力的康复,涉及的主要内容见表9-2。当然,在融合体育教学设计时,这是融合在整体教学中一起完成的,只是这里将其单列出来进行分析,以便更清楚地了解。

表9-2 融合体育教学运动康复的基本内容

身体控制			操作控制				本体觉
姿势控制	移动控制	平衡与协调	基本操作	复合操作	使用操作	素质强化	
头部控制	步行	站立位平衡能力	屈、伸	双手配合	体育器材使用	力量	动作计划
翻滚	轮椅移动	行走平衡能力	抓、握	手脚配合	辅助器具使用	耐力	本体觉辨别

续表

身体控制			操作控制				本体觉
姿势控制	移动控制	平衡与协调	基本操作	复合操作	使用操作	素质强化	
站立	跨越	坐位平衡能力	拍、放	腿脚配合	教学辅助器具使用	速度	本体觉调节
坐位控制	跑步	全身协调能力	推、接	全身配合		柔韧	
单脚站立	跳		扔、投				
姿势转换			踢、举				
屈、抬							
转							

通过运动康复主要解决以下几个问题：一是提升特殊群体学生的生活能力；二是提升特殊群体学生的相关运动能力以适应融合体育教学的需要；三是促进特殊群体学生健康水平的整体提升。

身体控制主要包括姿势控制、移动控制和平衡与协调能力，具体内容见表9-2。身体控制能力的提升对于特殊群体学生的日常生活、学习及体育参与都是非常重要的，体育学习在这些方面有着得天独厚的优势，可以在教学中将这些内容有计划地安排到学习中。例如，轮椅移动所涉及的一些轮椅驱动、抬前轮、上台下台、上坡下坡、越障碍物等，可以安排在正常教学之中，也可以安排在游戏环节，既增加了全体学生的互动和体验，也增加了学生间的了解和理解。

操作控制是提升特殊群体学生对更为精细和复杂动作的控制能力，这对于他们生活、学习及体育技能的掌握同样是非常重要的。操作控制在体育中有着非常多的互动练习可以选择，无论是单人项目还是集体项目，互动练习就是不可缺少的。但在融合体育教学中需要注意的是，因为特殊群体学生使用的器材、练习强度与量等和普通学生是有区别的，在互动练习时要及时更换互动对象，否则也会影响普通学生学习的效果。

本体觉就是指人体的肌肉、肌腱、关节、运动器官在不同的状态，比如，运动或静止时产生的感觉，因为产生的位置比较深，所以又被称之为深感觉。本体觉是我们对自己身体的一种整体感觉，可以帮助我们自觉或不自觉地感受肢体的空间位置，能在活动中辨别身体运动应有的力度、速度和方向，然后我们才可以通过这些感觉对身体进行操控。本体觉常常通过感觉统合训练来进行综合提高,感觉统合训练是同时给予训练对象前庭、肌肉、关节、皮肤触摸、视、听、嗅等多种刺激,并将这些刺激与运动相结合。感统训练方法有触觉训练、前庭平衡觉训练、弹跳训练、固有平衡训练、本体感训练等,在融合体育教学中主要侧重于和学生运动能力相关的训练,并将其尽量融入体育教学之中。

4. 运动技能

虽然笔者在融合体育教学中强调不能"唯技术论",但也不能忽视技术的学习。运动技术学习和运动技能学习也是有区别的,运动技能强调除了掌握一定的运动技术外,还具备一定的理论知识、自我认识能力及自我学习能力,我们希望通过融合体育教学让学生在掌握运动技术的基础上,提升他们的运动技能水平,既可以为其终身体育奠定基础,还可以提升他们的自信心。另外,残疾人体育发展也需要后备人才,通过学习也可以挖掘有潜力的学生,这和体教融合其实是有契合的,这在后面会分析。

二、融合体育教学互动的内容

1. 角色互动

社会角色(social role)是在社会系统中与一定社会位置相关联的符合社会要求的一套个人行为模式,也可以理解为个体在社会群体中被赋予的身份及该身份应发挥的功能。换言之,每个角色都代表着一系列有关行为的社会标准,这些标准决定了个体在社会中应有的责任与行为。而互动是角色认定、角色扮演、角色认同的重要途径,融合体育是通过融合体育教学所实施的教育过程,最终培养的是合格的"社会人",因此,角色互动是其重要内容。

➢ 特殊群体学生在融合体育教学中应该扮演什么角色?弱者、被怜悯、被照顾还是自立、自强,有独立人格?

➢ 普通学生在融合体育教学中应该扮演什么角色?有优越感的人、施与者、协作者还是学习者、有公平心的人?

➢ 在互动中,如何看待对方。

➢ 角色互换,站在对方立场如何进行自我认定及对他人的角色认同?

➢ 角色冲突时我们应该如何解决?

在融合体育教学中就是要让学生扮演好各自的角色,并能进行正确的角色认定和角色认同,在角色冲突时能够依靠双方或外界及时地进行解决。这里角色互换是比较行之有效的方法。例如,让普通学生扮演视力、听力及肢体障碍的角色,这往往比我们说教更能让他们产生共情。并且一些残疾人体育项目对于普通学生反而更有吸引力,如盲人乒乓球,普通学生没有见过,也没有打过,这种尝试对于他们是非常新鲜的,能够调动他们参与的热情,特殊群体学生也会有强烈的认同感,甚至自豪感,这对于强化互动关系非常重要。

2. 运动技术学习

在融合体育教学中,一方面,不能"唯技术论",就是将教学等同于运动技术学习,最后的考核也是以此作为标准,而忽视学生其他方面的发展;另一方面,也要警惕"去技术论",特别是片面地认为特殊群体学生无法进行正常运动技术学习,所以就以简单活动替代技术学习,体育教学变成了活动课、游戏课,剥夺学生学习和互动的机会。对于融合体育而言,运动技术学习依然是重要内容。运动技术学习是互动的重要途径,同时,运动技术又是一个平台和媒介,围绕着运动技术将其他互动内容联系起来,可以将整个教学活动进行激活和拓展。通过运动技术进行互动练习和学习时需要重点考虑以下几个方面。

① 运动技术安排要兼顾整体性学习与个体性学习的需要。我们在前面分析教学通用设计时也强调,没有差异性的"全体"是不科学的。运动技术的整体性可以体现在很多方面,技术基础的整体、技术细节的整体、技术环节的整体或运动技术某一内容选择的整体,但在具体实施时就要体现出差异性来,也正是这种差异才让不同学生都能找到适合自己的练习方式,从而也为互动提供了条件,让学生能够在各自可控的范围内进行配合和协作。

② 互动安排要兼顾运动技术学习的科学规律以及学生的实际情况,科学安排,循序渐进地推进。例如,排球垫球的互动,如果没有一定基础或能力,互动就很难完成。在教学方法上可以选择自抛自接、一抛一接、双方互垫,练习方式也可以是单人、双人和多人。在安排互动对象时,无论是特殊群体学生还是普通学生,同质还是异质,都可以进行安排,但最终要看双方(或多人)是否能够配合,练习是否能够达到双方(多人)都能快速进步的目的,这没有固定模式,需要教师根据临场情况进行确定。

③ 互动必须基于学生具备一定基础之后才能够进行,例如,在对运动技术的认识和理解及身体能力等方面都要达到一定要求,这样的互动才可能是有效的互动。因此,特殊群体学生技术学习的干预,以及普通学生前期的准备都是必需的,互动不能拘泥于课堂,课堂外学生间的互动也是必要的。

④ 充分利用体育特性,运动技术学习内容的安排尽量与特殊群体学生康复相结合。

3. 学生参与课堂组织

为什么强调组织？这是因为在实际教学中，特殊群体学生往往比较被动，当和普通学生一起时这种情况会更明显。我们在面对特殊群体学生时，常常想到的是怎么"安排"他们的学习，但忽视了他们也是学习的主体，而"组织"是让特殊群体学生由被动互动向主动互动转变的有效方式。另外，为什么是"课堂组织"而不是"教学组织"，因为课堂组织包含的内容会更丰富，从准备部分到开始部分再到结束部分所涉及的内容都可以选择，可以给特殊群体学生更大、更多样化的实践空间。让学生进行课堂组织时需要注意以下几个方面。

① 首先要让学生熟悉课堂教学，而不是直接甩手给学生，否则当出现问题后，更容易打击学生的自信心，教师前期的介绍和引导是必要和重要的。

② 由简至繁，给学生适应的时间；由学生擅长的到不太擅长的再到可以自由发挥空间的。

③ 融合体育是面向全体学生的，也要给普通学生实践的机会，关注是面向细节的，公平是面向全体的。

④ 针对个别学生的障碍情况，提供必要的支持。例如，盲人学生喊操时，需要有人提醒课堂具体情况，可以安排学生一起配合，这同样是互动。

⑤ 善于倾听学生意见，并鼓励学生提出意见，同时积极对课堂组织进行改进。

4. 学习指导

教育领域现在越来越强调以学生为主体，调动学生主观能动性，作为主体除了自我学习外，相互间的学习也变得更加重要。对于融合体育而言，相互间学习指导的意义表现为以下几点。

第一，提升学生对体育学习的探究精神。在实际教学中，无论是普通学生还是特殊群体学生，对于体育的学习一是缺乏主动性，二是缺乏科学精神。这很大程度上是因为学生对体育缺乏全面认识所造成的，这不是一蹴而就能解决的，需要进行引导和培养。例如，在教学中利用功率自行车安排康复训练时，很多学生只是被动地练习，并不知道为什么要这样做，涉及的肌肉有哪些，需要注意什么问题。在乒乓球攻球技术学习时，挥拍方向、拍面角度、击球时机等让学生进行讲解时，学生也基本上讲不出来。同样，轮椅排球的垫球发力和普通学生的垫球发力有什么区别，学生也回答不了。其实很多问题并没有超出他们的知识范畴，而是他们不愿意去主动思考、主动分析，所以简单的问题他们也无法回答。相互间的学习指导可以起到推动他们去主动探究问题。

第二，通过相互的学习指导有助于他们发现问题。平时被动学习时自己很难发现自身存在的问题，当需要指导别人学习时，就必须找出问题，找出问题了就需要思考如何进行解决，相互之间就可以通过探讨来共同解决问题，加深对学习的理解。这种互动刚开始并不容易，教师可以进行指导或引导，在学生熟悉这种方式后，气氛会比教师指导更轻松，更能激发学生兴趣。

第三，在学习指导中加深双方的认识。特殊群体学生由于受到自身障碍的限制，很多体育活动内容的完成与普通学生存在很大差异，在相互的学习指导中，全体学生都能认识到和对方的差异在哪里，更好理解自己完成教学内容的重点和要领在哪里。

第四，学习指导有时并不一定能达到相互指导的目的。例如，一些特殊群体学生在交流和沟通方面存在障碍，这时的互动就要求普通学生了解对方的特点，在教师指导下进行互动。再如，和盲人学生或孤独症学生的学习指导，这是需要耐心和技巧的，有时感觉只有付出而缺少来自对方的回应，但这更需要教师发挥引导和教育作用，要让学生明白，当自己指导的特殊群体学生得到了康复，技术得到了提升，更愿意和人交流了，更加有自信了，这都是自己努力的结果，也是对自己付出最好的回报。

因此，在学习指导时要注意以下几点。

① 在学习指导过程中，教师要进行巡视，出现问题及时进行解决。

② 要让全体学生明白互动的意义是什么，是对自己和他人负责，在体育学习中要抱有科学的态度。

③ 双方都要充分理解对方的不易，要相互体谅才能共同进步。

三、融合体育教学互动的手段

融合体育教学中的互动手段是非常多的，这里只是列举比较典型的一些手段。

1. 教学练习及活动

这里主要指和融合体育学习直接相关的技术练习、身体素质练习、康复练习、准备活动等，同时它们还涉及相关的器材、设备、设施或辅助器具等，通过有选择地在教学过程中进行安排，不仅可以提升教学的效果，也能活跃教学氛围，同时还能通过互动检验教学的阶段性成果或效果。

表 9-3 教学互动手段的选择

内容	互动手段的选择
技术练习	前面（上堂课）学习内容的复习 以特殊群体学生整体学习情况为重点，综合考量全体学生学习状况，选择达到一定基础后的技术练习 将复杂练习进行分解 本次课练习的巩固、提高 保护、辅助
身体素质练习	先安排可以独立完成的（注意安全），再安排相互协作完成的 测量（如计时、计数、计圈等） 保护、辅助 鼓励、加油
康复练习	保护、辅助 协作提高
准备活动	整队、喊操 保护、辅助 协作

这里需要强调的是，康复练习考虑到教学时间等问题，一般是融合在教学内容中完成的，这时候互动的普通学生也可以进行教学内容提升和巩固练习。个别学生需要单独安排时，其他学生主要起到辅助和保护作用。但无论是哪种，对全体学生都是有益的，都是一种学习过程。

另外，对于特殊群体学生的保护和辅助是贯穿于整个教学过程的，当然是在必要时才介入，这无论是从安全角度还是从助残意识、行为习惯、责任感等方面都是融合体育教育的一部分。

2. 讲解与示范

讲解与示范具有一定的灵活性，在融合体育教学中可以根据教学情况随时进行，这种互动更具有广泛性，在加深学生对学习内容理解的同时，也让学生更专注于学习本身，对于学生自信心的提升、班级融合氛围的形成都非常有益。但融合体育所涉及的讲解和示范肯定是区别于普通教学的，需要特别注意。

① 讲解和示范可以同时进行，也可以分开进行，一些特殊群体学生的练习可能和普通学生的练习有些差异，但不意味着不能进行讲解，讲解也能加深他们对自己练习的理解。同样，普通学生也可以针对特殊群体学生的练习进行讲解，并表达自己的观点。

② 讲解和示范可以是单人或多人进行组合,一位同学讲解,另一位同学补充;或一位同学讲解,几位同学进行示范。在可能的情况下,尽量调动更多学生的参与,让特殊群体学生和普通学生都有展示的机会。

③ 讲解和示范尽量让学生讲清楚"为什么做""怎么做""重点难点在哪里",而不是简单示范就结束。特别是不要避讳特殊群体学生障碍,要让全体学生都能正视这一问题,并结合这一障碍可能出现的问题进行讲解和示范,这不仅是学习,也是特殊群体学生正视自己的障碍,普通学生认识提升的过程。

3. 比赛和游戏

比赛和游戏是检验学习效果,提高学生兴趣,激发学生活力,培养团队协作精神及集体荣誉感非常有效的手段,并且可以安排在教学中的不同阶段,简单灵活,形式多样,可以很好地发挥催化剂和润滑剂的作用。但需要注意的事项有以下几个方面。

① 可以采用多种形式,兼顾特殊群体学生和普通学生的需求。例如,安排特殊群体学生和普通学生都能参与的比赛或游戏,目的在于加强团队精神及双方的协作配合意识;也可以安排强度和量适合普通学生(或特殊群体学生)的比赛或游戏,特殊群体学生(或普通学生)担任裁判工作,这样既能满足双方身体及能力条件,达到挑战自我的目的,也能让双方都有了互动的机会。

② 注意比赛或游戏时的安全,特别是有器材时,视障学生看不到,听障学生听不到,其他障碍学生可能移动慢等原因,容易造成不必要的伤害,所以在组织时要特别提醒和注意。

③ 可以在教学中适当增加残疾人体育比赛项目的学习,一是满足特殊群体学生的需求;二是可以发现后备残疾人体育人才;三是让普通学生认识残疾人体育,让更多人了解和参与残疾人体育运动及相关工作,推动残疾人体育的普及和推广。

4. 裁判

很多时候我们会忽视裁判学习对于特殊群体学生和普通学生的意义,体育互动包括体育参与、体育观看和体育支援,这是三维的体育观,我们往往只重视体育参与,体育观看和体育支援都被忽视了。

体育观看既是互动方式,也是提高对体育认识、增加体育兴趣、推动体育发展的重要方面。很多学生不懂体育裁判,所以看不懂比赛,就觉得没有意思,如果连看的欲望都没有,那么对参与体育也会产生一定的阻碍作用。特别是对特奥会、残奥会的认识无论是特殊群体学生还是普通学生都非常薄弱,通过裁判学习才能感受到比赛的快乐,才能理解比赛背后运动员的艰辛和努力,激励学生认真学习。对体育了解得越多,他们就会更加喜欢体育。

因为教学时数和教学时间的问题,所以裁判学习要有计划地安排,应根据学生兴趣、运动发展需要等有选择地安排。其他学习内容可以通过公众号、学校网页、APP 等进行发布,方便全体学生进行学习;也可以组织学生一起观看比赛,并临场讲解,这样效果更好。同时,结合前面的比赛和游戏,让学生有裁判实践的机会,加深他们对项目及体育的理解。

四、融合体育教学互动的方式

融合体育教学互动方式虽然包括很多方面,教师与教师、教师与学校、教师与学生等都存在多种多样的互动,这里还是以学生互动为主来进行分析。同样,学生互动其实是非常复杂的,这里也是以典型互动进行分析,起到抛砖引玉的作用。

1. 协同学习

在以前的专著中笔者对协同教学进行过分析,相对于协同教学,学生之间的互动也需要进行协同。学生间的协同主要涉及两个方面,一是练习协同;二是辅助协同。

因为特殊群体学生个体差异存在很大不同,协同学习考虑的重点主要是特殊群体学生,通过协同学习尽量让全体学生能够同步进行,在满足不同需求的同时,达到共同进步的目的。根据特殊群体学生的情况,协同方式主要包括以下几种。

(1) 平行协同模式 A

当一个班里面有多名特殊群体学生时,考虑到学生的个体差异,应尽量进行独立安排。在练习时可以分别安排不同的学生进行协同练习(见图 9-2),但考虑到普通学生与特殊群体学生在练习的强度、量和内容等方面可能存在不同,为了保证普通学生的练习效果,同时也让更多的学生参与到互

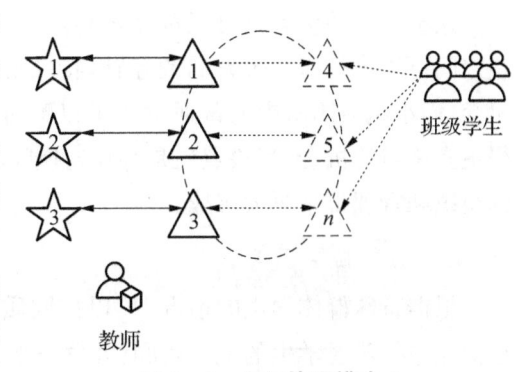

图 9-2 平行协同模式 A

动练习中,根据教学实施的具体情况,在合适的时间进行轮换,也保证了特殊群体学生能和更多学生接触和交流。

这种协同方式的优点是,能保证特殊群体学生尽可能多地与同学进行互动,增加相互间的了解和认识;其缺点就是练习中人员的更换比较频繁,当练习还不稳定时,这种轮换容易造成练习的不稳固,同时面对不同协同对象都有一个熟悉的过程,练习的效率也会受到影响。这种方式比较适合简单或已经熟悉的练习。

(2) 平行协同模式 B

这种模式考虑到普通学生在经验、能力等方面还存在不足,一对一的模式会面临更多困难,所以可以根据普通学生的能力情况进行选择,分组或按团队进行协同配合,人数根据具体实际进行确定。同样,在整个教学过程中可以进行轮换,以确保全体学生在学习中保持相对的均衡(见图 9-3)。

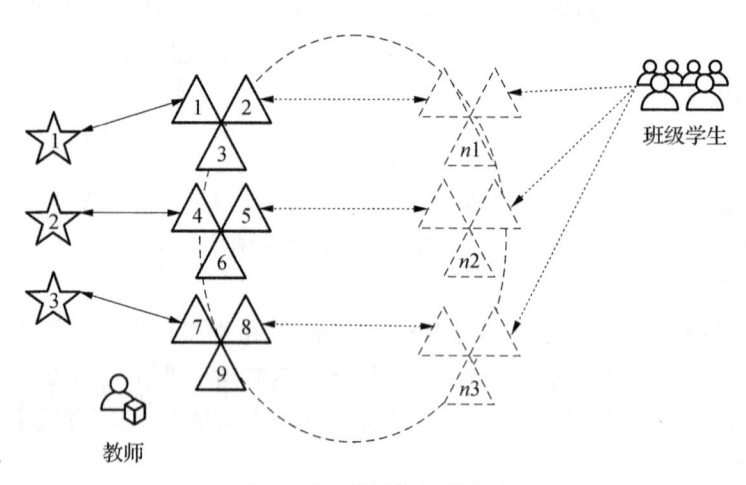

图 9-3 平行协同模式 B

这种方式的优点是可以利用分组或团队力量共同完成协同工作,普通学生之间可以进行能力等方面的互补,特殊群体学生和普通学生都增加了互动机会,而小组或团队内的普通学生可以配对练习,也可以增加练习的效率,获得更多练习的机会;其缺点也是存在轮换问题,另外,轮换的学生增加,也给教师组织和管理带来更大挑战。

(3) 分组协同模式

根据特殊群体学生的情况,可以按同质性、异质性进行分组,然后根据分组情况进行普通学生的配对协同,人数安排则根据实际情况进行调整,最后进行轮换(见图 9-4)。

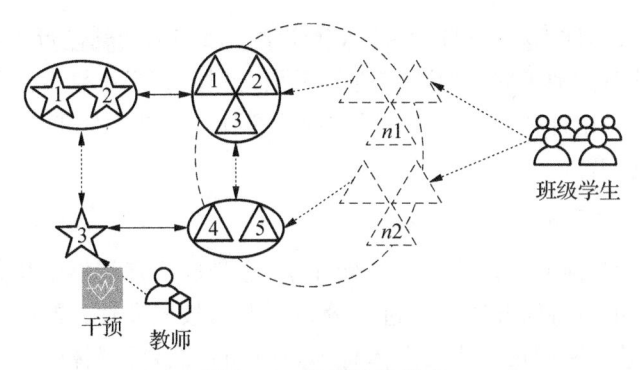

图 9-4　分组协同模式

这种协同方式的优点在于同质性的特殊群体学生在一起,方便他们之间进行练习,同时也可以减少参与轮换的普通学生的人数,这样能够让双方更好地练习,提升整体练习的效率和质量;其缺点在于同质性的特殊群体学生也要能够进行配合,否则就会加大协同时的分工难度,让整体协同效率降低。因此,这种模式在学生都具备一定基础后采用会更加合适。

(4) 微循环协同模式

微循环协同模式是指特殊群体学生进行小范围循环而进行协同的模式(见图 9-5)。一种情况是用于当个别特殊群体学生因为主、客观原因无法跟上教学进度或达到教学要求时,安排学生(个体或组或团队)与其配对练习,帮助其克服所面临的问题,在其达到教学基本要求后再回到正常教学中。另一种情况是利用这种协同方式,循环帮助特殊群体学生快速适应和提升能力水平,同时普通学生也是正常轮换,从而达到既帮助了特殊群体学生,全体学生进度也能保持同步的目的。当然,对于个别学生的困难,普通学生无法解决时,教师就要进行干预,甚至可以到资源教室进行系统干预,问题得到有效解决后再回到教学中。

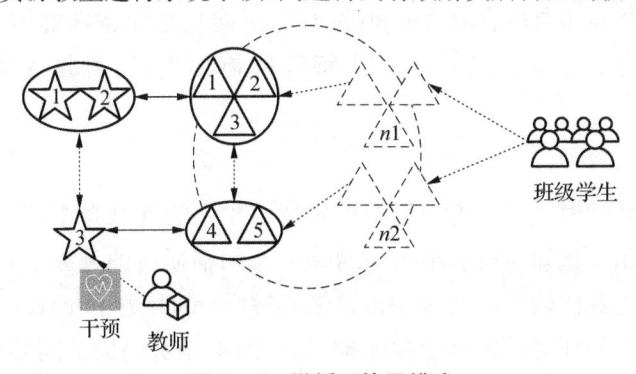

图 9-5　微循环协同模式

这种模式的优点就是可以对特殊群体学生面临的问题进行个别互动或辅导，能够有针对性地采取有效措施进行干预，另外，如果个别普通学生面临问题时，也可以采用这种方式。这样既解决了个体差异或个体需求问题，也不影响整体学习进度。

（5）体验协同模式

这种模式和前面模式的不同之处在于，它是以特殊群体学生作为协同主体，按不同标准将特殊群体学生进行分组，例如，按同质性、异质性进行分组；按特殊群体学生所擅长的残疾人体育项目分组；按特殊群体学生的不同需求分组等。然后安排普通学生进入协同体系，人数则根据教学实际进行安排，同样可以采用轮换的方式，保证互动的最大化和学习的均衡性（见图9-6）。

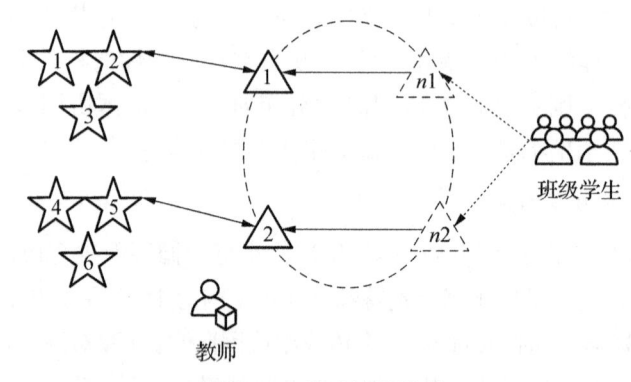

图9-6 体验协同模式

这种模式的优点就是以特殊群体学生为中心，整个学习是围绕着他们的学习进行的，能让他们感到自己是被认可的，是课堂的主人，而不是陪跑者。另外，可以让全体学生充分了解特殊群体学生及残疾人体育，并亲身体验，认识到残疾人体育也是融合教育的重要组成，不能只是让特殊群体学生适应普通学生，普通学生也有义务去适应特殊群体学生，这就是互动的意义和价值。

2. 抛锚式学习

抛锚式教学模式是由美国温特贝尔特大学匹波迪教育学院的研究中心，以及温特贝尔特认知与技术小组在约翰·布朗福斯特的领导下开发的，在其他领域已经得到比较广泛的应用。抛锚式教学（anchored instruction）是指要求学生到实际的环境中去感受和体验问题，而不是听经验的间接介绍和讲解的教学方法。在实际情境中一旦确立一个问题，整个的教学内容和教学进程就被确定了（就像轮船被锚固定住一样）。也就是说，学习者要想完成对所学知识的意义建构，即达到对该知识所反映事物的性质、规律以及该事物与其他事物之间联系的深刻理解，最好的办法是让学习者到现实世界的真实环境中去感受、去体验（即通过获取直接经验来学习），而不是仅仅聆听别人（如教师等）关于这种经验的介绍和讲解。

这种教学要求建立在有感染力的真实事件或真实问题的基础上。确定这类真实事件或问题被形象地比喻为"抛锚"。由于抛锚式教学要以真实事例或问题为基础（作为"锚"），所以有时也被称为"实例式教学"或"基于问题的教学"。

一般认为，抛锚式教学由以下几个环节组成。

① 创设情境。使学习能在和现实情况基本一致或相类似的情境中发生。

② 确定问题。在上述情境下，选择出与当前学习主题密切相关的真实性事件或问题作为学习的中心内容（让学生面临一个需要立即去解决的现实问题）。选出的事件或问题就是"锚"，这一环节的作用就是"抛锚"。

③ 自主学习。不是由教师直接告诉学生应当如何去解决面临的问题，而是由教师向学生提供解决该问题的有关线索（例如，需要搜集哪一类资料、从何处获取有关的信息资料以及现实中专家解决类似问题的探索过程等），并要特别注意发展学生的"自主学习"能力。自主学习能力包括：确定学习内容表的能力（学习内容表是指为完成与给定问题有关的学习任务所需要的知识点清单）；获取有关信息与资料的能力（知道从何处获取以及如何去获取所需的信息与资料）；利用、评价有关信息与资料的能力。

④ 合作学习。讨论、交流，通过不同观点的交锋，补充、修正、加深每个学生对当前问题的理解。

⑤ 效果评价。由于抛锚式教学要求学生解决面临的现实问题，学习过程就是解决问题的过程，即由该过程可以直接反映出学生的学习效果。因此对这种教学效果的评价往往不需要进行独立于教学过程的专门测验，只需在学习过程中随时观察并记录学生的表现即可。

抛锚式学习在融合体育中是非常适合的，首先，障碍、残疾人体育及体育学习等对于普通学生和特殊群体学生都存在太多未知和需要探索的领域，很多问题是他们"熟悉"而又"陌生"的，这些问题看似简单，但需要提出解决方法时，很多学生无从下手。为什么会出现这样的结果呢？这是因为学生缺乏对问题的探索和求知精神。抛锚式学习则可以激发学生主动探索的精神，利用合作学习共同构建一定的知识体系，并对问题进行自主剖析，最终提出解决问题的思路和想法。教师则可以通过学习过程中学生的获得与发展进行整体评价。

下面举例对其在融合体育教学中如何应用进行简单说明。

➢ 创设情境：各位同学设想一下，在生活、学习或运动中，坐在轮椅上和站在地面上，我们在做一些事情时会有什么不同？

➢ 抛设锚点：轮椅篮球投篮动作（单手肩上投篮或双手胸前投篮）和普通投篮动作在完成上有什么区别？不同点会在哪里？哪种更轻松？又是为什么呢？

➢ 自主学习：教师可以进行适当引导，例如，从持球、技术结构、用力顺序、发力部位、涉及肌肉等进行探究，特殊群体学生和普通学生根据各自情况去搜集相关的资料，包括视频、图片、教学资料等，并根据搜集的资料进行整理和分析，将关键点和主要过程进行归纳和总结，提出自己的思路和存在的疑惑。

➢ 合作学习：这里呈现给学生的"锚"所涉及的问题通常是比较复杂的，仅靠自主、个别的学习不可能很好地解决问题，因此，在问题解决过程中，合作学习是必须的。通过分组或团队协作，对问题表达自己的观点，就存在的问题或争议进行讨论和交流，中间还要进一步搜集资料，共同讨论，并通过商议让观点集中，呈现最终的解决方案或见解。

➢ 评价：教师可以让代表对各自观点进行呈现，并请同学进行技术示范，结合搜集的资料及最后动作完成情况，给予评价，加深学生的理解和认识。

当然，抛锚式学习是个复杂的探索过程，这需要通过课上、课下的自主学习和互动才能完成，不可能仅依靠课堂解决，这期间需要教师的引导和帮助，启发和引导学生逐渐熟悉这一学习方式，也形成学生间更广泛的互动。

五、融合体育教学互动的拓展

为什么要单独分析融合体育教学互动拓展呢？这是基于以下几方面的考虑，也希望通过这样的探讨能让大家对融合体育的发展有更多的思考。

第一，教学只是融合体育的一部分，并不是全部。融合体育最终是要帮助全体学生共同进步，并成为合格的"公民"，这是一个教育过程，而不是一个教学过程。因此，融合体育教学只是融合体育的一部分，当然它承担着重要的任务，通过融合体育教学这一平台，可以将很多的场景或问题的解决方法融入教学之中，期待通过融合体育教学能够让学生有更多的体验和感受，并在心理、生理及社会适应能力等方面都有提升，最终为学生走向社会、服务于社会提供助力，这才是融合体育的本质和目标。正因为如此，才希望通过融合体育教学互动来帮助学生学会互动、懂得互动、善于互动、乐于互动，为未来更广泛的互动奠定身心和能力层面坚实的基础。

第二，融合体育教学是很复杂的，内部的互动有时很难解决所有问题，不可或缺地需要和更多层面建立互动，如教师、学生、部门、团体、组织、志愿者等，没有这些力量的支持，融合体育教学也是很难有效互动的，融合自然就很难顺利完成。因此，融合体育教学互动也要主动寻求拓展，让学生走出课堂，建立更广泛的社会网络，在得到支援的同时，也能更好地服务于别人。比如，学校体育活动、社区残疾人体育服务、体育志愿者、指导者等等。让特殊群体学生通过融合体育教学，真正融入班级、融入学校、融入社会。

六、融合体育教学互动的注意事项

除了前面分析的互动原则外，一些事项在互动时必须注意。

1. 安全

在融合体育教学时，如果教师和学生没有经验，很难意识到一些危险的存在，例如，轮椅侧翻、后倒、前冲等，无论是特殊群体学生还是普通学生都可能出现危险，所以在教学前对于不同学生障碍可能造成的问题要有充分的了解和预判，并在教学互动时避免危险的发生。同时，要有急救的常识和处理经验，在体育教学或体育运动中出现突发事件时要能正确及时地应对，为救援赢得时间。

2. 能力全面提升

让学生掌握为什么学、怎么学比教会什么都更重要，全面提升学生体育素养，特别是特殊群体学生的体育意识和锻炼、康复能力比单一掌握某个技术更重要，前者在学习结束后会更有潜力和动力。

3. 教学要有挑战性

对特殊群体学生的尊重就是要充分信任他们，在教学安排中要能激发出他们的斗志和潜能，做不到和不能做、不愿意做是有很大区别的，融合最终不是被动地加入，而是主动地寻求改变，是得到认可和尊重后的接纳，融合体育提供了挑战自我的平台。因此，要充分利用体育的特性，让全体学生理解竞争、懂得竞争、公平地竞争。

4. 独立

全体学生都是具有完整人格的独立个体，融合体育教学要尊重这种独立性，要给予他们独立思考、独立学习的空间，不论是普通学生还是特殊群体学生，互动都是基于理解、自愿基础上进行的。因此，融合体育中的教学互动一定不能为了互动而互动，或违背学生意愿而强行配对或分组，融合不是牺牲学生个性或学生棱角的结合。一个既能享受独自锻炼或康复，又能自信、积极地参与集体活动，并与人协作配合的人才是我们最终所期待的。

第十章 融合体育教学的组织与实施

这章我们将以融合体育课堂教学作为主线进行融合体育教学组织与实施的分析，当然，实际教学前不会涉及所有事项和内容，也没必要，而是会有重点、有选择地进行设计、组织和实施。这里主要呈现一个完整的过程以供参考。

第一节 融合体育教学组织与实施的框架分析

如图 10-1 所示的是融合体育教学组织与实施的框架结构。由图 10-1 可知，对于融合体育教学来说，不是先从教学目标进行分析，而是首先分析学习者的情况，即特殊群体学生和普通学生在障碍类型、障碍程度、运动能力、活动能力、兴趣态度等方面的基本情况，当特殊群体学生障碍类型比较单一时，教学目标和教学内容的安排与选择相对容易一点。但当特殊群体学生分属不同障碍类型时，他们的需求就产生了差异，教学目标和教学内容的确定就会比较复杂一些，单一目标和单一内容是不能满足学生需求的，这对后面教学组织、教学方法的实施和运用都会带来挑战。

掌握了全体学生的基本情况后，针对他们不同的需求，才能制定教学目标，例如，康复目标、运动技术学习、身体素质提升、互动安排等，并且教学目标根据特殊群体学生的情况要有所区别，可能针对某个特殊群体学生都要有具体的教学目标。

在拟定具体的教学目标后，就是要确定教学内容。教学内容的选择和设计尽量满足"通用设计"原则，也就是说，实施相同的教学内容，经过合理组织和教学方法的实施，可以达到不同的教学目标，这样就大大降低了教学组织和管理的难度。因此，运用什么教学方法，如何进行有效的教学组织，从而达到互动、融合的效果,最终提升全体学生体育素养(如能力、自信、尊重、责任等)就成为重要的环节。

融合体育教学组织和实施是一个复杂的体系,每个环节都是紧密联系的,图10-1只是对主要部分及主要流程进行了呈现,下面就针对每个部分结合实际进行分析。

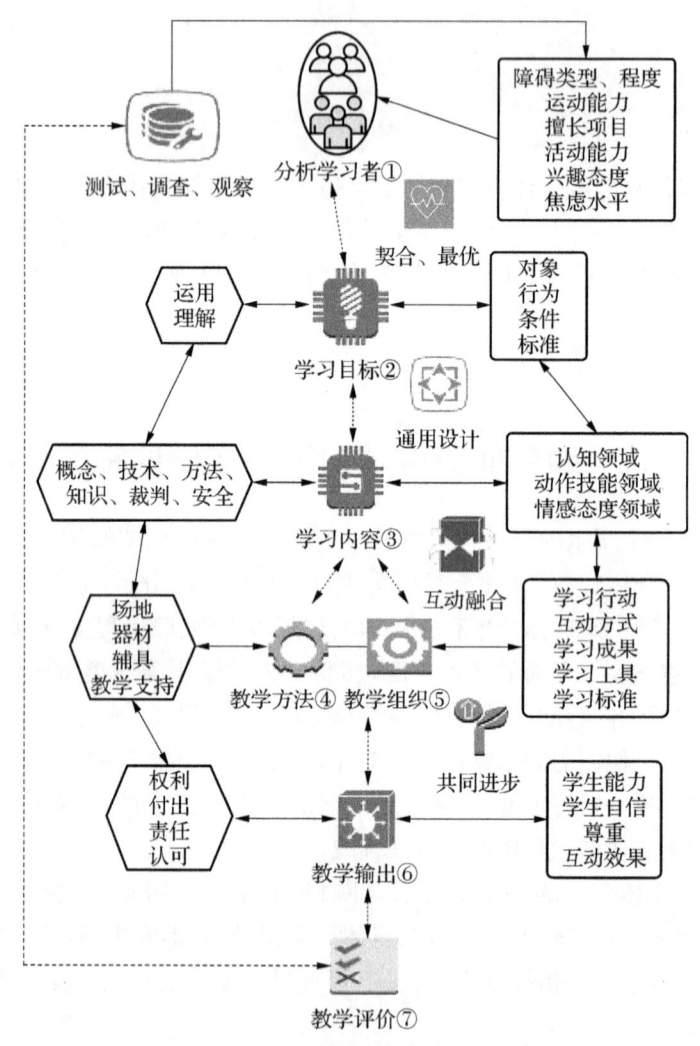

图10-1 融合体育教学组织与实施的框架

第二节　学习者分析

对学习者的分析主要应从基本情况、活动能力、运动状况、运动能力、心理状态等方面进行综合测试、调查和观察，这需要不同部门和不同学科的介入。因此，对于融合体育的复杂性一定要做好充分的心理准备，很多教师只是抱着一腔热血或兴趣加入融合体育教学工作，缺乏各方面的准备，当实际情况远比想象的困难时，就很容易悲观、失望甚至打退堂鼓。所以对学习者的分析不仅是科学、精准地为教学做准备，也是让教师有面对不同困难的预期，做好各方面的预案。

一、基本情况的调查和了解

这主要包括两个方面的内容。

一是对自我身体状况的认识。这一方面是让特殊群体学生了解自己障碍的原因，以及这些障碍在生活、学习和运动中会造成什么困扰；另一方面就是如何处理这些障碍带给自己的困扰，包括安全方面的认识以及相应的处理办法。很多学生其实对自己的身体状况并不十分了解，有的学生甚至会回避自身的问题。因此，让他们对自己有充分认识，并敢于正视自己的障碍是非常重要的。

二是对康复情况的了解。主要了解他们以前做过什么康复治疗或现在还在做什么康复治疗，学校需要给予什么配合和支持。另外，根据特殊群体学生目前的状况，还需要进行什么康复治疗，学校层面能否提供必要的康复治疗或在融合体育教学中是否可以提供体育康复的相应支持。

表 10-1　学习者分析的主要内容

类　别	内　容	目　的
基本情况	自我身体状况	认识障碍的原因 认识障碍的表现 了解基本的处理方式
	康复情况	参加过什么康复治疗 需要什么康复治疗 体育康复的实施

续　表

类别	内容	目的
活动能力	B(P)ADL	躯体性日常活动能力
	IADL	工具性生活活动能力
运动状况	运动经历	擅长什么体育项目(活动)
	运动期望	希望参加什么体育项目(活动)或康复运动
运动功能	运动功能评定	肌力、关节、平衡与协调、肌张力
心理状态	SCL90	了解学生心理健康程度

二、活动能力分析

特殊群体学生的日常生活活动能力(activity daily living,简称 ADL)是运动的前提,也是融合体育教学的基本条件,是他们维持正常学习和生活最基本、最具共性的活动。它分为躯体性日常生活活动[basic or physical activity daily living,简称 B(P)ADL]和工具性日常生活活动(instrumental activity daily living,简称 IADL)。躯体性日常生活活动是指人维持最基本的生存和生活需要所必须每日反复进行的活动,包括自理活动和功能性移动;工具性日常生活活动是指人维持独立生活所进行的一些活动。

B(P)ADL 可以采用 Barthel 指数,这种方法不仅有较高的信度,而且评价简单,易于操作,可以用来评价治疗前后的功能状况,也可以用于预测治疗效果。表 10-2 是 Barthel 部分指数评价项目及评分标准。>60 分为生活基本自理;60～40 分为有功能障碍,生活需要帮助;40～20 分为生活需要很大帮助;<20 分为极严重功能缺陷,生活完全需要依赖他人。

表 10-2　Barthel 部分指数评价项目及评分标准

序号	项目	得分	评分标准
1	穿衣	10	独立地穿脱衣裤、系鞋带、扣扣子、穿脱支具
		5	需要帮助,但在合理的时间内至少完成一半的运作
2	床椅转移	15	独立、安全地从轮椅到床,再从床回到轮椅
		10	最小量帮助和监督
		5	能坐起,但需要大量帮助才能转移

续　表

序号	项目	得分	评分标准
3	行走	15	能在水平路面独立行走45米,可以用辅助装置,但不包括带轮的助行器
		10	在小量帮助下行走45米
		5	如果不能行走,能独立操纵轮椅至桌前、床旁,能拐弯,能至少行进45米
4	上、下楼梯	10	独立、可以有辅助器具
		5	需要辅助和监督

我们也可以借助FAQ量表对IADL进行评定,来了解特殊群体学生的生活活动能力。当然,具体的测试可以依靠专业机构、医院或资源教室专业人员的帮助等,测试内容也可以根据特殊群体学生具体情况及教学需求进行调整,目的就是全面了解学生情况,更好地为后面融合体育教学的科学设计、顺利实施服务。

三、运动状况及运动功能评定

运动状况主要是了解特殊群体学生主要运动经历(学习或训练经历),以及有什么运动期望,包括项目、内容、活动方式、运动条件等,同样也是为后面融合体育教学安排进行铺垫。

运动功能评定主要包括肌力、关节、平衡与协调、肌张力等测试。以肌张力为例,肌张力是维持身体各种姿势以及正常活动的基础。根据身体的不同状态,它可以分为静止性肌张力、姿势性肌张力和运动性肌张力。静止性肌张力的检查可以在安静状态下观察肌肉的外观、肌肉的硬度、被动过伸运动时活动受限程度及其阻力来判断;姿势性肌张力是在变换各种体位过程中,观察肌肉的阻抗及肌肉的调整状态;运动性肌张力是在完成某一动作过程中,检查相应关节的被动运动阻抗。当肌肉出现低张力时,会出现肌张力低下,主动肌和拮抗肌同时收缩减弱或消失、抗肢体重力能力减弱或消失、肌力降低或消失等特征。肌张力增高或肌痉挛的检查和评价是康复处理的前提和效果判断的依据。肌痉挛的评估方法中手法检查是较常用的方法,不需要任何仪器和设备,操作简单方便,但需要较高专业能力。一般多采用Ashworth法,其具体标准如下。

0级　无肌张力增加;

1级　轻微增加,表观为在抓握中被动屈或伸全最后有小的阻力;
2级　轻度增加,表现为在抓握至一半 ROM 以上有轻度阻力增加;
3级　肌张力在大部分 ROM 中都有较大增加,但肢体被动运动容易;
4级　肌张力明显增加,被动运动困难;
5级　受累部分肢体强直性屈曲或伸直。

对于肌力、关节和协调平衡都有不同的测试方法,这些往往需要专业人员或专业机构的介入和支持一起来完成相关的工作。但作为融合体育教师应该了解并掌握一定的专业知识,才能在教学中科学、准确地使用这些测试数据为教学和学生服务。

四、心理评定

在教学中,我们常常忽视的就是学生的心理健康,现在随着社会压力的不断增加,普通人的心理都面临着各种各样的问题,特殊群体学生面临的压力要比常人更大,需要解决的困难也更多,而这些直接影响他们的体育学习。因此,无论是普通学生还是特殊群体学生,了解他们真实的心理感受和心理需求是非常有必要的。例如,我们让患有小儿麻痹的学生当着全班同学跑步,我们为其加油,这看似是件好事,但如果没有前期对学生心理的了解和把握,想当然地去做,可能不仅会严重伤害到学生的自尊,而且可能让学生产生强烈的抵触心理。只有当学生能够正视自己的障碍,在心理上接受了这种行为,并愿意感受这种氛围时,这种做法才能起到正向的激励作用。

《症状自评量表 SCL90》主要有 90 道问题也叫作 90 项症状量表,可以有效检查患者有没有焦虑问题、抑郁问题、强迫问题。因此,此量表在临床中使用比较多,可以有效筛查常见的精神、心理问题,尤其是抑郁症、焦虑症、强迫症等心理问题的诊断,并且在评估其严重程度方面有非常好的效果。此外,此量表属于自评量表,即自己结合自己的症状表现,选择最符合自己的选项就可以看出最终的心理问题,以及目前心理问题的严重程度。

该量表测验的适用对象为成人(16 岁以上),目的是从感觉、情感、思维、意识、行为直到生活习惯、人际关系、饮食睡眠等多种角度,评定一个人是否有某种心理症状及其严重程度如何。它对有心理症状(即有可能处于心理障碍或心理障碍边缘)的人有良好的区分能力。它适用于测查某人群中哪些人可能有心理障碍,某人可能有何种心理障碍及其严重程度如何。但它不适合于躁狂症和精神分裂症。本测验不仅可以自我测查,也可以对他人(如其行为异常,有患精神或心理疾病的可能)进行核查,假如发现得分较高,则应进一步筛查。

该量表具有以下特点。

① 心理健康症状自评量表具有容量大、反映症状丰富、能准确刻画被试者的自觉症状等特点。它包含较广泛的精神病症状学内容,从感觉、情绪、思维、行为直至生活习惯、人际关系、饮食睡眠等均有所涉及。

② 它的每一个项目均采取 1~5 级评分,具体说明如下。

没有:自觉并无该项问题(症状);

很轻:自觉有该问题,但发生得并不频繁、严重;

中等:自觉有该项症状,其严重程度为轻到中度;

偏重:自觉常有该项症状,其程度为中到严重;

严重:自觉该症状的频度和强度都十分严重。

③ 该量表可以用来进行心理健康状况的诊断,也可以做精神病学的研究;可以用于他评,也可以用于自评。

该量表从九个方面(躯体化、强迫症化、人际关系敏感、抑郁、焦虑、敌对、恐怖、偏执、精神病性),及身心症状表现的角度考查了个体的心理健康水平,如果在某些症状上的得分越高,感觉到某些症状的频度和强度都比较严重,就应该注意学生在这个方面的问题。

由于自评量表是测量个体在一段时间内感觉到的症状的严重与否,所以在量表分数的解释上应该慎重,并不是得分高就一定说明个体出现了很严重的心理问题,某些分量表上的得分较高有可能只是由于个体当时遇到了一些难题,因此还应该对学生得分高的原因做进一步的了解。

当个体在多个维度上感知这些症状严重时,应该加强其心理健康的教育,严重时应该到比较权威的心理咨询和治疗机构进行进一步的检查和诊断。

上面对学习者的分析,在实际教学中并不是全部都要进行,但作为融合体育教师,应该知道如何全面了解和掌握学生的情况,在需要时通过自己或其他专业人员和机构的支持为自己提供有用的信息和数据,帮助自己科学、精准地对教学进行把握,这才是最重要的。

对学习者分析的情况应该及时进行记录,除了纸质记录,还应录入电脑进行统一保密管理,避免学生隐私泄露。信息在保证安全的情况下,应保证相应的支持部门在安全、合理范围内做到资源共享,能够对特殊群体学生情况进行及时跟踪和指导,并进行整体协作和支援,最好能形成系统的电子档案,在学生走向社会后,学生在学校所进行的康复、锻炼等情况也能被及时调取,方便延续性支援。对于特殊群体学生而言,在学校的体育锻炼和康复仅仅是其人生的一部分而已,对他们的支援应该伴随其终身。

这里只是给出记录表的基本内容(见表10-3),以供参考,具体实施时可以重新设计和调整。

表10-3 学生基本情况调查记录表

姓名		学号		性别		出生年月		民族		
家庭地址								残疾证	有	无
紧急联系人								联系电话		
残疾类别	视力:□　(盲□　低视力□) 听力:□ 言语:□　(失语□　发音障碍□　其他□) 肢体:□　(偏瘫□　截瘫□　脑瘫□　截/缺肢□　畸形□ 　　　　关节疾患□　儿麻后遗症□　其他□) 智力:□ 精神:□　多重□									
残疾等级	一级□　　二级□　　三级□　　四级□　　未评定□									
致残原因	遗传□　先天□　疾病□　创伤或意外意外损伤□　药物□　其他□ 致残时间:　　年　　月　　日									
日常生活活动能力	穿衣□　行走□　　轮椅转移□　　上下楼梯□　其他:									
运动状况	擅长的体育活动(项目):_____ 希望参加的体育活动(项目):_____									
运动功能	肌力:_____ 关节:_____ 肌张力:_____ 平衡与协调:_____									
功能训练	视力:盲人定向行走训练□　其他□ 听力语言:手语指导□　其他□ 肢体:生活自理训练□　运动功能训练□　社会适应训练□　其他□ 智力:运动能力训练□　感知能力训练□　社会适应训练□ 　　　生活自理训练□　其他□ 精神:社会适应训练□									
辅助器具	视力:盲杖□　　盲目书写工具□　　助视器□ 听力语言:助听器□　　会话交流用具□ 肢体:轮椅等代步工具□　　拐杖及助行器□　生活自助器具□ 　　　辅助站立器具□　其他□									
心理状况	心理咨询□　心理治疗□　心理评定:_____									
其他										

填写日期:　　年　　月　　日　　　　　　　　　　　　　　　　填写人:

第三节 融合体育的学习目标及学习内容

一、制定融合体育学习目标的思考

前面对学习者(audience)进行了分析,下面就是要对学习后能做什么即行为(behavior),需要什么条件(condition),达到目标的最低标准(degree)等进行分析和设定。

根据对学习者分析后所获得的信息,初步确定学习目标,也即通过学习行为最终要达到的目的,解决什么问题。学习目标可以分为直接学习目标和间接学习目标。直接学习目标是通过融合体育教学活动所获得的技能学习、身体素质提升、活动能力增加、身体机能加强等直接结果;间接学习目标是蕴含在融合体育教学中的对体育、障碍、残疾、融合等的理解、认识,以及在教学中逐渐培养的协作精神、锻炼意识、助残情感等间接结果。

直接学习目标主要通过具体的融合体育教学实施来完成,因此,它与实际的教学内容直接挂钩,教学内容选择或设计得是否合理直接影响直接学习目标的实现。间接学习目标主要是依靠教学组织、教学方法、教学策略等的运作和实施来实现,因此,间接学习目标和直接学习目标是相辅相成的关系,也是整个融合体育要努力实现的。根据《学生基本情况调查记录表》,教师应和团队一起拟定年度、学期、阶段和课时学习目标。

表 10-4 融合体育学习目标

内容＼目标	年度目标	学期目标	阶段目标
直接学习目标	多层次目标	多层次目标	多层次目标
间接学习目标	多层次目标	多层次目标	多层次目标

内容＼目标	课时目标	
	全体学习目标	个体学习目标
直接学习目标	多层次目标	多层次目标
间接学习目标	多层次目标	多层次目标

但由于特殊群体学生与普通学生一起学习,存在较大差异,面对不同层次学生的需求,每个阶段都应制定多层次目标,兼顾不同学生的学习。在学习内容的选择上,可以是同一学习内容完成不同学习目标,也可以是不同学习内容应对不同学习目标。当然,学习内容与学习目标之间是存在矛盾的,不同的学习内容能够比较容易完成不同学习目标,但在人力、教学设施等方面需要更多保障。同一学习内容要想完成不同学习目标,是对教学组织、教学管理等方面提出了更高要求。

多层次目标的前提也要求目标具有连贯性。高校体育教学一般每学期就会有调整,但融合体育学习目标不能只按学期制定,应该按年度、学期和阶段目标逐渐具体化,以确保整体教学的计划性和连续性,在变更学期时,学习目标可以为不同教师提供依据,以保证融合体育教学的连贯性、完整性和系统性。学期目标和阶段目标也是教学计划及教学大纲制定的重要依据。在此基础上,进一步细化课时目标,融合体育教学虽然是从全体学生实际出发进行考虑,但在制定学习目标时,在全体学习目标的基础上,还是要体现出差异性和多层次性。因此,要根据班级特殊群体学生的情况,分别制定针对性的学习目标,"全体"不意味着"一刀切",正是对差异有了充分的尊重和认识,融合体育才能实现共同的进步。

需要什么条件就是要对教学所涉及的无障碍环境、教学设施、设备、器材和场地,以及辅助器具等进行检查和评估,是否满足教学的基本需要,如果存在问题,提前进行补充和完善。

达到目标的最低标准的真实含义就是通过融合体育学习,要让班级里相对最弱的学生依然能够达到他自己的学习目标和要求。因为教学涉及不同的指标,每个指标完成的目标都不相同,所以,最弱的学生也不是唯一的,这也要求学习目标的制定不能过高或过低,在保证全体学生学习效果的同时,要充分考虑最弱的那名学生的需求,保证他们不掉队。

制定融合体育学习目标时需要注意以下几个方面。

① 要保证融合体育学习目标具有一定的连贯性。目前高校体育教学一般是安排在前两年,在这两年内很多高校每学期都会让学生选择不同内容进行学习,有的学校还规定两个学期不允许选择相同项目,这也出现了学生刚入门到下学期又换项目的窘境。现在也越来越注意在丰富学生学习的同时,也要保证学习间的连贯性、延续性和一定的深度,避免一知半解的体验式学习。融合体育教学更是如此,特殊群体学生如果每学期都频繁更换内容,但同时在学习目标上又缺乏联系,那么就会造成学习间的割裂,造成人力、物力等资源

的浪费,对于他们康复、体育学习、能力提升都是非常不利的。因此,一个完整的学习目标就显得更加重要,通过学习目标将不同的学习内容进行串联,在丰富和满足学生学习的同时,保证沿着同一主线进行有序的教学安排,确保学生整体意识和能力呈现螺旋式上升的良好态势。

② 普通学生在大学期间要面临"大学生体质健康标准测试"等一些学习任务,教学计划、教学大纲等也会围绕这一目标进行设置,以确保学生经过体育学习后能达到国家体质健康标准。实施融合体育后,就会面临要兼顾特殊群体学生及普通学生需求的矛盾。因此,融合体育学习目标的制定既要考虑整体性,也要考虑个别性;既要考虑稳定性,也要考虑灵活性;既要考虑特殊群体学生的学习需求,也要考虑普通学生的教学规律及需求。

③ 融合体育学习目标要体现主动参与、协作配合、自我学习的教育理念,融合体育教学不仅是对特殊群体学生的一种教学变革,也是对传统体育教学与教育的重新审视,将体育作为一个平台,充分发挥体育的教育、教养属性。而融合体育教学为全体学生提供了尊重个别差异、体验平等公平、强调合作及实用,让体育真正成为学生健康生活方式的重要组成部分。

二、融合体育学习内容通用化设计的思考

前面对融合体育学习目标的设定进行了分析,但在确定融合体育学习内容时,还是有必要了解一下教学目标的分类。

布卢姆将教学目标分为认知领域(cognitive domain)、动作技能领域(psychomotor domain)和情感态度领域(affective domain)。

认知领域的目标分为识记、理解、运用、分析、综合和评价六个层次。

① 识记是指对先前学习过的知识材料的记忆,包括具体事实、方法、过程、理论等的记忆,如记忆名词、事实、基本观念、原则等。

② 理解是指把握知识材料意义的能力。可以通过三种形式来表明对知识材料的理解:一是转换,即用自己的话或用与原先不同的方式来表达所学的内容;二是解释,即对一项信息加以说明或概述;三是推断,即预测发展的趋势。

③ 运用是指把学到的知识应用于新的情境、解决实际问题的能力。它包括概念、原理、方法和理论的应用。运用的能力以知道和领会为基础,是较高水平的理解。

④ 分析是指把复杂的知识整体分解为组成部分并理解各部分之间联系

的能力。它包括部分的鉴别、部分之间关系的分析和对其中的组织结构的认识。

⑤ 综合是指将所学知识的各部分重新组合，形成一个新的知识整体。它包括拟定一项操作计划或概括出一套抽象关系。它所强调的是创造能力，即形成新的模式或结构的能力。

⑥ 评价是指对材料做价值判断的能力。它包括对材料的内在标准（如组织结构等）或外在标准（如某种学术观点等）进行价值判断。

辛普森提出动作技能领域教学目标分为七个层次。

① 知觉是指学生通过感官对动作、物体、性质或关系等的意识能力，以及进行心理、躯体和情绪等的预先调节的能力。

② 模仿是指学生按提示要求做出动作或再现示范动作的能力。

③ 操作是指学生按提示要求做出动作的能力，但不是模仿性的观察（如按照指示表演或练习动作等），学生要能进行独立的操作。

④ 准确是指学生的练习能力或全面完成复杂作业的能力。学生通过练习可以把错误减少到最低限度（如有控制地、正确地、准确地再现某些动作等）。

⑤ 连贯是指学生按规定顺序和协调要求，去调整行为、动作等的能力。

⑥ 习惯化是指学生自动或自觉地做出动作的能力。经常性的、自然而稳定的动作就是习惯化动作，学生能够下意识地、有效率地协调一致地完成各部分的操作。

情感态度领域的教学目标，以克拉斯沃尔为首，一般分为五个层次。

① 接受是指学生愿意注意特殊的现象或刺激。

② 反映是指学生主动参与学习活动并从中得到满足。处于这一水平的学生，不仅注意某种现象，而且以某种方式对它做出反应，以及反应的满足。

③ 形成价值观念是指学生将特殊对象、现象或行为与一定的价值标准相联系，对所学内容在信念和态度上表示正面肯定。

④ 组织价值观念系统是指将许多不同的价值标准组合在一起，消除它们之间的矛盾和冲突，并开始建立内在一致的价值体系。

⑤ 价值体系个性化是指个体通过学习，经由前四个阶段的内化之后，所学得的知识观念已成为自己统一的价值观，并融入性格结构之中。

从上面对认知领域、动作技能领域和情感态度领域的简要分析中可以看出，融合体育教学正是这三个领域综合的反应，虽然在教育领域，也有将教学目标分为知识与技能、过程与方法、情感态度与价值观，但包含的主要内容基本一致。其中动作技能领域是直接学习目标的体现,情感态度领域主要反映了间接学习目标,而认知领域则介于两者之间,它所包含的对体育概念、体育技术、体育原理、体育裁判、体育知识的学习和掌握是直接的学习目标,主要通过融合体育教学实践来实施和掌握。但对体育、残疾、融合理念的认识和理解则需要通过间接学习目标来实现。也就是说,融合体育学习内容是以课堂学习为核心,将三个部分的知识融合在课前、课中及课后共同完成的(见图10-2)。

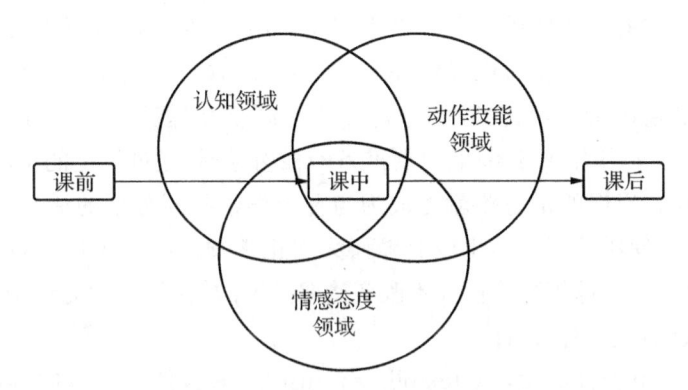

图 10-2　融合体育教学目标实现示意图

由此可以看出,无论是融合体育教学目标的设定,还是融合体育教学内容的选定,其实都是一个复杂的过程,特别是融合体育教学对象更加多样,要在一堂课上满足所有学生在认知领域、动作技能领域和情感态度领域的需求,同时又要考虑到教学资源的有限性,显然学习内容的通用化设计就成为必须考虑的问题。

20世纪80年代后期,美国建筑设计师、工业设计师罗纳德·梅斯(Ronald L.Mace)在无障碍设计理论的基础上提出了"通用设计"理论,并对通用设计概念进行了详细的阐释:"通用设计,就是无追加费用,或是说以最低的费用,让建筑和设施不仅只是对于残疾人,而是对所有的人都具有适用功能和魅力的设计方法。这种方法不但能打破为移动困难人群所做的产品与设计是'特殊的'、高成本的既有观念,同时也能使现行的可接近设计不再显得那么粗鲁并且毫无魅力。"

通用性设计既不是那些特殊设计与普通设计简单叠加的结果,也不是生搬硬套通过改变产品或空间的固有尺度以使其适合所有的人群。它强调全部性,着眼于所有群体的需求,它强调普遍性,适用于残障人士或弱势群体的设计,也同样适用于所有人,无论性别、年龄以及是否存在身体缺陷;它强调一般性,好的通用设计不会带有消极的心理暗示,更不会引起任何使用者的特别注意。通用设计用发展的眼光看问题,不存在对消费者的差别对待;它从宏观的、共性的、整体的角度出发思考设计问题,而非仅仅局限于某一部分或某一阶段的设计需求。可以说,通用设计的这些理念,对于融合体育来说也是非常适合的,它提供给我们一个面对不同教育需求的解决思路。

通用化设计原则在融合体育学习内容选择和设计中的新阐释如下。

第一,公平使用原则(equitable use)。学习内容适用于所有学生,而不是被个别学生或群体所使用。所有学生都能使用,但在使用时可以按照自己的方式进行练习或学习。通用设计并不是刻意而为之的,很多体育项目和活动本身就具有通用特性,只要我们进行筛选和调整,就能够发挥其通用性的特点。例如,对于耐力练习,我们只要准备一根引导绳,经过一定的学习和互动,盲人学生比较畏惧的耐力跑就能成为与普通学生共同分享的活动。再如,投篮练习时,为使用轮椅的学生或有障碍无法正常发力的学生提供重量轻的球(比如,排球、气排球等),我们在不改变篮架高度的情况下,就能让全体学生共同练习,这也是通用性设计。

第二,能够弹性的学习(flexibility in use)。融合体育学习内容能适应不同学生的喜好和能力。例如,盲人学生与普通学生一起进行投篮练习,可以在篮圈下面挂上铃铛,当盲人学生将篮球投中铃铛就会响,表示投中,高度可以调节,难度也可以调节。这个练习可以让普通学生戴上眼罩一起参与,也可以让全体学生按自己能力分别练习,一起比赛。

第三,简单而直观(simple and intuitive use)。简单而直观有很多含义,有时是指学习内容要简单直观。例如,在学习篮球传接球练习时,对于特殊群体学生而言,一些复杂的组合练习在初期学习时就要适当避免,尽量采用简单有效的练习方式。当然,后期随着学生整体水平的提升以及为了满足不同学生需求,可以在练习方式上进行区别对待。

另外,就是教学组织和调动要简单直观。例如,尽量直线调动而不要曲线跑动,这不仅有利于提高课堂练习效率,也避免了一些不安全问题的发生,特殊群体学生参与的难度也会降低,从而提高他们练习的积极性。

第四,可感受的信息(perceptible information)。不论教学环境或特殊群体学生的感官能力,都能够有效了解或接收到相关教学信息,保证教学顺利进行。

当我们面对不同障碍的学生时,我们需要提供图片、文字、盲文、视频等必要的信息配合教师讲解、示范,或者帮助特殊群体学生快速了解练习的要求、安全须知等。这些信息对于普通学生同样是有用的,能够让全体学生快速获得教学信息,并方便预习和复习。这也说明通用设计是尽可能为所有人服务,为所有人提供便利的。

第五,容错能力(Tolerance for Error)。整个融合体育教学内容在实施或练习时要降低危险与错误的发生,在危险发生前应有提示,或在危险发生时会及时提出警告。例如,在力量练习时,要提供锁止、滑落或转移、固定装置,对于视障学生或听障学生还要提供声音或颜色灯光警示,防止意外的发生。在其他练习时也需要同样的支援,这对所有学生同样适用。

第六,省力原则(low physical effort)。对于融合体育而言,省力原则应该是学习内容能够简洁、高效、有针对性地满足全体学生的需求,减少学生无谓的消耗,能把精力、体力、注意力集中到学习上,充分利用课堂宝贵时间让每位学生达到相应的目标。例如,学习内容的安排应保证学生在整堂课中的练习强度和练习量,如果很多时间都消耗在等待、排队、轮换等方面,这就不是高效的安排。

第七,适当空间和尺寸,使用者能够接近使用(Size and Space for Approach and Use)。融合体育学习内容方便并有利于学生间互动和交流,同时练习所涉及的场地、设施、器材等能够方便地被所有学生接近和使用。其实通用设计理念体现在融合体育教学的各个方面,它对整个体育教学及教育都是有益的,关注所有学生的发展,创造更加宽松的学习环境,能够让所有学生轻松愉悦地进行学习。所以融合体育只是融合教育的一个缩影,这应该是整个教育领域的变革,不是只针对特殊群体学生,而是面向所有学生。

融合体育学习内容的通用化设计主要包含以下几个部分。

第一,教学项目或教学活动的通用性。所选择或重新设计的教学项目或教学活动应该具有通用性,即所有学生都能参与、愿意参与,并能有效互动、协作和交流。例如,普通的追逐类的体育活动,盲人学生就很难参加,如果安排这类活动,盲人学生只能被排除在学习之外,这显然不符合融合体育的教学理念。但如果我们安排在一个安全的场地,学生都戴上眼罩进行场地抓人游戏,则所有学生都能参与,并且这也变成了视障学生的强项,能够更好地调动他们的积极性,同时其他学生也有参与的强烈欲望,既加强了学生间的互动,又进行了角色互换,同时也达到了一定教学目的。

但我们也不能将通用变得僵化,例如,教学内容安排乒乓球,盲人学生使用盲人乒乓球台,普通学生使用标准乒乓球台,虽然练习的器材不同,但也符合通用设计的理念,在同一场地,所有学生的学习内容一致,但方式有所差异,且都能满足所有学生的需求。同时,双方还能进行互换练习,符合双方学习需求。

第二，场地、器材和设备的通用性。这里的通用性可以是所有学生使用相同的场地、器材和设备，当然这对于资源利用、教学组织和管理是有利的。但通用性显然有更灵活的处理方式，同一场地不同区域、相同器材和设备不同规格等，从而能够满足不同学生的需求，这也是通用设计。例如，不同高度的球网、球架，不同重量、不同大小、不同触感、有声无声等的器材等。通过不同设计，让所有学生都能参与其中。

第三，规则及方法的通用性。学习内容在实施时，可能要遵循一定的规则，并使用特定的方法，这也尽量符合通用设计原则，这样的优点是教师和学生在讲解、示范或练习时可以尽可能避免重复讲解、示范或来回的帮助，增加学生学习和练习的效率。但为了保证所有学生都能适用，在标准和要求上可以有所差异，以保证所有学生都能根据自己的能力完成相应的学习。

第四，互动的通用性。要想达到最好的互动效果，学生间应该具备互动的基础、互动的条件、互动的意识和互动的能力，要想达到这些的统一，通用设计是必然的选择。例如，让普通学生与盲人学生一起协作跑步的难度就比让双方进行排球垫球练习的难度低很多；相反，如果是使用轮椅或肢体障碍的学生，情况可能正好相反。所以互动的通用性也是相对的，没有最好的方式，只有最合适的方式。

当然，最重要的是我们进行通用设计时，所有学生应该是设计的参与者，而不是旁观者或被动接受者，让学生参与到设计之中，倾听他们的心声和建议，让他们成为教学的主体，设计过程也是教育过程，更是融合理念提升和推动的过程。正如佛里德曼所说："设计过程有一部分是教育过程，设计者（规划者）从群众学习社会的文脉和价值观，而群众则从设计者身上学习技术和管理，双方的交往让两类知识融合，共同发展。"所以，融合体育教学设计、教学实施就是教育过程，我们应充分发挥学生的能动作用。

第四节　融合体育教学的组织、实施与评价

这一节主要结合教学实际进行教学案例分析，当然，案例只能反映融合体育教学的一部分内容，具体教学可能会面临更多且更复杂的问题，包括一些突发性事件，等等，这里只是提供一个思路供大家参考。

融合体育篮球(轮椅篮球)技术学习基本案例

一、教学内容

① 复习篮球(轮椅篮球)双手胸前传接球技术;

② 学习篮球(轮椅篮球)低运球技术;

③ 学习篮球(轮椅篮球)双手胸前投篮技术;

④ 素质练习:力量练习,协调性练习;

⑤ 轮椅基本操作和使用:抬前轮平衡练习,学生方向感及平衡感练习;

二、教学目标

教学目标主要从认知、技术学习及情感三个方面提出不同要求。

① 正确理解技术完成的发力特点、发力顺序和基本技术原理,在此基础上体验并了解轮椅篮球、下肢障碍学生完成技术时与普通学生在技术完成时的主要区别;体验视障学生技术完成的特点。

② 复习巩固双手胸前传接球技术,基本掌握篮球(轮椅篮球)低运球技术和双手胸前投篮技术;安排角色互换练习,分别体会不同障碍下技术完成的特点。

③ 通过互动练习、集体练习、小组和个人练习,学生掌握力量练习、协调性练习等基本方法,并通过练习提升力量素质、协调性、平衡感及方向感,促进特殊群体学生康复训练。

④ 根据不同学生情况,体验、掌握并提高轮椅的基本使用方法。

⑤ 通过各种互动练习,加强相互间的交流、沟通和理解,以及主动探究问题的意识和能力,并提升团结协作精神。

三、学生基本情况分析

学生总体由普通学生和3名障碍学生构成(均为男生)。

截瘫学生1名(简称学生A):障碍表现为下肢运动功能障碍,躯干功能比较弱,上肢功能基本正常,需要使用轮椅进行移动。

截肢学生1名(简称学生B):单侧下肢截肢,需要拄拐行走,没有安装假肢,上下肢力量发展不均衡,平衡感不足。

视障学生1名(简称学生C):只有微弱光感,体质偏弱,方向感和平衡感比较弱。

3名障碍学生的情况各不相同,这给安排带来一定困难,但从通用化的角度考虑,视障学生除了视力原因外,在运动完成方面基本没有问题。

截肢学生单侧截肢,行动方面和截瘫学生基本相似,但移动时障碍有所不同,快速移动,截瘫学生借助轮椅反而能够胜任,但拄拐学生会更困难。结合普通学生的学习状况,最后还是选择篮球作为主要教学内容,能够基本满足所有学生的学习和练习要求。

四、教学前的干预

① 对于视障学生而言,篮球还是具有很大挑战性的,会让他们有较大的心理负担,一是担心自己无法胜任学习任务,许多视障学生之前基本都未接触过盲人乒乓球、盲人门球、盲人足球等,在感知觉上没有相关的印迹,缺乏应有的心理准备。二是担心自己无法练习,担心被孤立或影响其他学生学习,而产生负担和自卑感。因此,这需要提前进行心理疏导和沟通。

除了在资源教室进行心理辅导外,还可以安排教师或志愿者配合进行相应的练习和活动。例如,使用盲人足球、盲人乒乓球进行握、抛、滚、接等练习,对方向、空间感、重量、速度等进行提前感知,消除畏惧心理;也可以到教学场地提前感知场地、器材等情况,让学生提前做好身体和心理上的准备。另外,可以准备盲文资料,让学生自己对盲人的体育项目提前进行了解和学习,让他们认识到盲人依然有体育运动广阔的空间和可能,树立自信心。

② 截瘫和截肢学生也会面临相似的心理问题,提前的心理辅导也是必需的。另外,在练习时他们的平衡能力、力量、反应等可能都会存在问题,这样容易造成接球失手、翻倒或摔倒等安全问题,需要提前进行干预,让他们提前了解可能存在的问题,并学会自我保护的基本方法,同时在身体素质、平衡感等方面提前安排练习加以提升,帮助他们快速适应教学内容。

③ 普通学生也需要干预,在时间等允许的情况下,可以提前安排互动的学生见面进行一些器材熟悉、简单练习等活动,相互之间提前熟悉;也可以安排视频、图书资料等一同进行观看或阅读,对所学内容提前了解,对整个教学流程提前熟悉,消除双方之间的疑虑。

五、教学资源准备

① 无障碍设施、设备的检查和准备。必须对坡道、扶手、盲文标志、无障碍标志、无障碍卫生间、轮椅的移位设施、语音提示等进行全面检查,确保特殊群体学生能无障碍通行,如果有缺失就需要提供临时设施,为通行提供便利。包括地面是否会造成拐杖、轮椅打滑等都要进行检查。

② 教学器具的准备。

除了普通篮球外，根据障碍学生的情况，还要准备排球、盲人门球、盲人足球、气排球、铃铛、眼罩、领跑绳、挂绳、挡板、挡网等，方便教学时使用。

在前期干预时，要准备相关视频、图片、盲文资料(如比赛规则、教学说明、案例须知)等，方便学生提前预习和准备。

表10-5 融合体育篮球(轮椅篮球)技术学习教学内容

教学内容	教学组织	学生活动	教学构想
1. 准备部分 主要目的是让学生热身，做好学习前的准备活动 主要内容包括慢跑、热身操等	教师整队、点名，进行教学简要说明和准备活动的布置 教师在必要时辅助特殊群体学生进行练习	普通学生和学生C(由普通学生靠领跑绳辅助)绕篮球场慢跑；学生A则在内场绕小圈同步进行，并进行口令指挥；学生B根据学生情况，可以在场外，沿直线进行折返慢跑或利用扶手进行折返慢跑 慢跑结束，由学生C带领喊操。学生A主要完成上肢和躯干部分，其他同学在做下肢练习时，可重复前面部分。学生B借助扶手完成，若压腿练习可坐于地上进行	通过协作、口令等，让所有学生进行互动和参与到教学之中，成为集体的一分子，培养学生自我意识和责任感
2. 复习篮球(轮椅篮球)双手胸前传接球技术 主要让学生理解双手胸前传球的发力特点、用力顺序，以及使用轮椅或拄拐时在技术上有什么不同	教师分别常规、坐轮椅、单脚支撑三种姿势进行示范讲解。分别让普通学生、学生A、学生B进行配合示范 学生C情况比较特殊，因为在前期已经有干预和学习，可以让学生C只完成双手胸前传球练习，不做接球练习。或利用盲人足球或门球做地面滚球接球练习。另	因为是复习内容，学生A、B和C已经有了互动经验，在练习上不存在太多问题，因此，采用平行互动模式。在练习时和他们配对的学生可以进行角色互换，体验坐轮椅\单脚支撑\戴眼罩时的传接球 如果学生C还未熟练掌握，可以使用盲人门球，学生C双手胸前传球，配合学生双手胸前接球，但回传时，采	这个练习就是通过充分的互动，让所有学生都能得到充分练习的同时，也能很好体验对方的感受，并通过交流、沟通发现各自在技术完成时的差异，在加深理解的同时，也能充分认识和学习技术知识和原理。提供给所有学生展示的机会

续表

教学内容	教学组织	学生活动	教学构想
	外，当学生有一定空间感知时，可以根据口令进行短距离接球练习 根据学生情况使用普通轮椅或比赛轮椅	用地滚球方式，让学生C听声音做地面接球练习。等熟练后可进行短距离抛接球练习，后面根据情况逐渐加大难度，培养学生C的空间感、肌肉感和判断能力 让学生在互动时充分交流和沟通，交换各自意见，分析技术完成的差异性，并安排不同学生代表进行示范讲解	
3. 学习篮球低运球技术 低运球对于所有学生来说并不存在太大难度，但对于轮椅使用者，因为腿部不能有效发力，初学者注意前倾摔倒的危险，应更换比赛轮椅。另外，使用轮椅和挂拐容易造成局部肌肉疲劳，要注意练习强度和练习时间。视障学生主要是空间感和力度的学习和练习	教师进行示范，这里的重点是学生C，因为看不到，除了前期进行干预让学生提前了解和适应外，要单独进行讲解，可以通过"触摸方式"或"手把手协助方式"让学生C在手型、时机、力度、动作方向、动作节奏、空间感上加强认识和感知，特别是手腕动作是学生比较不容易理解和掌握的，可在教师和技术好的学生辅助下练习 教师安排互动练习，并分别进行辅导和纠正	在学生基本掌握后，教师可安排单人轮换或小组轮换方式进行互动练习和学习，单人轮换有助于强化练习，小组轮换可以让学生A、B有合理的休息时间，避免长时间练习造成的伤害，所以可以交替进行	因为这个练习难度不是特别大，所以可以适当增加互动的方式，在增加练习乐趣的同时，也可以给学生一定的自由发挥空间，加强学生主动学习的意识和能力

续表

教学内容	教学组织	学生活动	教学构想
4.轮椅抬前轮平衡练习；上肢力量练习 这是轮椅使用者在生活和学习中都要用到的，所以在教学中有必要学习 可以让其他学生进行体验，也是学习平衡和控制能力的方法 上肢力量练习，一方面是双手胸前传接球、运球和投篮都需要的，另外，对于学生A、B、C也是日常生活主要涉及的	1.教师进行示范 (1)示范用后轮保持平衡。 ① 示范将身体放在平衡位。 ② 向前驱动时，轮椅向后倾，注意握住手轮圈的位置及后拉时的位置。 ③ 向后拉轮椅时，轮椅回到直立位。 ④ 讲解平衡要领 (2)有条件可以用安全装置，让学生可以独自练习用后轮保持平衡。 2.注意保护和安全	（图示：小组协同练习队形，含班级学生） 轮椅抬前轮练习时，因为具有一定危险性，因此适合采用小组协同模式（见上图），这样可以2人以上进行保护，防止1名学生没有经验或力量造成伤害 学生A主要在轮椅上完成，此时需要保护和对轮椅进行适当固定，防止意外发生 学生B长期使用一侧上肢，会造成肌肉力量不均衡，影响身体的平衡和协调，可以有意练习弱侧上肢力量及躯干力量。同时也可以有意进行挂拐训练，例如，两点步、四点步、迈至步等，在增强上肢练习的同时，加强身体平衡和移动控制能力。 学生C则需要辅助快速转变练习，并保证一定的安全	这两个练习对于所有学生的空间感、平衡感、力量控制等都是有好处的。同时，在互动的同时也发挥了保护作用。对个别学生也单独安排了练习，既照顾了整体，也兼顾了个体的需要
5.学习篮球双手胸前投篮技术 选择双手胸前投篮技术的学习，主要考虑到学生A、B、C各自身体状况，直接学习单手投篮技术是有困	教师分别轮椅、单腿支撑及普通姿势进行双手胸前投篮示范。在示范前可以让学生再练习双手胸前传球技术，体会两者发力特点、发力顺序、出手方向等的异同。强调双臂向前上方伸出，两	（图示：练习队形，含班级学生、干预教师） 学生A和B在刚开始学习时会出现力量不足、技术不规范导致的球投不到篮圈的情况。其他学生也会出	学生C在此阶段学习中面临的困难是最大的，所以要重点考虑他的需求。为了尽快让他能够融入集体练习中，个别化教学和干预就是必须做的，同时也要提供灵活的教学方案，帮助他快速学习

续 表

教学内容	教学组织	学生活动	教学构想
难的。另外，普通学生也有部分学生存在力量弱、技术薄弱问题，所以选择双手胸前投篮技术容易掌握，和前面双手胸前传球技术可以形成技术上的延续，在整个发力顺序与技术原理上和单手肩上投篮基本一致，比较适合现阶段学生的教学要求	手腕旋内，使球经拇指、食指和中指投出 在教师示范时，可以安排学生、其他教师或志愿者帮助学生C进行学习，体会身体姿势、用力顺序和出手方向等。当然，课前的干预和帮助也非常重要	现类似问题，从而造成为了将球投得更高、更远而采用错误技术的问题。所以刚开始练习时可以采用配对互投练习，从双手胸前传球逐渐提升出手角度，最终完成完整双手胸前投篮技术，距离也可以由近及远逐渐加大。学生B长时间练习会造成疲劳，所以要注意及时调整休息，也可以提供轮椅，进行体验的同时加以休息。为了方便练习，技术和力量不足的学生可以用排球代替篮球练习 学生C情况特殊，一是要单独安排学生或教师进行辅助练习，通过触摸、手把手练习等让学生C感受正确的出手方向、用力顺序和出手姿势，从而形成正确空间感、距离感和出手力量。二是可以用盲人门球、足球代替篮球，先进行地面滚动接球、传球练习，熟悉距离、声音、力量和时间等，中间也可以穿插双手胸前传球练习，进一步增强空间感觉。三是提供特殊教学用具，可以通过挂设不同高度的铃铛，让学生C进行投篮训练，逐渐感知距离、方向、高度和力度 因此，互动主要采用上图方式进行，学生C可以单独辅导和干预，学生A、B可以和同学配对练习，减少捡球时间，提高效率。在达到一定要求后，可以进行角色互换练习，让所有学生都体会不同情况下练习的难度和区	和掌握 对于其他学生存在的问题，也需要在器材和教学方式上灵活处理，并通过互动的方式强化学生间的交流、沟通和理解 课前的辅助和干预十分重要，仅依靠课堂学习，会占用大量时间，学生心理负担也会加重

续　表

教学内容	教学组织	学生活动	教学构想
		别,并相互进行交流、沟通,探讨改进的方式和策略 最后,可以发放眼罩进行投铃铛比赛,激发学生共同参与的兴趣和体验感	
6.结束部分 总结、布置 课后作业	放松活动口令和组织还是以学生A、B、C为主,加强他们的参与意识和展示机会 对这堂课进行总结,并指出存在的问题 布置课后练习和作业 以此次课学习内容作为锚点,设置问题情景,让学生课后进行探讨和练习	根据学生学习、个性等情况,将学生A、B、C与其他学生进行分组,采用抛锚式学习方式进行探究式学习和练习 前期可以提出学习和练习的要求,引导学生逐渐适应互动学习的方式,逐渐培养主动性和能动性 在下次上课时要进行检查和展示,珍惜并尊重学生的付出,同时也是有效的激励	在课后互动中,教师要提供一定的辅导和帮助,学校层面在资源教室使用及网络、盲文图书、视频、辅助器具、器材、场地志愿者等方面要提供支持 要多部门共同参与,并提供相应支援和便利

以上只是提供了融合体育教学实施的可能性案例,因为本书前面已经对教学组织、教学实施、教学协调、教学辅助等问题进行了分析,所以细节问题就未展示。我们看到,融合体育的实施虽然复杂,但具有强烈的可操作性,只要设计合理就能够保证所有学生的共同学习和进步。

对于融合体育的评价应该放在整个学校层面进行,因为我们一直强调融合体育并不是一个部门或几个部门的工作,而是整个学校协调配合的结果,融合体育只是融合教育的一个环节,因此,对整个学校融合工作开展评价是融合体育教学评价的前提和基础,对融合体育评价应包含在其中(见表10-6)。

表10-6　学校融合教育评价的主要内容

评价内容	具体指标
学校支持层面	➢学校软件支持 ✓政策 ✓制度

续　表

评价内容	具体指标
	✓奖励 ✓监督 ➢学校硬件支持 ✓无障碍环境 ✓教学资源(如场馆、设施、设备、教材、器材、辅助器具等) ✓资源教室 ✓网络
学生层面	➢学生档案 ➢志愿者 ➢教学干预和支援
教学实施层面	➢教学内容 ➢教学组织 ➢教学实施 ➢教学管理 ➢教学协作 ➢教学师资 ➢教学效果
外部协作层面	➢不同组织、部门、机构、团体 ➢社区 ➢家庭 ➢特殊教育学校

从表10-6中可以看出，融合体育必须借助学校融合教育的整体发展才能站在一个更高的平台进行推进和提升，因此，我们在研究融合体育时一定要站在更高的高度对它进行审视和评价。

发 展 篇

第十一章 融合体育与体教融合的协同

2020年4月27日,习近平总书记主持召开中央全面深化改革委员会第十三次会议,审议通过了《关于深化体教融合促进青少年健康发展的意见》[①],这对我国青少年体育事业发展具有里程碑的意义。同时,体教融合也再次引起体育界及更多人的关注。但体教融合与融合体育有什么关系?两个"融合"是否一样?它们有什么区别呢?对融合体育发展提供了什么机遇?两者如何协同呢?这是本章想要探讨的问题。

第一节 体教融合的演变及内涵

一、体育从分离、游离、结合到融合的发展路径分析

本研究认为,从新中国成立开始我国体育经历了从分离、游离到结合再到融合发展的四个阶段[②],但这四个阶段的划分并没有严格的时间界限,而是根据我国体育发展的背景、体育功能体现、发挥的作用及面临的问题而进行界定和划分的。各阶段的特点见表11-1。

---

① 体育总局 教育部关于印发深化体教融合 促进青少年健康发展意见的通知[EB/OL].[2020-08-31]. http://www.gov.cn/zhengce/zhengceku/2020-09/21/content_5545112.htm.

② 李波. 新时代体教融合的再考量[J]. 体育学研究,2020(5):31-40.

表 11-1　体育结合到体育融合的发展路径

阶段	分离	游离	结合	融合
发展的背景	➢ 民族振兴 ➢ 政治需要 ➢ 迅速崛起	➢ 奥运争光计划 ➢ 举国体制 ➢ 三级训练体制 ➢ 快速赶超 ➢ 利益驱动	➢ 运动员整体素养问题 ➢ 竞技体育发展面临困境 ➢ 国家需求转型	➢ 国家发展需求 ➢ 青少年健康发展 ➢ 体育目标重新定位 ➢ 体育需要变革
功能和作用	➢ 增强民族体质、自信、凝聚力 ➢ 提升国际地位 ➢ 快速显著	➢ 竞技水平快速发展 ➢ 国际影响快速提升 ➢ 振奋民族精神 ➢ 引领带动	➢ 素养提升 ➢ 促进竞技体育多样化发展 ➢ 反思与审视	➢ 体育发展的重新定位 ➢ 体育转型 ➢ 体育整体提升 ➢ 观念转变
面临的问题	➢ 重心偏离 ➢ 发展不均	➢ 孤立发展 ➢ 脱离教育 ➢ 金牌至上 ➢ 制约学科发展 ➢ 误解体育	➢ 重点在竞技体育 ➢ 治标未治本 ➢ 游离本质未改变 ➢ 体育和谁结合？ ➢ 学科发展受限	➢ 体制问题 ➢ 协调问题 ➢ 学科问题 ➢ 观念问题 ➢ 利益问题

那么，讲到分离、游离必然有一个体育和谁分，何谓游离的问题，这也是后面探讨结合存在的问题及融合本质问题的关键点，下面一一进行分析。

1. 国家和民族需求所造成的被动分离

这一阶段如果一定要给一个时间范围，可以界定为从新中国成立后一直到 70 年代末，由于"文化大革命"，中间有 10 年的停滞期。

这一时期新中国刚成立，百废待兴，但人民干劲十足，热情高涨，无论是从国家层面还是民族层面，都迫切希望摆脱旧中国的桎梏和"东亚病夫"的屈辱。新中国需要通过一定的方式提高国际政治形象，获得国际社会的认可，并冲出西方资本主义国家所有的封锁和包围，取得社会主义国家应有的政治地位。同时，无论是基于国家建设、生产发展还是民族健康水平，国民体质快速提升成为迫在眉睫的任务。而根据当时新中国政治、经济、文化、教育等的发展状况，能够胜任这些重任的唯有体育。然而怎样的体育方式能够快速达到这些目的呢？竞技体育成为不二的选择。

但这是一个顺应国情的自然选择过程，而不是刻意为之。新中国成立后的第 26 天，中华全国体育总会筹备委员会成立，1952 年，毛泽东主席为中华全国体育总会题了著名的"发展体育运动，增强人民体质"一词，同年成立了国家运动委员会，开启了新中国体育发展的新篇章。1953 年，毛泽东提出"身体好、学习好、工作好",表明了体育与教育的同等重要性。同年,时任国家体委主任贺龙指出要在国家"一五"期间,重点开展群众性体育运动。1954年,学习苏联经验,原国家体委颁布了《准备劳动与卫国体育制度暂行条例和项目标准》,即"劳卫制",同年,国家体委、高教部、教育部、卫生部、团中央、全国学联等单位发出了《关于在中等以上学校中开展群众性体育运动的联合指示》,从而掀起了全国中学和大学群众性体育活动的热潮[1]。到1956年,全国达标人数为200多万人,全国21个产业系统建立了全国性体育协会和筹备委员会,成立了3.6万多个基层体育协会,会员达到430万人[2]。1959年,周恩来总理在二届全国人大一次会议所作的《政府工作报告》中指出,在体育工作中,应当贯彻普及与提高相结合的方针,广泛开展群众性的体育运动,逐步提高我国的体育水平。

可以看出,这时候的体育无论是作为社会活动还是教育活动都是在一个正常轨道里,它虽然带着特定的任务,但不是单独在发展,它的影响和参与领域相对是广泛的,发挥着它应有的功能及作用。

但在1958年,因国际政治原因,国际奥委会中出现了"一国两会"式的"两个中国"的现象,中国和国际奥委会的正常联系被迫中断[3]。此时,提升国家竞技体育实力,打破敌对势力的封锁,成为新中国面对的重要政治任务。因此,自1958年开始,基于上述原因,加之经济水平制约,国家调整了群众体育发展规划,将体育工作的重心放到运动训练工作上[4]。同时指出,青少年业余体育学校是发现和培养高水平运动员的有效途径,所有体育院校都应当负责办一所或几所以中学生为主要对象的青年或少年业余体育学校,建议教育部门要求所属师范学院体育系科、条件较好的中学和师范院校单独举办或几个学校联合举办青少年业余体校[5]。1963年,国家体委在"关于试行运动队伍工作条例"的通知中提出,要求运用各种业余训练形式,其中主要是青少年业余体育学校中发现、选拔运动人才,今后吸收运动员,一般应做到经过青少校(或少年宫)的训练。在1965年6月召开的全国群众体育工作会议上,再次提出了各地都应集中力量办好重点青少年业余体校,一定要源源不断地培养出一些优

---

[1] 劳卫制[EB/OL].[2020-01-09]. https://baike.baidu.com/item/%E5%8A%B3%E5%8D%AB%E5%88%B6/1246137.
[2] 卢元镇.中国职工体育全书[M].北京:红旗出版社,1997:32.
[3] 崔乐泉.中国奥林匹克运动通史[M].青岛:青岛出版社,2008:230.
[4] 体育运动文件汇编(1949—1981)[M].北京:人民体育出版社,1989:144.
[5] 马宣建.我国体教结合政策的形成与发展研究[J].上海体育学院学报,2005(2):1-5.

秀运动员向专业队输送①。由此形成了以"思想一盘棋,组织一条龙,训练一贯制"为指导方针的运动员培养"三级训练网"。1960年,成立时间不足5年的中国登山队,完成了人类历史上第一次从北坡登顶珠穆朗玛峰的壮举。1959年容国团世乒赛夺冠,1961年乒乓球队再夺3项世界冠军,1971年"乒乓外交"成就体育外交经典。这些体育佳绩,不仅为中国竞技体育注入了更多信心,也为各行各业艰苦奋斗的中国人带来了巨大鼓舞。在经历了10年"文化大革命"的停滞期后,1973年恢复在亚洲运动会联合会席位,1979年11月在国际奥委会的合法地位也得以恢复。这再次激发了国家和人民的建设激情和拼搏斗志,而竞技体育又责无旁贷地承担起这一历史使命。1979年2月,在全国体育工作会议上,要求国家体委和各级体委在普及和提高相结合的前提下侧重抓提高。

由此可见,这一时期提出了普及与提高相结合的体育发展方针,基于当时的国情、外部环境及主要矛盾,以及竞技体育所具备的特性,由于借助竞技体育的发展快速提升了新中国的国际地位及影响力,振奋了民族精神,提高了国民体质,因此使其被提到了更重要的位置。加之体育院校、师范体育系科的成立,以及"三级训练网"等机制的建立,体育的重心不自觉地偏向竞技体育,并表现出"独立"发展的趋势,由此带来的连带效应,让体育整体被动地从正常的教育及社会活动中分离出来。

2. 从分离到游离,体育走向孤立发展之路

如果说前面是从新中国体育发展的历史主线及主要事件对体育的"分离"进行剥离的话,那么下面将从一些典型现象入手,来探讨体育又是如何从分离走向游离的。

1980年,在《国家体委关于加速提高体育运动技术水平的几个问题的请示报告》中,国家体委按照"以奥运会为重点,兼顾一般"的原则,对竞技体育工作重新进行调整,初步形成了以竞技体育为先导、奥运会为重点带动体育事业全面发展的战略布局。

这一时期最具代表性的就是"举国体制"的不断强化,"三级训练体制"的不断成熟,"奥运争光计划"的制订与实施,其成效也非常显著。中国体育在1982年的第九届亚运会上首获金牌第一,从此傲视亚洲。1984年,许海峰成为中国首位奥运冠军。中国女排在20世纪80年代的世界杯、世界锦标赛和奥运会上,勇获五连冠。从2000年悉尼奥运会金牌总数第三到2008年北京

---

① 吴建喜. 论体教结合向体教融合的转变[D]. 北京:北京体育大学,2009.

奥运会金牌总数第一,我们仅仅用8年时间就完了质的飞跃。2012年伦敦奥运会和2016年里约奥运会,中国依然稳居前三。应该说,我们所取得的辉煌成绩不胜枚举,极大地振奋了民族精神,国际地位及影响力日益扩大,同时也带动了中国体育的整体发展和提升,并且在科技、人文、环境保护等方面也发挥了体育特有的功能和作用。

但与此形成鲜明对比的恰恰是青少年体质连续下滑,目前依然不容乐观。2016年,由教育部统筹对全国31个省份和新疆生产建设兵团近12万初高中学生进行了调查,其中,"健身行为"全国平均得分仅为40.8分,没有一个省份达到60分。

1995年,全国人大八届三次会议的《政府工作报告》明确指出,体育工作要坚持群众体育和竞技体育协调发展的方针,把发展群众体育、推行全民健身计划、普遍增强国民体质作为重点。同年又颁布了《奥运争光计划纲要》和《全民健身计划纲要》[①]。2007年,我国经常参加体育锻炼的人口为28.2%,但据最新"全民健身状况调查报告",经常参加体育锻炼的人数只有33.9%,可以看出,与竞技体育的辉煌相比,进步是相当缓慢的[②]。

而最令体育人尴尬的是,在我们通过不懈努力摆脱了外部对我们"东亚病夫"的歧视后,在内部又被扣上了"头脑简单、四肢发达"的帽子。人们一方面在为奥运健儿为国争光而欢呼骄傲,另一方面又用有色眼镜看待体育。人们越来越注重健康,但体育课被肆意占用,终身体育意识依然薄弱。

那么,这么多矛盾的主要症结在什么地方?许多专家学者从不同角度进行了研究,也进行了尝试,体教结合就是其中之一。但笔者认为最主要的原因就是体育从最初的分离变成了游离,从而导致体育在发展中缺少了支撑、缺少了互动、缺少了参与、缺少了理解和认可,在很多方面失去了可持续发展的动力。

首先,举国体制对中国体育的作用功不可没,这自不必多说。一方面,举国体制的初衷是举全国之力发展新中国体育,但因为前面分析的原因,导致发展重心的偏离,竞技体育明显处于主导地位,学校体育、群众体育明显处于下风。虽然在政策层面、政府层面、国家层面依然强调全面发展,但具体实施时并非如此。另一方面,举国主要举全国之财力,但在实施时,主要依靠的是体育领域和体育部门,其他领域或部门的参与被不自觉地淡化,导致体育发展成

---

① 田雨普. 新中国60年体育发展战略重点的转移的回眸与思索[J]. 体育科学,2010(1):3-9.
② 全民健身活动状况调查公报[EB/OL]. [2015-11-16]. http://www.sport.gov.cn/n16/n1077/n1422/7300210.html.

为体育自己的事,似乎与他人无关。

其次,我们可以看到,"三级训练体制"及20世纪50年代开始创办的我国高等体育院校,其初衷主要是为高水平竞技体育服务的。而"三级训练体制"直接将体育人才培养独立了出来,自成体系,并且依靠的主要是体育领域内部的资源,从学习、生活、训练都是在特定的"体育空间"内完成的。同样,体育院校最初的定位也是服务于竞技体育,并与"三级训练体制"有紧密联系,其运作模式没有改变体育领域自己运转的情况,在教学、训练及科研等方面主要是自己培养、自己使用、自我消化,近亲繁殖现象比较严重。

由此导致了出现以下问题。

第一,体育独自承担了国家和民族所赋予的历史重任。一方面,体育取得了辉煌成绩,并得到了必要的认可;另一方面,体育也将自己分离出来,并且在惯性的作用下,它与整个社会的壁垒反而越来越严重,导致其处于一种游离状态。体育光鲜的背后是体育发展的落寞和无奈。

第二,直接导致了无论是学校体育还是群众体育都很难直接参与到体育实际的发展及建设中去,造成整体社会对体育的认识不足、理解不够、误解加深,从而造成竞技体育与学校体育、群众体育巨大的反差,也导致非体育领域无从参与体育,对体育不重视,参与动力不足等问题。

第三,体育学科发展直接受到限制。体育院校、师范类体育系科,以及后面逐渐发展起来的综合性大学体育系、体育学院,一直没有摆脱体育自身发展的桎梏,学科发展缺少母学科的支撑,在自己本原学科上也很难得到更高层次的提升。由此导致体育学科发展滞后于其他学科,缺少技术创新、科学创新,缺少必要的话语权,难以得到认可和尊重。在2011年国务院学位办、教育部颁布的最新《学位授予和人才培养学科目录》中,增设了艺术学为新的学科门类,而体育学再次落选就可见一斑了。

因此,游离就是置身事外,与外界不发生必然的联系,缺乏必要的联系,这不是体育某个阶段的问题,而是目前存在的一个现实问题。体育作为综合性学科应该是一个开放的系统,不仅要"走出去",还要"引进来",同时也要吸引其他领域或学科主动介入,只有这样体育才可能可持续发展。

3. 对体教结合的反思

体教结合是从20世纪80年代就开始提出了,在经历了几十年的尝试之后,对体教结合的理解也是在不断演变和充实的,体教结合的尝试和实践也主要体现在三个方面。

第一,高水平竞技运动员培养与社会脱节问题。这应该是体教结合提出的初衷,举国体制下,国家培养了大批优秀运动员,无论他们是否有机会为国家效力,最终都面临再就业、再创业的问题,但实际情况是文化素养较低、综合能力不强、择业困难等矛盾。因此,体教结合的提出首先就是解决运动员教育、能力提升及退役安置问题。

第二,探索不同模式的高水平运动队建设及体育后备人才培养问题。基于高水平运动员的培养和教育,体教结合被广泛认定为体育与教育的结合,而"体"也自然被认定为高水平运动队和运动员,"教"则和学校挂钩,因为这是解决高水平运动员教育问题最直接的办法。

因此,1986 年 11 月 11 日,原国家体委和原国家教委印发了《关于开展学校业余体育训练,努力提高运动技术水平的规划(1986—2000 年)》。1987 年 4 月 9 日,原国家教委下发了《关于普通高等学校试行招收高水平运动员工作的通知》,并首次确立了全国 51 所招收高水平学生运动员的试点院校。截至 2018 年,全国共有 275 所高校具有高水平运动队招生的资格。竞技运动后备人才培养的常规模式包括各类体校、传统体育项目学校和体育后备人才试点学校,以及试办高水平运动队的高校等几种形式。高校体教结合模式也出现了混合型模式、省队校办模式、清华模式、南体模式等不同种类的尝试或实践。

第三,国家高水平运动员培养的转型。针对体教结合,无论是从学者还是实践层面都进行了大量的研究和尝试,但"举国体制""奥运金牌战略"下的"三级训练网"依然是高水平运动员输送的主要途径,其"优、劣"已经不用赘述。

2005 年进行了转型的设想,这在《教育部国家体育总局关于进一步加强普通高等学校高水平运动队建设意见》中得到了体现:"普通高等学校建设高水平运动队的目的是为国家培养全面发展的高水平体育人才,目标是完成世界大学生运动会及国际、国内重大体育比赛的参赛任务,为国家奥运争光计划和竞技体育可持续发展做贡献。"特别是 2008 年北京奥运会前后,转型成为讨论的焦点。此时,在中国经济、政治、文化等综合实力已经得到实质性飞跃并获得国际社会广泛认可的背景下,体育的政治使命已经开始淡化,而发达国家的培养模式也提供了一定的借鉴。这一点在 2017 年印发的《实施意见》里得到了进一步的说明:"引领学校体育课余训练和竞赛发展,为国家培养全面发展的高水平体育人才,完成世界大学生运动会及国际、国内重大体育比赛任务,充分展示我国大学生的精神面貌。"但其实际效果显然不尽如人意,应该说,这种转型基本还是停留在高校办高水平运动队的层面,我们从高校向国家输送高水平运动员参加国内、国际大赛的数量就可见一斑。也就是说,高水平运动员多样化培养和输送与高水平运动员能力综合提升的矛盾其实依然存在,只是在新的尝试下有了不一样的表现。

可以看出,体教结合的尝试在一定程度上改善了体育与教育的关系,提升了运动员综合素养,开创了高水平运动员培养和输送的多种模式和途径,也给学校体育、群众体育带来了新的活力,但一些主要矛盾依然严峻,中国要从体育大国向体育强国迈进显然需要更强有力的变革。那么体教结合需要我们反思的地方在哪里呢?本文认为有以下几点。

第一,矛盾主体偏差。体教结合最初的主体就定位在高水平运动员,但这只是矛盾的表象,不一定是矛盾的本质。高水平运动员的培养以及教育问题只是整个体育发展的突出体现,也正是在竞技为主的观念下,我们忽视了其背后存在的问题,即体育的分离与游离问题,也就是说是体育整体出现了偏离,最终在高水平运动员问题上变得尖锐和突出。

第二,概念偏差。体教结合,为什么要结合呢?体育就是教育、文化、娱乐、政治、经济、军事等多种功能的复合体,它本身就具有强烈的教育和文化功能,也是整个教育、社会活动的重要组成部分,这不仅是体育自身的属性,也是体育的外在价值。因此,结合的提法忽视了体育应有的更广泛的价值和定位。

第三,问题切入偏差。我们在竞技体育发展上出现了问题,对其进行纠偏是无可厚非的,但要彻底解决问题,必须抓住问题的本源,否则就会出现目前这种治标不治本的尴尬局面。因此,如何让体育从分离、游离的状态回归它原有的轨道,这才是切中问题本源的关键。只有体育真正的回归,那么青少年健康发展问题、全民健身问题、竞技体育可持续发展问题等等才有望得到全面解决,这需要一定的时间,但找准问题就是成功了一半。

4. "融合"的本质是"回归"

体教融合提出的背景主要有以下几个方面。

第一,体教结合的尝试和实践对于现实问题的解决没有产生明显的效果,结合在一定程度上仅仅是一种组合,体育所面临的矛盾和问题只是减轻或转移了,并没有得到实质性解决,同时还衍生出一些新的问题。

第二,随着国家综合实力的不断提升,小康社会基本实现,健康中国全面推进,国家总体目标有了新的变化,对体育有了更丰富的要求,体育某一方面的突出表现显然已经不符合国家整体发展要求,融合已经不是针对某一方面,而是针对体育的整体。

第三,《关于深化体教融合促进青少年健康发展的意见》的审议通过,表明了国家对提升民族整体健康水平的决心,也给予了体育更多的期待和展望,是体育界新的机遇和挑战。但经历过前面一系列的尝试之后,我们应该意识到,该意见虽然是针对青少年健康发展的,但其背后应该有更深层次的含义,我们不能再停留在问题表面,我们应该警醒,不能再出现体教结合所出现的概念、主体及问题切入的偏差。

应该说,从结合到融合是一个质的飞跃。显然,"融合"比"结合"有了更深层的内涵,这也是一个从问题表面向问题深处进行追溯的过程,是一个将"两张皮"变成一个"整体"的过程。因此,这里就有必要探讨一下融合的本质问题。

本文认为"融合"的本质是回归,理由如下。

第一,根据前面的分析,中国的体育发展之路其实经历的是一个从分离到游离的过程。体育作为一种社会文化活动,其功能体现本来就是多样化的,并且不能摆脱正常的社会关系和社会活动,体育是整个社会文化活动的组成部分之一,而健康、竞技又是体育作为社会文化活动的一部分,并不是全部。但在实际发展过程中,体育从一个系统的、有逻辑关系的体系中剥离出来,成为一个独立的体系,分离也就是说体育从原本的轨道偏离,游离则是直至脱离正常轨道。由此,体育一方面失去了更广泛的服务对象;另一方面也失去了发展所必需的支撑和关系。因此,融合的本质其实是体育的回归,回归体育的自我。

第二,有学者提出融合是体育与教育融合,也有学者认为是回归教育,笔者认为两种说法都不准确,应该是回归大教育体系。因为前者所说的教育,主要指的是特定的教育过程,或者体育的教育表现,抑或是教育在体育中的作用,显然是不准确的。首先体育作为社会文化活动,本身就具有教育的属性,体育的实施就是一种教育过程,一种教育体现,而这只是体育原本作为社会文化活动的一部分。体育回归大教育体系,是将体育作为整个教育体系的有机构成,在发挥体育教育、文化、经济、政治等功能的同时,作为一个开放系统,与大教育体系内的不同领域(学科)产生良性互动,在输出教育的同时,也输入教育,实现体育系统内的自我完善和自我充实。

第三,回归学科,赋予科学性。体育整体的发展以及可持续的发展,最终是需要一个科学体系作为支撑的,而学科发展是科学性的重要体现,学科是教学、科研及社会服务三大功能的基本单元。体育作为综合性的学科,决定了体育学科发展的复杂性、综合性和多元性。但体育的分离及游离造成了体育学科发展的先天不足,缺乏完备的学科体系、完善的学科课程群及具体的研究方向。这就造成体育学科建设的科学性、现代性难以体现,教育部颁布的最新《学位授予和人才培养学科目录》中增设了艺术学为新的学科门类,而体育学再次落选就说明了这一问题。这一方面造成体育在其自身发展中缺乏强有力的理论支撑；另一方面造成体育失去了展现自我的机会，同时也失去了与其他学科交流合作、共同进步的平台，更严重的是造成了社会对体育的不认同、不理解、不接受。基于前面的分析，这些就导致了体育在孤独地前进。

二、从彼"融合"到此"融合"的飞跃

从前面的分析中我们可以看出，从第一阶段体教结合的尝试到第二阶段体教结合及体教融合的转变，再到第三阶段体教融合的再次尝试，一直到第四阶段体教融合再次面临机遇和挑战，内涵也在逐渐丰富。正如图11-1所示，"融合"从以前重点关注"运动员""竞技体育"，开始向青少年以及学校体育、学校教育转变，此"融合"已经非彼"融合"，体育教育开始回归正常化，当然，这条路注定是充满坎坷和困难的。

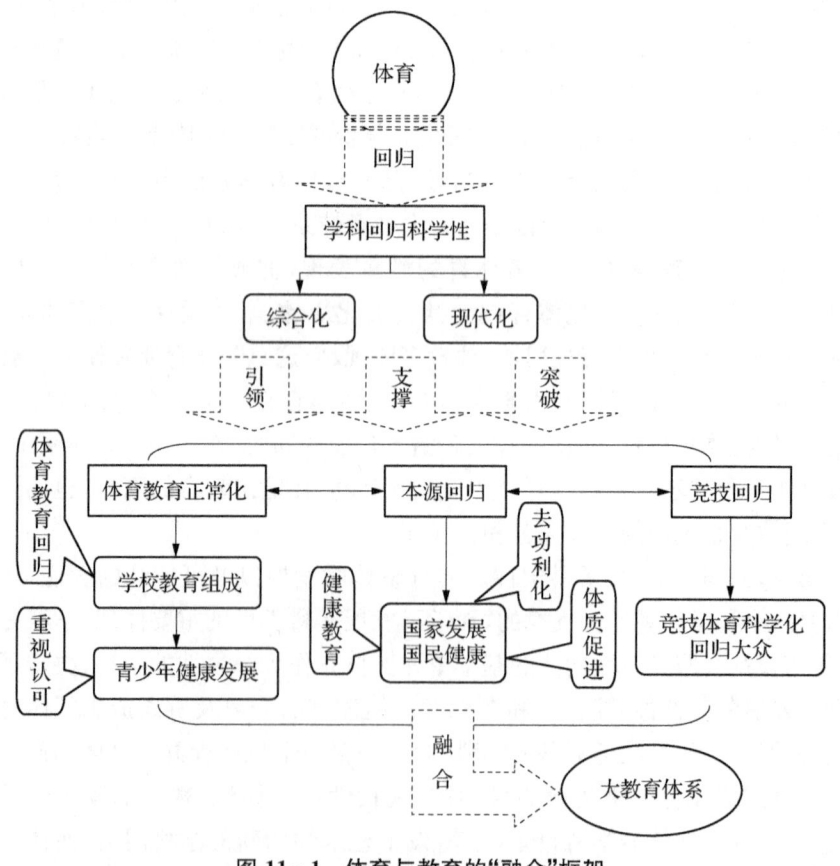

图 11-1 体育与教育的"融合"框架

体育教育正常化就是体教融合最好的体现,《关于深化体教融合 促进青少年健康发展的意见》的第一条"加强学校体育工作"就指出,树立健康第一的教育理念,面向全体学生,开齐开足体育课,帮助学生在体育锻炼中享受乐趣、增强体质、健全人格、锤炼意志,实现文明其精神、野蛮其体魄。但目前学校体育被边缘化的现状是不争的事实,边缘化的原因是不重视。为什么不重视呢?归根到底是对体育的教育性和科学性认识不足,缺乏对体育应有的尊重,这才是体育被边缘化的重要原因。科学性体现的重要方面就是前面所述的体育学科建设问题。而教育性就是要保证体育教育在整个学校教育工作中良好参与,让学生、教师、家长及全体社会成员认识到体育不仅对学生体质健康发挥着不可替代的作用,在人格、心理及社会适应等方面依然具有不可替代的作用。

2007—2017年期间,我国共颁布青少年体质健康相关政策88项。《教育部2004—2007年教育振兴行动计划》的颁布实施,以及党的十八届三中全会通过的《中共中央关于全面深化改革若干重大问题的决定》都对学校体育改革提出了"强化体育课和课外锻炼,促进青少年身心健康体魄强健"的明确要求。2008年5月,首届"全国亿万学生阳光体育运动推进会"得以实施。2012年10月,国务院下发了《国务院办公厅转发教育部等部门关于进一步加强学校体育工作若干意见的通知》。2014年4月,教育部颁布了《学生体质健康监测评价办法》《中小学校体育工作评估办法》及《学校体育工作年度报告办法》三个文件。2016年9月8日,国家体育总局颁布实施了《青少年"十三五"规划》。同年10月,国务院颁布了《"健康中国2030"规划纲要》。2017年3月31日,《中小学体育工作督导评估办法》在原有基础上调整完善了学生体质测试监督评估体系,以保障学生体质健康的持续发展。2019年8月10日,国务院办公厅印发实施了《国务院办公厅关于印发体育强国建设纲要的通知》。2020年4月,《关于深化体教融合促进青少年健康发展的意见》审议通过。这一系列的文件都体现了国家对青少年健康问题的高度关注。但为什么青少年体质健康问题依然严峻,政策难以落实呢?我们可以看到,政策的内容主要偏向于具体结果的指标,更多反映的是体育在身体健康方面单一功能的体现,体育的教育功能、教育实施以及教育参与在学校教育中没有得到充分体现,导致对体育的认识是片面的,不能与学校整体教育工作相统一,成为可有可无的教学活动,政策的落实更多地流于形式。

从上面我们可以看出以下几点。

第一,"体教融合"面向的是全体学生,是全体学生体质健康的提升,特殊群体学生一个也不能少。

第二,"体教融合"的"融合"开始向学校体育、学校教育转变,更强调体育功能全面性的发挥,更强调体育的教育功能和教育价值。因此,融合体育作为学校教育和学校体育的重要组成部分,对于特殊群体学生的体育教育也应该是体教融合必须关注的。虽然两个"融合"含义不同,但有非常高的契合度。

第三,融合体育无论是在理念层面还是实践层面都是对体教融合非常重要的补充,它丰富了体教融合的内涵和外延,让体教融合真正惠及所有学生。

第二节 融合体育与体教融合的协同

一、体教融合为融合体育提供了发展的机遇和平台

为贯彻落实习近平总书记关于体育强国建设的重要指示和全国教育大会精神,充分发挥党委领导和政府主导作用,深化具有中国特色的体教融合发展,推动青少年文化学习和体育锻炼协调发展,促进青少年健康成长、锤炼意志、健全人格,培养德、智、体、美、劳全面发展的社会主义建设者和接班人,经国务院同意,根据"一体化设计、一体化推进"原则,体育总局、教育部联合印发了《深化体教融合 促进青少年健康发展意见的通知》(以下简称《意见》)。《意见》总体涉及八个方面,即加强学校体育工作、完善青少年体育赛事体系、加强体育传统特色学校和高校高水平运动队建设、深化体校改革、规范社会体育组织、大力培养体育教师和教练员队伍、强化政策保障、加强组织实施。

应该说,促进青少年健康发展只是一个着眼点,其最终是促进学校体育工作的整体推进,体育在学校教育中的地位越来越被重视,为体育功能的全面发挥和实现也创造了更高的平台。而"一体化设计、一体化推进"显然应该包括特殊群体学生的健康提升、特殊群体学生体育教育、特殊群体学生的竞赛以及和他们相关的师资培养、政策保障等等。可以说,八个方面和融合体育发展都有密切关系,"一体化设计、一体化推进"有必要将融合体育发展纳入整体规划、设计和推进计划之中,不让一名特殊群体的孩子落下,学校和体育领域也

应该抓住这次机遇,努力贯彻落实这次《意见》的精神,将融合体育的发展提升到一个新高度。

二、融合体育丰富了体教融合的内涵

融合体育的"融合"和体教融合的"融合"显然是不一样的,但两者在理念上是具有一致性,都是为了所有学生,虽然在《意见》中并没有特别涉及特殊群体学生和融合体育,但体教融合的"融合"显然是包含特殊群体学生的。融合体育如果能够抓住机遇,不仅能有更大的发展空间和更高的发展平台,也能得到更多的支援。同时,它也丰富了体教融合的内涵,真正是让所有学生受益,关注发展中的细节,让所有学生的健康得到发展。这对于残疾人体育事业、残疾人体育人才培养都是极为重要的,这样的融合也是体教融合最终的目标。

另外,融合体育也丰富了体教融合的教育内涵,通过融合体育教育全体学生,培养学生具备协作精神、团队意识、无私奉献的品格、坚强的意志品质,这不正是"立德树人",培养德、智、体、美、劳全面发展的社会主义新人所需要的吗?因此,融合体育的推进和实施也成为践行体教融合的重要途径,让体育与教育融为一体,发挥对所有学生的教育功能。

三、特殊群体学生体质健康是体教融合的重要组成

从 1985 年开始,中国进行了全国青少年体质健康调查,调查显示,中国青少年的体质在持续下降。截至 2020 年,全国学生体质健康不及格率为:小学生 6.5%,初中生 14.5%,高中生 11.8%,而大学生为 30%。《学校体育工作条例》和《全民健身条例》规定在校学生每天要保证 1 小时的体育活动时间。但《基本情况调查》显示,只有 18% 的学生能达到每天 1 小时的体育活动时间,42% 的学生只能达到每天 0.5 小时的体育活动时间,而有 40% 的学生达不到每天平均 0.5 小时的体育活动时间。并且,随着年级的增高,能够达到每天 1 小时体育活动时间的学生在逐渐减少,高中学生的情况最差,只占 12.5%,而情况最好的小学生也只能达到 22.6%。

普通学生面临的问题如此严峻,特殊群体学生作为弱势群体境遇可想而知。《深化体教融合 促进青少年健康发展意见的通知》中强调:"树立健康第一的教育理念,面向全体学生,开齐开足体育课,帮助学生在体育锻炼中

享受乐趣、增强体质、健全人格、锤炼意志，实现文明其精神、野蛮其体魄。"因此，特殊群体学生体质健康问题是体教融合贯彻落实过程中必须重视的，无论是从学生层面、学校层面，还是从健康中国发展和落实层面，特殊群体学生必须得到足够重视和关注，而他们的健康就要看融合体育的发展。因此，新的时代赋予了我们新的机遇和挑战，也希望融合体育能借此得到真正的发展。

第十二章　融合体育大中小幼的衔接

第一节　融合体育大中小幼衔接的意义

从表12-1中可以看出，目前残疾幼儿人数、中小学随班就读的残疾学生人数以及普通高校残疾大学生人数虽然相比于我国残疾人总体并不算高，但由于我国有8500多万残疾人这个庞大的基数，所以数量还是非常可观的，是不可忽视的群体。

表12-1　2008—2020年残疾学生在校生人数[①]　　　　单位：人

年份	公益资助学前幼儿	小学特殊教育班	小学随班就读	中学特殊教育班	中学随班就读	特殊教育学校	高中	送教上门	中职学校	高等特殊教育学院	普通高校
2008	0	4 587	188 831	210	70 474	153 338	5 464	0	9 932	1 032	6 273
2009	0	4 473	187 650	184	76 856	158 962	6 339	0	11 448	1 196	6 586
2010	0	3 731	180 538	208	75 124	166 012	6 067	0	11 506	1 057	7 674
2011	6 627	3 206	151 640	215	70 172	173 503	7 207	0	11 572	877	7 150
2012	10 000	3 109	138 881	144	57 619	178 998	7 043	0	10 442	1 134	7 229
2013	10 000	3 150	129 508	147	58 026	177 195	7 313	0	11 350	1 388	7 658
2014	11 000	2 919	146 779	140	59 218	185 746	7 227	0	11 671	1 678	7 864
2015	12 000	2 858	169 124	157	67 467	202 526	7 488	0	8 134	1 678	8 508

[①] 凌亢. 中国残疾人事业发展报告（2021）[M]. 北京：社会科学文献出版社，2021.

续　表

年份	公益资助学前幼儿	小学特殊教育班	小学随班就读	中学特殊教育班	中学随班就读	特殊教育学校	高中	送教上门	中职学校	高等特殊教育学院	普通高校
2016	2 607	3 023	192 598	272	74 854	220 918	7 686	0	3 855	1 941	9 525
2017	18 685	2 924	216 621	266	84 193	242 659	8 466	0	12 968	1 845	10 818
2018	17 216	2 774	232 328	159	96 740	271 519	7 666	0	19 475	1 873	11 154
2019	7 489	2 985	192 598	117	74 854	303 545	8 676	0	17 319	2 053	12 362
2020	5 409	特教班 4 221，随班就读 435 800				238 300	10 173	202 600	17 877	2 253	13 551

中共中央国务院印发的《"健康中国2030"规划纲要》的第三章"战略目标"中指出，到2030年，促进全民健康的制度体系更加完善，健康领域发展更加协调，健康生活方式得到普及，健康服务质量和健康保障水平不断提高，健康产业繁荣发展，基本实现健康公平，主要健康指标进入高收入国家行列。到2050年，建成与社会主义现代化国家相适应的健康国家。第六章"提高全民身体素质"的第四节"促进重点人群体育活动"中强调，制订实施青少年、妇女、老年人、职业群体及残疾人等特殊群体的体质健康干预计划。实施青少年体育活动促进计划，培育青少年体育爱好，基本实现青少年熟练掌握1项以上体育运动技能，确保学生校内每天体育活动时间不少于1小时。到2030年，学校体育场地设施与器材配置达标率达到100%，青少年学生每周参与体育活动达到中等强度3次以上，国家学生体质健康标准达标优秀率25%以上。加强科学指导，促进妇女、老年人和职业群体积极参与全民健身。实行工间健身制度，鼓励和支持新建工作场所建设适当的健身活动场地。推动残疾人康复体育和健身体育广泛开展。

国务院印发的《全民健身计划（2021—2025年）》同样指出，促进重点人群健身活动开展。实施青少年体育活动促进计划，推进青少年体育"健康包"工程，开展针对青少年近视、肥胖等问题的体育干预，合理调整适合未成年人使用的设施器材标准，在配备公共体育设施的社区、公园、绿地等公共场所，配备适合学龄前儿童大动作发展和身体锻炼的设备设施。提高健身设施适老化程度，研究推广适合老年人的体育健身休闲项目，组织开展适合老年人的赛事活动。完善公共健身设施无障碍环境，开展残疾人康复健身活动。推动农民、妇女等人群健身活动开展。推进全民健身融合发展。深化体教融合。完善学校体育教学模式，保障学生每天校内、校外各1个小时体育活动时间。整合各级各类青少年体育赛事，健全分学段、跨区域的青少年体育赛事体系。加大体育传统特色学校、各级各类体校和高校高水平运动队建设力度，大力培养体育教师和教练员队伍。规范青少年体育社会组织建设，鼓励支持青少年体育俱乐部发展。

国家体育总局和教育部近日联合印发的《关于深化体教融合 促进青少年健康发展的意见》中，也在学校体育工作、师资培养、政策保障等多个方面都强调了大中小幼衔接发展的问题。

从上面也可以清楚地看出，从国家、社会和学校层面对特殊群体的健康、健身都是非常重视的，已经上升到了国家战略。这也要求融合体育的发展必须适应国家、社会发展的需要，跟上时代发展的脚步，在提升全民族整体素质方面发挥自己的作用。因此，融合体育应该是民族健康的长远考虑，单打独斗式的教育模式已经不适合当今社会对体育发展的要求，融合体育必须努力做到大中小幼的衔接发展，目前面临的问题及意义如下。

第一，目前存在整体发展滞后问题。目前的融合体育无论是学前融合体育、中小学融合体育，还是大学融合体育方面，发展水平与国内融合教育发展相比是滞后的，与国际发展水平的差距更大。特别是学前融合体育发展基本处于起步阶段，中小学由于我国随班就读模式的开展已初见成效，带动了体育的发展，而高校也实施了多年的"体育保健课"教学模式，很多学校也做了大量尝试，在一些方面也取得了一些成效。但总体发展在理念、教学实施、整体保障、管理等方面还是比较滞后的，融合体育在很多学校并没有得到足够的重视，还没有形成完整的教学体系和成熟的教学模式。

第二，大中小幼衔接存在明显断层。从体育整体发展来看，大中小幼衔接就存在问题，融合体育发展更是如此。大中小幼发展存在明显不均衡的发展态势。对特殊群体的体育教育还缺乏整体规划和协调，大中小幼之间基本是割裂的，教学内容不成体系，同时也缺乏连贯性、延续性，所以也造成很多残疾学生在不同阶段都缺乏必要的支持，直接影响他们的体育参与、体育行为养成、体育意识提升，对他们的健康及康复都造成极大影响。

第三，缺乏规范教材及专业师资队伍。现在无论哪个阶段都缺乏专业、系统的教材，普通学校的体育教师不知该如何教、教什么，很多都是借助普通学生教材，再加上我们一直强调的专业师资队伍的匮乏，造成融合体育开展举步维艰。

第四，缺乏必要的硬件支援。目前针对特殊群体体育参与的无障碍环境建设还是处于比较滞后的阶段，这在本书前面部分已经有了详细的调查和分析，这里不再赘述。这包括教学资源，例如，盲人乒乓球台、盲人门球、轮椅、辅助器具、资源教室建设等都是制约融合体育发展的基本条件。如果大中小幼能够衔接，那么很多资源就可以做到共享，让融合体育发展具有延续性、持久性。

第二节　融合体育大中小幼衔接的设想

衔接问题是非常复杂的，由于篇幅问题，这里主要对融合体育大中小幼衔接的内容和作用进行简要分析，提供一个思路和参考。图12-1给出了融合体育大中小幼衔接的框架，下面就主要问题进行分析。

第一，体育及相关信息共享。学校的学习时间在人的一生中占据了重要部分，随着越来越多的特殊群体学生进入学校、进入高校学习，学校也成为他们成长的重要阶段。大中小幼衔接可以从他们人生的最初阶段就达成信息的共享，包括他们的障碍信息、康复治疗信息、体育参与信息、体育康复信息、心理信息等。在建立隐私保密制度的前提下，做到信息的共享和跟踪，从而让学生在整个学习阶段都能形成信息的延续性并逐渐丰富，形成他们体育参与、体育康复、体育锻炼等的重要参考和依据，同时也可以和相关康复机构、医院和社区共享，及时掌握他们的情况，直至他们走向社会，这份支援和保障始终伴随着他们。

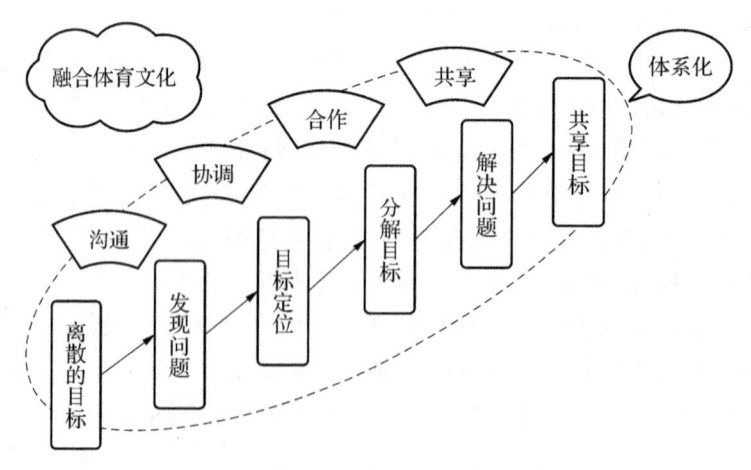

图12-1　融合体育大中小幼衔接的框架

第二，保证融合体育实施的体系化。特殊群体学生在每个阶段的发展都是不一样的，如果在特定的阶段得不到应有的支持，也可能就错过了康复或健身的最佳时机。所以每个阶段的学习都应有明确的目标和任务，并保证各个阶段在康复、健身、心理、社会适应等方面的连贯性，这就需要体系化的建设。这包括教材编制、教学内容选择和设计、教学方法运用、教学实施、教学策略等一系列问题，应该是分阶段、分步骤、分重点地进行整体规划和设计，确保大中小幼各阶段都有明确的目标和任务，包括必要的支援和支持，不同部门、不同机构都应保证支援的连贯性和延续性，以保证融合体育实施的体系化。

第三，形成有效的师资培养和支持。只有形成了大中小幼各阶段的良好衔接，各阶段的问题及矛盾才能及时被掌握，包括师资培养才更有目的性。现在我们缺乏体育特殊教育师资，但培养出来的学生很难分配出去，除了发展不被重视，培养缺乏针对性也是重要原因。另外，大中小幼衔接发展也可以进行师资的交流和共享，改变大学老师高高在上，而学前和中小学老师缺乏必要研究理念和方法及话语权的问题，做到知识和教学的互补和资源共享。同时，增加教学和科研方面的交流合作的机会，建立科研、教学团队，建立名师工作室、工作坊等，让高校先进的体育理念和技术带到下面，而下面具体的实践和问题能够被大学教师认识和熟悉，做到理论与实际的真正结合，形成良好的教学科研氛围，共同推动融合体育的发展。

第四，融合体育文化氛围的形成。通过大中小幼衔接，形成稳定的教育网络、学校、家庭及社会支持网络，当这些网络逐渐稳定并体系化后，就具有了广泛的影响力和连续性、继承性，最终形成稳定的融合体育理念、融合教育理念、特色的学校校园文化和良好的社会支援文化。当它以文化形态固化下来后，就会变成一种行为文化、目标文化、学习文化、评价文化，从而形成推动融合体育发展的各种动力因素，只有这样融合体育才能从被动发展演变为主动发展。

参考文献

[1] 李波.体育特殊教育[M].南京:南京大学出版社,2016.

[2] 李波.全纳教育视野下高校体育特殊教学设计的新阐释[J].武汉体育学院学报,2016(4):74-83.

[3] 李拉."全纳教育"与"融合教育"关系辨析[J].上海教育科研,2011(5):14-17.

[4] 中国政府网.健康中国行动(2019—2030年)[EB/OL].[2019-07-15].http://www.gov.cn/xinwen/2019-07/15/content_5409694.htm.

[5] 教育部政务网.教育部等七部门关于印发《第二期特殊教育提升计划(2017—2020年)》的通知[EB/OL].[2017-07-18].http://www.moe.gov.cn/srcsite/A06/s3331/201707/t20170720_309687.html.

[6] 北京晚报.北京部分高校无障碍设施不尽如人意[EB/OL].[2017-07-26].https://www.takefoto.cn/viewnews-1218593.html.

[7] 中国残疾人网.梦想照进现实——中国残联召开特殊群体学生"我来北京上大学"新闻发布会[EB/OL].[2018-09-10].http://www.chinadp.net.cn/news_/picnews/2018-09/10-19198.html.

[8] 张倩昕,苏志豪.我国无障碍环境建设的发展历程[J].老区建设,2015(22):45-47.

[9] 中国残疾人联合会.残疾人文化体育工作"十三五"实施方案[EB/OL].[2016-10-27].http://www.cdpf.org.cn/zcwj/zxwj/201610/t20161027_571833.shtml.

[10] 李志民,宋岭.无障碍建筑环境设计[M].武汉:华中科技大学出版社,2011.

[11] 联合国教科文组织.全纳教育共享手册[M].北京:华夏出版社,2004.

[12] 耿琳.重庆市残疾人家长学校康复知识手册丛书辅助器具分册[M].重庆:重庆大学出版社,2017.

[13] 中国政府网.残疾人教育条例[EB/OL].[2017-02-23].http://www.gov.cn/zhengce/content/2017-02/23/content_5170264.htm.

[14] 丹尼尔·P.哈拉汉.特殊教育导论[M].肖非,译.北京:中国人民大学出版社,2018.

[15] 東京大学.バリアフリー支援室、組織[EB/OL].[2020-08-23].http://ds.adm.u-tokyo.ac.jp/overview/org.html.

[16] 浙大国际联合学院.校园无障碍服务[EB/OL].[2020-03-20].https://coc.intl.zju.edu.cn/zh-hans/node/870793.

[17] 中华人民共和国教育部.教育部办公厅关于印发《普通学校特殊教育资源教室建设指南》的通知[EB/OL].[2016-01-27].http://www.moe.gov.cn/srcsite/A06/s3331/201602/t20160216_229610.html.

[18] 李波.普通高校特殊群体学生"体育支持网"的内涵、特征及其结构研究[J].吉林体育学院学报,2013,29(5):75-80.

[19] 残疾人教育条例.国家法律法规数据库[EB/OL].[2017-02-01].https://flk.npc.gov.cn/detail2.html?ZmY4MDgwODE2ZjNjYmIzYzAxNmY0MTM3ZWFhMjFkN2I.

[20] 姚晓菊,马宇.每个特殊教育者必须知道什么:有关特殊教育教师准备和资格的国际标准[J].现代特殊教育,2007,9:10-14.

[21] 姚玉香.美国特殊教育教师培养项目专业论证制度的特征及启示[J].中国特殊教育,2020,12(246):7-13.

[22] 谈苏欣,刘春玲,等.日本特殊教育教师资格论证制度及启示[J].中国特殊教育,2018,10(220):46-50.

[23] 李波.体育特殊教育[M].南京:南京大学出版社,2016.

[24] 融合教育,香港特别行政区政府教育局[EB/OL].[2022-12-19].https://sense.edb.gov.hk/tc/integrated-education/principles/.

[25] 奎媛,雷江华.我国台湾地区资源教室的发展与启示[J].中国特殊教育,2016(5):3-9.

[26] 国家教委基础教育司.特殊教育文件经验选编[M].北京:人民教育出版社,1989.

[27] 体育总局 教育部关于印发深化体教融合 促进青少年健康发展意见的通知[EB/OL].[2020-08-31].http://www.gov.cn/zhengce/zhengceku/2020-09/21/content_5545112.htm.

[28] 李波.新时代体教融合的再考量[J].体育学研究,2020(5):31-40.

[29] 劳卫制[EB/OL].[2020-01-09]. https://baike.baidu.com/item/%E5%8A%B3%E5%8D%AB%E5%88%B6/1246137.

[30] 卢元镇.中国职工体育全书[M].北京:红旗出版社,1997:32.

[31] 崔乐泉.中国奥林匹克运动通史[M].青岛:青岛出版社,2008:230.

[32] 体育运动文件汇编(1949—1981)[M].北京:人民体育出版社,1989:144.

[33] 马宣建.我国体教结合政策的形成与发展研究[J].上海体育学院学报,2005(2):1-5.

[34] 吴建喜.论体教结合向体教融合的转变[D].北京:北京体育大学,2009.

[35] 田雨普.新中国60年体育发展战略重点的转移的回眸与思索[J].体育科学,2010(1):3-9.

[36] 全民健身活动状况调查公报[EB/OL].[2015-11-16]. http://www.sport.gov.cn/n16/n1077/n1422/7300210.html.

[37] 凌亢.中国残疾人事业发展报告(2021)[M].北京:社会科学文献出版社,2021.

[38] 若林美佳.障害者綜合支援法のしくみ[M].東京都:株式会社 三修社,2013.

[39] 成山治彦,有本昌剛.高校の特別支援教育[M].東京都:明治図書出版株式会社,2012.

[40] 大塚玲.教員をめざすための特別支援教育入門[M].東京都:株式会社 萌文書林,2015.

[41] 清水貞夫.インクルーシブ教育と提言[M].京都:株式会社 クリエイツかもがわ,2012.

[42] 山内一永.障害自立支援法[M].東京都:株式会社 日本実業出版社,2011.

[43] 藤田紀昭.障害者スポーツの総合的研究「歴史、現状分析と普及、振興の条件」[D].半田市:日本福祉大学,2012.

[44] 安井友康.障害児者の教育と余暇.スポーツ[M].東京都:株式会社 明石書店,2012.

[45] 山之内幹.特別支援教育における教育実践の研究[M].東京都:批判社,2014.

[46] 雷江华.融合教育导论[M].北京:北京大学出版社,2017.

[47] 蒋建荣.特殊教育的辅具与康复[M].北京:北京大学出版社,2015.

[48] 邓猛.融合教育实践指南[M].北京:北京大学出版社,2019.

[49] 吴淑美.融合教育理论与实践[M].北京:华夏出版社,2018.

[50] 关文军.融合教育学校残疾学生课堂参与研究[M].北京:科学出版社,2018.

[51] 曲学利.残疾大学生随班就读和支持策略的研究[M].北京:北京时代华文书局,2015.

[52] 梁松梅.融合教育发展实践论[M].北京:人民日报出版社,2020.

[53] 黎颖强.残疾人融合康复实务读本[M].北京:华夏出版社,2016.

[54] 王梅.孤独症儿童课程与教学设计[M].北京:北京大学出版社,2015.

[55] 肖昕茹.参与和融入残疾人社会空间研究[M].上海:东方出版中心,2016.

[56] 曾继耘.差异教学策略研究[M].北京:首都师范大学出版社,2016.

[57] 韩文娟.如何发展自闭谱系障碍儿童的感知和运动能力[M].北京:北京大学出版社,2018.

[58] 李志民.无障碍建筑环境设计[M].武汉:华中科技大学出版社,2017.

[59] 焦舰.城市无障碍设计[M].北京:中国建筑工业出版社,2014.

[60] 段培君.无障碍国家战略[M].沈阳:辽宁人民出版社,2019.

[61] 贾巍杨,赵伟,王小荣.无障碍与城市标识环境[M].沈阳:辽宁人民出版社,2019.

[62] [日]柚木馥.发育障碍儿童诊断与训练指导[M].王宁,译.北京:华夏出版社,2019.